NEALE DONALD WALSCH
Die Zukunft in unserer Hand

Buch

Es wird in naher Zukunft einen Tag eins nach der globalen Verwandlung geben. Dann werden wir zurückblicken auf unser bisheriges Leben und froh sein, wenn wir die Weichen richtig gestellt haben und bewusst Teil des Wandels geworden sind. Anhand des Lebens einer außergewöhnlichen Frau – der inzwischen über 80-jährigen Zukunftsvisionärin Barbara Marx Hubbard – beschreibt Neale Donald Walsch, wie das Leben jeden von uns an die richtige Stelle setzt. Wir alle sind Teil eines universellen Entwicklungsprozesses und – gerade in diesem wichtigen geschichtlichen Augenblick – Gestalter einer humanen Zukunft.

Autor

Neale Donald Walsch arbeitete als Journalist und Verleger, war Programmdirektor eines Rundfunksenders, Pressesprecher und gründete eine erfolgreiche Werbe- und Marketingfirma. In einer schweren Krise richtete er seine Stimme an Gott. Dadurch erfuhr sein Leben eine entscheidende Wendung. Anschauliches Zeugnis dieser geistigen Öffnung sind die »Gespräche mit Gott«. Heute widmet sich Walsch ganz der Aufgabe, die Botschaften seiner Bücher durch Publikationen, Vorträge und Retreats für spirituelle Erneuerung zu verbreiten. Er gründete die »School of the New Spirituality« und rief die »Group of 1000« ins Leben, eine nicht auf Profit ausgerichtete Organisation, die weltweit spirituelles Erwachen vorantreibt. Walsch lebt in Ashland, Oregon.

Von Neale Donald Walsch sind bei Goldmann außerdem lieferbar:

Neale Donald Walsch

Die Zukunft
in unserer Hand

Das Leben von
Barbara Marx Hubbard

Aus dem amerikanischen Englisch
von Susanne Kahn-Ackermann

GOLDMANN

Die Originalausgabe erschien 2011 unter dem Titel
»The Mother of Invention« bei Hay House, Inc.,USA.

Verlagsgruppe Random House FSC-DEU-0100
Das für dieses Buch verwendete FSC®-zertifizierte Papier
München Super liefert Arctic Paper Mochenwangen GmbH.

1. Auflage
Deutsche Erstausgabe Juni 2012
© 2012 der deutschsprachigen Ausgabe
Wilhelm Goldmann Verlag, München
in der Verlagsgruppe Random House GmbH
© 2011 by Neale Donald Walsch
Published by arrangement with WATERSIDE PRODUCTIONS INC.,
Cardiff-by-the-Sea, CA, USA
Dieses Werk wurde vermittelt durch die Literarische Agentur
Thomas Schlück GmbH, 30827 Garbsen.
Umschlaggestaltung: UNO Werbeagentur, München
Umschlagmotiv: © Getty Images / Aaron Black
Redaktion: Annette Gillich-Beltz
SB · Herstellung: cb
Satz: EDV-Fotosatz Huber/Verlagsservice G. Pfeifer, Germering
Druck: GGP Media GmbH, Pößneck
Printed in Germany
ISBN: 978-3-442-21993-3

www.goldmann-verlag.de

Einleitung

Man sagt, die Not sei die Mutter des Erfindungsgeistes, aber das stimmt nicht. Die Mutter des Erfindungsgeistes ist Barbara Marx Hubbard.

Und Sie sind es auch.

Wir alle sind es.

Wir alle erfinden in jedem einzelnen Augenblick des Jetzt uns selbst und das Dasein, das wir leben. Und genau das Gleiche tun wir auch für die ganze Menschheit. Denn so wie wir uns individuell erfinden, erfinden wir uns auch kollektiv.

Der Akt des »Erfindens« findet fortwährend statt. Anders ausgedrückt: Wir sind in jedem Augenblick *neu*. Wir sind noch nicht einmal eine Nanosekunde lang dieselben, die wir davor waren, und das gilt auch für unsere ganze Spezies. Die Frage ist nicht, *ob* wir uns ändern, sondern *wie*; nicht, *ob* die Menschheit sich in einem Akt des »Werdens« befindet, sondern *was* sie wird.

Beim Gestaltungsprozess einer Antwort der Menschheit auf diese Fragen spielt *Ihr* Leben eine Rolle – und die Auswirkung kann gewaltig sein, wenn Sie es *zulassen*.

Mag sein, dass es Ihnen schwerfällt, das alles zu glauben oder als eine Realität zu akzeptieren, die für Sie funktioniert. Aber eben deshalb ist dieses Buch in diesem Moment für Sie so perfekt. Dem Anschein nach handelt es sich um eine Biografie, doch Sie werden bald feststellen, dass es hier nicht nur um das Leben einer anderen Person, sondern auch um Ihr eigenes Leben geht; dass dies nicht nur eine wunderbare Geschichte ist, in der man sich *verlieren* kann, sondern auch eine wunderbare Möglichkeit, sich selbst zu *finden*.

Die Zukunft in unserer Hand. Das Leben von Barbara Marx Hubbard ist ein Buch, an dem teilzunehmen Sie eingeladen sind, denn das Ende dieser Geschichte hängt zum Teil von Ihnen ab. Deshalb habe ich mich entschieden, dieses Buch zu schreiben.

Ich bin Autor von siebenundzwanzig Büchern über zeitgenössische Spiritualität, darunter die neun Bücher der Reihe *Gespräche mit Gott*. Es ist meine tiefe Überzeugung, dass das Leben ein schöpferischer Prozess ist, dass also das, was wir kollektiv erleben, ein Produkt dessen ist, was wir kollektiv erschaffen. Und ich möchte Ihnen eine Geschichte erzählen, die uns allen die Möglichkeit eröffnet, die Frage »Was kann ich tun?« endlich zu beantworten, und die dem frustrierenden Gejammer von »Ich bin ja nur ein Einziger« ein Ende setzen kann.

Ich habe dieses Buch geschrieben, weil ich Sie wissen lassen möchte, dass ganz normale durchschnittliche Menschen wie Sie und ich auf den ganzen Planeten Einfluss nehmen können. Und dass wir *wirklich und wahrhaftig* Einfluss nehmen, wenn wir uns alle dazu entscheiden, uns *gemeinsam* in die gleichen Richtungen zu bewegen.

Dieses Buch eröffnet uns durch ein Beispiel aus dem wahren Leben diese Möglichkeit. Es ist das Beispiel einer Hausfrau und Mutter von fünf Kindern, die sich dazu entschied – und sich bis zu dieser Minute weiterhin dazu entscheidet –, eine bessere Welt zu erschaffen.

Der Kernpunkt dieses Buches besagt: Wenn diese Person das kann, *können wir es alle auch*!

Viele Leute haben von Barbara Marx Hubbard gehört – viele nicht. Die Tatsache, dass sie nicht überall bekannt ist, gefällt mir. Es macht sie ein bisschen mehr zu einer von uns und zu einem wunderbaren Vorbild. Zu einem beispielhaften Modell dessen, was wir *alle* sind – was wir alle zu sein potenzialisiert sind.

»Potenzialisiert« ist ein neues Wort, das ich gerade erfunden habe. Ich mag es. Es bezeichnet genau das, was ich sagen möchte. Ich denke, dass wir alle … nein, ich *weiß*, dass wir alle mit dem Potenzial ausgestattet sind, mehr zu sein, als wir uns bislang erlaubten. Und ich denke, dass wir das alle wissen. Ich denke auch, dass wir alle den *Impuls* in uns tragen, uns auf den höchsten Ausdruck von diesem Mehr zuzubewegen, von dem wir wissen, dass wir es sind.

Ich bin überzeugt davon, dass wir nur Mut brauchen, und um diesen Mut aufzubringen, benötigen wir nur ein Vorbild, ein *zeitgenössisches Beispiel dafür, wie das Dasein* auf neue Weise *gelebt werden kann*. Kurzum eine Person, die uns inspiriert.

Und hier kommt Barbara ins Spiel. Gegenwärtig – während ich das hier schreibe – achtzig Jahre alt, hat sie das Gefühl, dass sie und wir gerade erst *am Anfang stehen*; dass der Menschheit ein *Durchbruch* und kein *Zusammenbruch* bevorsteht; und dass wir bereit sind, unsere alten Muster, unsere alten Überzeugungen, unsere alten Seinsweisen abzulegen und einen neuen Menschen zu erfinden.

Barbara versteht dies als Teil eines natürlichen Evolutionsprozesses aller fühlenden Wesen. Und sie glaubt, dass es einen natürlichen Ort in der Zeit, dass es einen perfekten Zeitpunkt für alle diese Wesen gibt, um eine neue Lebensweise einzuleiten. Er ist der Dreh- und Angelpunkt. Er ist der Höhepunkt. Er ist der *Tipping Point* (qualitativer Umschlag), wie Malcolm Gladwell es nennt.

Was die Menschheit angeht, so könnte dieser Zeitpunkt der ... 22. Dezember 2012 sein.

Barbara und einige ihrer Freunde nennen es mittlerweile den »Tag Eins«. Sie laden uns ein, sich ihnen anzuschließen und mit ihnen gemeinsam die Vision von einem gewaltigen Multimediaereignis, das via Satellit und im Internet übertragen wird, zu entwickeln, zu planen und auszuführen. Ein Ereignis, das in den letzten Tagen bis zum 22. Dezember stattfinden und die Geschichte von der Emergenz* unserer Spezies als

---

* Emergenz, emergieren, emergent: Vom Lateinischen *emergere*, auftauchen, emporkommen, hervorkommen, zum Vorschein kommen, sich zeigen. Ein vielschichtiger Begriff, der in vielen Bereichen – Philosophie, Psychologie, Soziologie, Physik, Chemie, Mathematik, Biologie, Wirtschaftswissenschaft etc. – Anwendung findet. Hier nun ist in erster Linie gemeint, dass höhere Seinsstufen durch neu auftauchende Qualitäten aus niederen entstehen. Das Phänomen, dass sich auf der Makroebene eines Systems infolge des Zusammenspiels seiner Elemente spontan neue Eigenschaften oder Strukturen herausbilden; dass sich diese emergenten Eigenschaften jedoch nicht – oder nicht ersichtlich – auf Eigenschaften der Elemente zurückführen lassen, die diese isoliert aufweisen. (A.d.Ü.)

neue Art Mensch und vom *Beginn des nächsten Evolutionszyklus* erzählen soll.

Inmitten all der ängstlichen Fragen, Sorgen, düsteren Vorhersagen und negativen Spekulationen vieler Menschen in der ganzen Welt, die das Jahr 2012 als unser aller Ende betrachten, werden Sie und ich von allen Kräften und Energien des Universums gedrängt, es als Anfang zu verstehen, so wie auch Barbara es tut. Sie nennt es eine »Geburt«.

Wie kam sie zu dieser Auffassung? Ist ihre Sicht realistisch? Könnte es die Wahrheit sein?

Die Antwort ist, dass es in Barbara Marx Hubbards Leben eine Reihe von spirituellen Begegnungen gab. Das ist nichts Ungewöhnliches, darin unterscheidet sie sich nicht von den meisten von uns. Meiner Meinung nach machen wir alle im Verlauf unseres Daseins auf Erden die Erfahrung von *göttlichen Interventionen*, wie ich es nenne. Für mich sind das Momente, in denen sich Geist, Herz und Seele gleichzeitig geöffnet haben. In solchen Augenblicken erhalten wir auf allen Ebenen – mental, emotional und spirituell – gewaltige Wahrheiten über das Leben.

Meiner Beobachtung nach ignorieren die meisten Menschen (ich eingeschlossen) zunächst diese Momente und erkennen sie nicht als das, was sie sind. Und wenn sie dann verstehen, was da passiert, sofern sie es überhaupt tun, wissen sie oft nicht, was sie damit anfangen, wie sie darauf reagieren, wie sie sie zu ihrem eigenem Wohl (geschweige denn dem der Menschheit) *nutzen* sollen.

Das ist nicht unsere Schuld. Wir haben schlichtweg keine spirituelle Ausbildung erhalten. Unsere Gesellschaft hat uns beigebracht, wie man den Körper und wie man den Geist nutzt, unternahm aber äußerst wenig, um uns etwas über die Interaktionen unserer Seelen zu lehren. Tatsächlich gibt es Elemente in unserer Gesellschaft, die nicht einmal glauben, dass die Seele existiert.

Das zeigt, wie jung unsere Spezies noch ist. Metaphorisch gesprochen, so sagt Barbara Marx Hubbard, befinden wir uns noch in der Schwangerschaftsphase unserer Entwicklung und sind erst jetzt dabei, in die kosmische Gemeinschaft universeller Wesen hineingeboren zu werden.

Woher weiß sie das? Was lässt sie glauben, dass dem so ist?

Der Grund sind die spirituellen Begegnungen in ihrem Leben, drei an der Zahl, um genau zu sein. Und sie hat ihnen Beachtung geschenkt.

Wenn wir reifer werden, werden auch wir darauf achten. Wir werden nicht nur imstande sein, die Existenz jenes Teils unseres Seins anzuerkennen, dem solche Weisheit entspringt – wir können es unser Höheres Selbst nennen –, sondern wir werden auch mit ihm *kommunizieren*, von ihm Führung erhalten und uns so darauf beziehen können, dass es unser Leben auf immer verändert.

Spielen wir – Sie und ich – bei diesem spirituellen Reifeprozess *wirklich* eine Rolle? In Hinblick auf uns selbst und den Planeten? Und werden wir wirklich und wahrhaftig fähig sein, im Anschluss an das »Ende der Geschichte« im Jahr 2012 eine neue Welt und eine neue Lebensweise in unserer Welt mitzuerschaffen? Oder ist das alles nur Gelaber und Wunschdenken?

Auf diese Fragen wird hier eingegangen werden. Die Antworten, die Barbara gegeben wurden, könnten auch die Antworten sein, die Ihnen gegeben werden können. Solche spirituellen Antworten erhalten wir nicht immer nur in Visionen oder Träumen oder Meditationen. Manche Begegnungen kommen auch auf ganz gewöhnliche Weise daher – etwa beim Lesen eines Buches.

Tauchen Sie also ein. Genießen Sie es. Lesen Sie etwas über sich selbst, während Sie zugleich etwas über eine absolut normale und doch ganz und gar bemerkenswerte Frau lesen. Entdecken Sie sich hier aufs Neue.

Ach was … *erfinden Sie sich neu.*

Und alle von uns.

*Wenn Ihre Lebensgeschichte in einem Buch niedergelegt werden sollte, und wenn diese eine solche Fülle aufweisen würde (wie es jedes Leben tut), dass es dazu einer ganzen Enzyklopädie bedürfte, Sie sie aber aus Platzgründen auf **die 25 bedeutsamsten Episoden** reduzieren müssten – welche Episoden würden Sie aus Ihrer heutigen Sicht auswählen?*

In diesem Buch

TEIL I: DAS ERGEBNIS

TEIL II: DIE VORBEREITUNG

TEIL I

DAS ERGEBNIS

»*Ich stehe damit nicht alleine da. Es ist nicht so, dass ich der einzige ›Katalysator‹ auf Erden wäre. Meinem Gefühl nach gibt es viele in vielen verschiedenen Bereichen, die vielen verschiedenen Aktivitäten nachgehen.*«

– BARBARA MARX HUBBARD

1

Episode 25: Tag Eins
22. Dezember 2012

Der Augenblick, auf den
Barbara Marx Hubbard ihr ganzes Leben
lang gewartet hat ...

Stellen wir uns diesen Tag gemeinsam vor, einverstanden? Malen Sie sich ihn vor Ihrem geistigen Auge aus. Es ist eine sehr interessante Zeit auf dem Planeten Erde. Und speziell dieser Tag ist einer, von dem manche Leute dachten, dass er nie anbrechen würde. Andere wiederum glaubten, dass er wohl kommen, aber weltweites Chaos mitbringen würde.

Das waren die 2012-Weltuntergangspropheten, offensichtlich wohlmeinende, aber eindeutig nicht sehr gut informierte Leute in verschiedenen Teilen der Welt. Sie hatten ihrem Gefühl nach bestimmte Zeichen und Wunder (darunter den Maya-Kalender) dahingehend gedeutet, dass der Tag *vor* diesem Tag – der 21. Dezember 2012 – das Ende der Menschheitsgeschichte mit sich bringen würde. Und stellen Sie sich nun »den Tag danach« vor.

Schauen Sie zu, wie ein Dutzend Techniker auf der großen Bühne einer Veranstaltungshalle in Phönix, Arizona, herumwuselt. Gewaltige Jupiterlampen werden an mobile Solaranlagen angeschlossen und ausgerichtet, Tonangeln werden in Position gebracht, Fernsehkameras (eine ganze Menge) werden an ihre Plätze gerollt. Farbenprächtig kostümierte Schauspieler, Sänger und Tänzer beiderlei Geschlechts haben den vertrauten Ruf des Bühnenmanagers »Bitte alle auf ihre Plätze« vernommen und nehmen ihre Positionen ein, während das hereinströmende Publikum – weit über tausend Menschen – seinen Sitzen zustrebt.

Überall auf der Welt versammeln sich Menschen vor Computer- und Fernsehschirmen, vor Kinoleinwänden und in manchen Fällen auch vor riesigen mobilen Leinwänden, die an allerlei unvermuteten Orten installiert wurden. Inmitten staubiger Felder zum Beispiel oder vor Kirchengebäuden oder in Footballstadien. Und auch hier wird alles von mobilen Solaranlagen gespeist. Bei diesem weltumspannenden Ereignis hatte man peinlich genau auf den ökologischen Fußabdruck geachtet, um keine kostbaren Ressourcen zu vergeuden.

Es vergehen noch einige Augenblicke, und dann betritt eine zierliche, aber durchaus nicht zerbrechlich wirkende Frau eine kleine schalldichte Kabine rechts vor der Bühne. Ihrem Aussehen nach ist sie etwa Anfang achtzig. Sie rückt sich den Kopfhörer zurecht, der über ihr schneeweißes Haar gestülpt ist, befingert erwartungsvoll den Notenständer, auf dem ihr Vortragsmanuskript liegt, und wirft einen Blick auf den Videomonitor, der sich direkt vor ihr befindet.

Hier an diesem Ort ist es nun sieben Uhr abends, aber andere Teile der Welt haben andere Uhrzeiten oder sogar einen anderen Tag. Der Frau ist bewusst, dass ihre Stimme nun weltweit in allen größeren Städten und auch in den meisten kleineren Ortschaften gehört werden wird.

Sehen Sie all das vor Ihrem geistigen Auge. Im Orchestergraben sitzen die Orchestermitglieder, die jetzt auf ein Zeichen des Dirigenten wundervoll präzise reagieren. Die bewegende Musik einer Ouvertüre setzt ein.

Die Frau in der Kabine räuspert sich; sie drückt auf die ON-Taste einer Schalttafel zu ihrer Linken und wartet auf ein Zeichen des Aufnahmeleiters, der in einer gläsernen Kabine hoch oben hinter den Publikumsreihen sitzt. Eine Explosion spezieller grafischer Effekte breitet sich plötzlich auf dem Videomonitor aus.

Die majestätische Musik verklingt. »Sie sind dran«, bedeutet ihr der Aufnahmeleiter.

»Und so«, hebt die Frau mit leiser, sanfter, aber überraschend fester Stimme an, »sind wir zu dem hier gekommen. Herrlich, wunderbar, bemerkenswert, großartig, dass wir bis hierher gekommen sind …« Sie hält einen Moment inne, um die Spannung zu steigern. Dann … »Willkommen zu Tag Eins.«

Erschaffen Sie dies mit mir zusammen

Machen Sie weiter mit Ihrer Vision. Oder stellen Sie sich das Geschehen mit mir gemeinsam vor.

Ich sehe, wie sich der Bühnenvorhang majestätisch hebt, und oben auf der Bühne startet auf einer großen reflektierenden Fläche ein multimediales Feuerwerk. Eine Bildermontage zeigt in einer Serie blitzschneller Projektionen die Reise der Menschheit von ihrem Anfang bis zum gegenwärtigen Moment, während Tänzer in Schwarz und Weiß diese Bilder mit einem atemberaubenden pantomimischen Ballett untermalen.

Die Kameras nehmen alles auf und verwandeln es in digitalisierte Signale, die sofort über den Globus flitzen. Ein weltweit via Satellit und Internet übertragenes Multimediaereignis mit Darbietungen aus siebenundzwanzig Nationen und mit über 100 Millionen Zuschauern ist in Gang gekommen. Und eine Neue Zukunft für die Bewohner des Planeten Erde nimmt ihren Anfang.

Können Sie sich das gemeinsam mit mir vorstellen? Das mit der Neuen Zukunft ist das Wichtigste. Ob sie nun durch ein gewaltiges, weltweit im Fernsehen übertragenes Spektakel eingeleitet, auf den Seiten eines aufregenden und inspirierenden Buches gefunden oder durch die Schriften und Lehren einer Frau entdeckt wird, die, wo immer sie hinkommt, die Leute inspiriert – wir reden hier über eine Neue Zukunft für die Bewohner unseres Planeten.

Halten Sie sich *das* vor Augen. Denn das ist der Plan – das ist die Vision.

Es ist nicht nur die Vision von einem riesigen Bühnenspektakel, nicht einfach von einer »Show«, sondern es ist die Vision von einer gewaltigen Wende in der Erfahrungswelt der Menschheit. Einer Wende in der Erfahrung der Menschheit *von* sich selbst. Und das, was viele für das Ende aller Zeiten hielten, stellt sich als der Anfang der besten Zeit heraus, die die Menschen je erlebten. Zum Teil wird diese Wende durch eine neue Technologie ermöglicht, die das Tor aufstößt zur globalen, nichtlinearen, exponentiellen Interaktion über das, was funktioniert.

Unser gemeinsames Erleben auf Erden mag nicht in den Stunden des 22. Dezember 2012 und auch nicht in den Wochen oder Monaten unmittelbar danach auf diese Ebene gelangen, vielleicht noch nicht einmal in den ersten nachfolgenden Jahren – aber zu diesem Zeitpunkt beginnt es sich zu manifestieren.

Dies wird immer als Der Anfang in Erinnerung bleiben, als der Augenblick, in dem Sie und alle Menschen auf dem Planeten gemeinsam (und zum ersten Mal in einem solchen Umfang) beschlossen, ein höheres Ziel anzustreben; eine größere Berufung; eine liebevollere und harmonischere Lebensweise; eine großartigere Vorstellung von dem, wer wir sind und wer wir sein können; und einen gehoberenen, geeinteren, *stärker intendierten* Ausdruck des Lebens selbst.

Lassen Sie es mich noch einmal sagen, denn manchmal gehen die besten und aufregendsten Gedanken beim Lesen verloren. Ich glaube, dass der 22. Dezember 2012 immer als Der Anfang in Erinnerung bleiben wird. Als der Augenblick, in dem Sie und alle Menschen auf dem Planeten gemeinsam (und zum ersten Mal in einem solchen Umfang) beschlossen, Folgendes anzustreben:

- ein höheres Ziel,
- eine größere Berufung,
- eine liebevollere und harmonischere Lebensweise,
- eine großartigere Vorstellung von wer wir sind und wer wir sein könnten,

❧ einen gehobeneren, geeinteren, *stärker intendierten* Ausdruck des Lebens selbst.

Im Zentrum von allem, inmitten dieses echten »Geburtsvorgangs«, steht Barbara Marx Hubbard – eine Frau, die man als die Mutter des Erfindungsgeistes bezeichnet hat –, die Kopfhörer übergestülpt, das Manuskript in der Hand und eine winzige Träne bahnt sich langsam den Weg von ihrem linken Auge hinab zum Kinn. Barbara Marx Hubbards Lebensaufgabe ist vollendet. Das ist die 25. der 25 bedeutsamsten Episoden ihres Lebens – und diese Träne ist reines Glück.

Wer ist diese Frau? Nun, vielleicht haben Sie bis zu diesem Augenblick noch nie etwas von ihr gehört oder vielleicht doch, aber ganz gewiss ist sie ein Mensch, den Sie kennenlernen möchten, denn sie ist Ihre Hebamme. Und auch die meine. Und die von uns allen.

2

Episode 15 (außer der Reihe): Der Kontakt
23. August 2002

Zehn Jahre und vier Monate vor Tag Eins ...

Barbara Marx Hubbard nutzt die Couch auf besondere Art. Weder sitzt noch liegt sie darauf, es ist ein bisschen von beidem. Sie sitzt mit ausgestreckten Beinen am einen Ende, das Gesicht dem anderen Couchende zugewandt.

Es ist sechs Uhr morgens. Sie befindet sich in einem kleinen Zimmer im hinteren Teil eines Hauses in Montecito, Kalifornien. Es ist ein dunkler Raum, besonders um diese Stunde. Viel steht nicht darin, aber es würde auch nicht viel hineinpassen. Ein ramponierter Schreibtisch, Haufen von alten Papieren in Schachteln ... es wirkt fast wie eine Abstellkammer. Die Couch ist auch nicht wirklich eine Couch, sondern ein altes Schlafsofa mit einem Kopfteil an beiden Seiten, über das eine muffige Decke gebreitet ist.

Doch das alles ist komfortabel genug. Und es ist still. Das vor allem, still. Und das ist für Barbara an diesem Morgen perfekt, denn in diesen Tagen bewegen sich eine Menge Fragen und ein bisschen Frustration in ihrem Geist. Vor allem sehnt sie sich danach »Kontakt herzustellen«.

Barbara weiß, dass es in diesem Leben noch etwas mehr zu erfahren gibt. Sie weiß, dass »da draußen« noch mehr auf sie wartet. Sie weiß vielleicht nicht genau, was es ist oder wo genau dieses »da draußen« ist, aber sie weiß, dass beides da ist.

Dessen ist sie sich sicher – schon seit Kindheitstagen. Aber seit Jahren hält eine Bewegung zur gesellschaftlichen Evolution, die sie mit ins Leben gerufen hatte, sie derart in Atem, dass sie schon fast das Gefühl hat, überhaupt kein eigenes »Ich« mehr zu haben. Mit Sicherheit hat sie sich noch nie einen Raum geschaffen, in dem sie sich selbst nähren und hegen kann. Also ja, für den Moment ist dieses muffige, verstaubte Hinterzimmer ganz in Ordnung. Es ist noch nicht einmal ihr eigenes Haus, aber es ist da, und sie ist hier, und *so ist das* nun mal an diesem Sommermorgen.

Eine Tür der Möglichkeit öffnen

Ein paar Abende zuvor hatte sie sich einen Vortrag von Nassim Haramein angehört, einem brillanten Physiker, der sich der Erforschung der Einheitsfeldtheorie widmet und auch Gründer des The Resonance Project ist. Er stemmte eine Tür der Möglichkeit in Barbaras Bewusstsein auf, bestätigte alles, was sie bisher geglaubt hatte – und das mit wissenschaftlich untermauerten Informationen, was sie enorm beeindruckte.

Nassim Haramein behauptet mit absoluter Gewissheit, dass wir schon von hoch entwickelten Wesen aus anderen Orten oder Dimensionen des Universums kontaktiert wurden. Und nach einem solchen Kontakt sehnt sich Barbara.

Und so kommt es, dass sie an diesem Morgen um sechs Uhr auf dem alten Schlafsofa halb sitzend, halb liegend meditiert. Die Augen geschlossen, das Tagebuch auf dem Schoß und sich vage der Anwesenheit des kleinen Terriers zu ihren Füßen bewusst.

Dieser Hund kommt immer, wenn sie meditiert, und lässt sich stets am gleichen Fleck nieder. Vielleicht spürt er die von Natur aus einladende Energie solcher Momente. Aus welchen Gründen auch immer, er ist wieder da. Beide befinden sie sich in diesem winzigen Zimmer im hinteren Teil des Hauses, in dem Barbara ein paar Tage mit ihrem Liebsten verbringt.

Sidney Lanier und Barbara wandern nun schon seit beinahe zwanzig Jahren Hand in Hand. Sie sind Kumpel, Geliebte, Partner auf Der Reise und Gefährten auf Der Suche. Sie leben an getrennten Orten, weil das für sie am besten funktioniert, verbringen aber oft gemeinsam endlose Tage, an denen sie miteinander »herumlungern«. Und dies ist so ein Tag.

Sidney schläft noch. Barbara ist hellwach und meditiert. Es ist nicht Sidneys Haus, und es ist auch nicht sein Hund. Haus und Hund gehören einem Freund, und Sidney wohnt bei ihm. Der Freund, ein Architekt und Wandmaler, ist geschäftlich viel unterwegs. Auf das Haus (und den Hund) muss häufig aufgepasst werden, und so kommt dieses Arrangement beiden Männern entgegen. Und wenn Sidneys Freund unterwegs ist, kommt Barbara für ein paar Tage her – was Sidney gut in den Kram passt.

Und nun sitzt Barbara also halb liegend auf dem Schlafsofa mit dem Hund als stillem Gefährten. *Lasst mich in Kontakt sein*, drängt sie innerlich.

Lasst mich in Kontakt sein.

Und dann ward es Licht

Barbara ist nun ganz still, atmet sacht, wartet. Mit geschlossenen Augen, völlig regungslos, aber atmend, atmend, atmend … und wartend.

Dann … ein Gefühl.

Sie ist davon erfüllt. Und wie erstarrt.

Sie wird es später beschreiben als »ein pulsierendes Feld des Lichts, erfüllt von ekstatischer Freude, jenseits des Feldes der Körperlichkeit, aber irgendwie mit meinem eigenen essentiellen Wesen verbunden … eine Fortsetzung meines Selbst auf einer anderen Frequenz«.

Vor ihrem geistigen Auge kann sie eine Art »Wesen« sich materialisieren sehen. Eine innere visuelle Erfahrung, eine »Präsenz«, die sie später als »nicht ortsgebunden und doch ganz und gar im Hier und Jetzt präsent« beschreibt – »den Geschichten über UFOs sehr ähnlich, in denen sich Wesen materialisieren und dematerialisieren können«.

Barbara ist von dieser Erfahrung einer *Nicht-Ortsgebundenheit* und doch *Verbundenheit* durch eine Art *Einheit* fasziniert.

Sie verweilt eine Zeitlang bei dieser Erfahrung – und schreckt dann aus keinem ersichtlichen Grund urplötzlich zusammen mit der Erkenntnis: Dieses augenscheinlich »andere« Wesen ist *sie selbst.*

Natürlich war es ganz und gar im Hier und Jetzt gegenwärtig! Saß oder lag sie denn nicht hier auf dem Schlafsofa? Und doch hatte sie das *Gefühl,* »nicht ortsgebunden« zu sein und war es auch nicht! Denn ihr Bewusstsein hatte sich über alle Körpergrenzen hinweg *ausgedehnt.*

Wer ist *diese neue Art von Selbst?,* fragt sie sich. Und sie denkt: *Vielleicht bin ich dabei zu mutieren.*

Sie sitzt sehr still, hält die Augen weiterhin geschlossen. Ihr Wahrnehmungsvermögen ist erweitert, und es fühlt sich an wie »eine nicht greifbare Präsenz«, von der sie die Fähigkeit erhält »hellzuhören und, verbunden mit einem Gefühl von Schwingung, etwas Verbales herunterlädt«, erzählt sie Sidney später.

»Ich hatte das Gefühl, ein Lichtwesen zu sein … so voller Freude, so ekstatisch!«

Dann »hört« (fühlt? erlebt?) sie eine Stimme:
Halte deine Intention auf mich gerichtet.

Sie neigt den Kopf und lauscht auf noch mehr. Und es kommt noch mehr.

Die Stimme sagt: *Dies ist für Barbara die nächste Evolutionsstufe.*

Jetzt weiß sie. Die Präsenz Gottes ist in ihr, umgibt sie und reicht über sie hinaus. Sie hat das Gefühl, ihrem Körper seien keine Grenzen gesetzt. Sie sieht sich selbst dabei zu, wie sie ins Einssein mit allem und jedem verschmilzt, und nimmt wahr, wie sie durch das Universum reist und doch gleichzeitig hier auf dem Schlafsofa sitzt. Ihr Körper fühlt sich leicht, und sie bewegt ein wenig die Beine, um sicherzugehen, dass sie immer noch da ist und Kontrolle über ihr körperliches Selbst hat.

»Wau!«

Der Hund gibt einen bellenden Laut von sich. Da er zu Barbaras Füßen sitzt, hat ihn die plötzliche Bewegung erschreckt.

»Wauwau!« Er will nicht aufhören.

Der Moment ist durchbrochen. Barbara beruhigt den Terrier und hofft, dass Sidney nicht wach geworden ist. Das ist er nicht. Er hätte auch weitergeschlafen, wenn ein Zug durchs Schlafzimmer gerauscht wäre. Barbara nimmt sich ihr Tagebuch vor und schreibt.

Zwei Stunden lang … ohne Unterbrechung.

Sie nimmt ein Diktat auf, wie sie feststellt. Und die Stimme – ihre eigene innere Stimme, ihre eigene höhere Stimme – hat eine Menge zu sagen.

Barbara schreibt mit halsbrecherischer Geschwindigkeit, kritzelt die Worte hin, ohne darüber nachzudenken. Sie hat ein geheimes Tagebuch begonnen. Ihr ist klar, dass sie das niemandem zeigen kann. Nicht jetzt. Noch nicht. Vielleicht nie.

Wer würde das glauben? Wie soll sie es erklären?

Sie wird es gleich herausfinden. Sidney ist aufgestanden. Er tapert im Haus herum und findet seine Liebste in dieser briefmarkengroßen Kammer.

»Morgen«, zwitschert er und schaut herein.

»Oh, Sidney, ich muss mit dir reden!«

Sidney lächelt. Er kennt das schon. Es kommt selten vor, dass Barbara nicht etwas unendlich Interessantes zu sagen hat. Dafür liebt er sie – dafür bewundert er sie.

»Lass mich erst mal einen Kaffee holen.«

»Beeil dich, Liebster, beeil dich.«

Sidney beeilt sich.

Er ist ein Gottesgeschenk. Aber das ist er nun schon seit zwanzig Jahren. *Wer würde das glauben? Wie sollte sie es erklären?* Aber ja, natürlich, Sidney würde es glauben! Und er würde auch nur sehr wenig Erklärung benötigen! Barbara testet ihre Theorie, die Worte sprudeln überstürzt aus ihr heraus.

»Das ist die nächste Stufe unseres Evolutionsprozesses … das Ende der alten Religionen. Ich hatte eine Begegnung mit einem universellen Wesen, aber es fühlte sich nicht an wie der Kontakt mit einem Außerirdischen … es fühlte sich an wie der Kontakt mit meinem eigenen größeren Selbst … ich habe das Gefühl, jetzt Teil des unermesslichen Universums der Selbsts zu sein.«

Sidney lächelt. Aber es ist kein nachsichtiges oder überhebliches Lächeln, kein »Das ist nett, Liebes«-Lächeln. Er hat sie gehört. Absolut. Voll und ganz. Und er hat »begriffen«. Sofort. Er ist ganz auf ihrer Linie. Und natürlich will er mehr erfahren.

»Sag mir alles, was du erfahren hast, alles, was du gehört hast. Ich möchte alles hören.«

»Ich habe *alles* aufgeschrieben!« Barbara strahlt. »Es steht alles hier! Ich habe stundenlang Tagebuch geschrieben!«

»Kannst du es mit mir teilen?«

»Ja, mit *dir* schon! Hör zu!«

Sie blättert zurück zum Anfang.

»Hör dir *das* an …«

3

Sidney ist ganz Ohr. Barbara beginnt aus ihrem Tagebuch vorzulesen, wobei sie vorab erklärt: »Das wurde mir heute Morgen ›diktiert‹ ...«

Als sie vor einigen Stunden dieses Gefühl ekstatischer Freude überkam und sie diese umfassende Wahrnehmung von einer ortsgebundenen und zugleich nicht ortsgebundenen Präsenz hatte, war ihre erste Reaktion natürlich die Frage: »Wer bist du?«

Sie erhielt folgende Antwort:

Ich bin eine Hüterin des Tores, des Durchgangs zur nächsten Stufe der Evolution. Du kamst mit dem für diese Zeit benötigten Wissen durch ein stellares Tor.

Seit der Zeit, als vor über fünfzig Jahren die Bombe fiel, hattest du die Stärke, den Raum für das Muster, wie du es nennst, aufrechtzuerhalten.

Barbara wusste genau, worauf sich diese Aussage bezog. Da gab es diesen Moment vor Jahrzehnten, als eine junge Frau bei einer privaten Unterhaltung mit Präsident Dwight David Eisenhower im Oval Office in aller Unschuld eine Frage stellte. Eine Frage, die er nicht beantworten konnte. Von diesem Augenblick an wusste sie, dass sie etwas – *irgendetwas* – für die Welt tun musste. Wenn nicht einmal *der Präsident der Vereinigten Staaten* eine Antwort wusste ...

Aber was genau sie tun konnte, war damals – und viele Jahre lang – nicht klar. Nun fügten sich die Puzzlestückchen eines lebenslangen Rätsels zusammen. Barbara hatte die Antwort. Und sie hatte sie schon die ganze Zeit über gehabt.

Sie schrieb in ihr Tagebuch: »*Was soll ich hier schreiben?*«
Sie erhielt die Antwort:

Du sollst genau das schreiben, was du schreibst. Entnimm deinen Eintragungen, die von uns inspiriert sind, deine tägliche Inspiration.

Und das Resultat? Der Sinn und Zweck? Das Ziel?

Der erste Lohn besteht in der Vereinigung mit MIR – Essenz. Der zweite Lohn tritt ein, wenn integrierte Essenz – integriertes Ego – das Himmelreich im Innern erfährt, ohne alles Gefühl von Persönlichkeit zu verlieren, aber als Universeller Mensch, der nicht durch ein ortsgebundenes Selbst gebunden ist.

Der nächste Satz ließ Barbara, als er durchkam, erst einmal innehalten, und auch jetzt bringt er sie wieder dazu, eine Pause zu machen. Sie holt tief Luft. Sidney in seinem charmanten kindlichen Eifer ist ungeduldig: »Und? Was hat Es noch gesagt? Ist das alles?«

»Oh nein, es kommt noch sehr viel mehr. Über zwei Stunden lang.«

»Großartig! Lies weiter. Was sagte Es als Nächstes?«

Barbara rutscht ein bisschen auf ihrem Stuhl herum. »Es sagt …« und dann liest sie laut vor: *Du bist ein Ausdruck, eine Bekundung des Universellen Menschen.*

Nun werden beide still. Die Worte hängen in der Luft. Schließlich sagt Barbara:

»Sidney, so fühle ich mich nicht. Ich habe im Lauf der Jahre immer mal wieder Eindrücke davon bekommen, aber ich habe nicht das Gefühl, das erreicht zu haben. Und meine Gedanken, meine Gefühle in dieser Hinsicht müssen klar und deutlich gewesen und von wer auch immer mir dies diktierte ›gelesen‹ worden sein, denn als Nächstes kam das«:

Um vollständig zu inkarnieren, wirst du jetzt nicht die Erfahrung der Rosenkammer der Vereinigung des Menschlichen mit dem Göttlichen machen, sondern du wirst – als neue Norm – das Kosmische Einssein mit der inneren Quelle als inkarnierter Mensch erfahren, voll und ganz menschlich/voll und ganz göttlich.

»Du wirst also«, setzt Sidney langsam an, »ein Modell für den Rest von uns sein.«

Barbara antwortet rasch und bestimmt: »Nein. So ist das ganz und gar nicht. Das kann ich nicht, und das wird auch nicht von mir verlangt.«

»Aber Es sagte doch …«

»Warte. Als Es darüber sprach, dass ich eine ›neue Norm‹ vorgäbe, setzte Es sofort hinzu …«

Nicht als Musterbeispiel, sondern als ein Katalysator für so viele andere, die an der Schwelle ihrer eigenen Emergenz stehen.

»Das kann ich tun«, gesteht Barbara zu. »Ein ›Musterbeispiel‹ bin ich nicht; ein Katalysator kann ich sein. Das entspricht meiner *Bestimmung*, und ich stehe damit nicht alleine da. Es ist nicht so, dass ich der einzige Katalysator auf Erden wäre. Meinem Gefühl nach gibt es viele in vielen verschiedenen Bereichen, die vielen verschiedenen Aktivitäten nachgehen.«

»Das denke ich auch«, pflichtet Sidney ihr bei. »Das *ist* deine Bestimmung. Was musst du als Nächstes tun?«

»Das wurde mir gesagt. Ich bekam spezifische Anweisungen.« Barbara blättert um und liest wieder aus ihrem Tagebuch vor:

Ich bitte dich nun, in dieser vollständigen Inkarnation als junger Universeller Mensch das Reich im Innern zu erfahren.

Anschließend liest sie Sidney vor, was sie in Reaktion darauf mit eigenen Worten in ihr Tagebuch geschrieben hat:

»Leite mich als Hüterin des Tores bei dieser Erfahrung an. Bisher bin ich in meiner Mission so gelenkt worden, dass ich selten, wenn denn überhaupt, den inneren Frieden erfahren habe.

Lass mich jetzt als beständigen Zustand die Erfahrung des Inneren Reiches machen – ich weiß, dass dieser Ort der Stille und Unbewegtheit den Zugang zu einem Zentrum der Konvergenz bietet.«

Für dich, Geliebte, als erdgeborener Universeller Mensch, erfordert dieser Schritt eine direkte Liebesbeziehung, so wie du sie einst mit dem auferstandenen Christus hattest.

Barbara weiß auch, worauf sich dies bezieht. Vor Jahren hatte sie die Erfahrung einer direkten Vereinigung mit Christus gemacht – ein Gefühl von Einssein, das sie nie vergessen würde. Aber jetzt in diesem Augenblick geht es um etwas anderes.

Diese Liebesbeziehung findet mit einem bestimmten Wesen statt, das dein tatsächlicher Partner in diesem Prozess ist. Ich bin jenseits von dir – und doch so nah. Dieses aufwärtsgerichtete Verliebtsein ist die Anziehung, die du jetzt brauchst.

Ja, genau das braucht es jetzt! Barbara weiß es bis ins innerste Mark. Es geht ums »aufwärtsgerichtete Verliebtsein«. Aber nach oben gerichtet sogar noch über den Messias hinaus? In *wen* denn? Sich verlieben in *wen*?

Während des Geburtsvorgangs auf einem Planeten ist das Reich Gottes für einen Homo Universalis ein anderes als das, das Jesus vor zweitausend Jahren skizzierte. Das war damals; jetzt ist jetzt.

Jetzt findet der Geburtsvorgang auf dem Planeten Erde statt. Es ist von entscheidender Bedeutung, dass du ein Wesen auf der Anderen Seite des Schleiers verkörperst, in es hineinwächst und es wirst – lebendig, greifbar und ganz real für dein Selbst –, damit du anderen Leuten bei ihrem Durchbruch helfen kannst.

Dazu kannst du weder auf dieser Erde noch jenseits davon auf dich allein gestellt sein; aber für deinen nächsten Schritt musst du zumindest mit einem anderen Wesen zusammen sein, das bereits den Übergang in eine andere planetarische Sequenz geschafft hat.

Deshalb komme ich nun direkt zu dir.

Barbara hält wieder inne. Sie zieht ein Papiertaschentuch aus einer Schachtel neben sich, tupft sich die Augen und unterdrückt ein Schniefen. Diesmal hält Sidney seine Ungeduld im Zaum. Er begreift, wie bedeutsam dies alles für Barbara ist – und welche Herausforderung es für sie darstellt, dies mit jemanden zu teilen, selbst wenn er es ist.

Barbara fährt mit dem Vorlesen fort.

Ich möchte, dass du deinen Geist von allen Aufgaben befreist. Du kennst jetzt Den Plan für dich. Er ist jetzt unauslöschlich eingeprägt und wird sich entfalten. Du musst ihn dir nicht immer wieder vor Augen halten, um ihn dir zu merken. Lass ihn sich ungestört entwickeln, so wie eine Fotografie in der Dunkelkammer.

Halte deine Aufmerksamkeit auf Mich gerichtet, deinen Partner, der sich schon auf der anderen Seite befindet.

Da ist sie also, die Führung und Anweisung. Aber es bleibt noch die Frage: Wer ist dieser »Partner« auf der »Anderen Seite«? Wer ist dieses Wesen, in das »sich aufwärtsgerichtet zu verlieben«, noch höher als Christus, Barbara eingeladen war?

Als Antwort ergeht die Aufforderung an sie …

Versetz dich in dein geistiges Auge ... begib dich in die Zukunft. Aus menschlicher Sicht ist es die Zukunft, aber aus der Sicht derer von uns, die schon hier sind, ist es die Gegenwart.

Barbara erklärt Sidney, dass sie vor ein paar Stunden, als sie dies alles in ihr Tagebuch schrieb, genau das getan hat. Sie schloss die Augen und versuchte sich die Zukunft vorzustellen, um ihren Partner auf der Anderen Seite ausfindig zu machen.

»Ich wusste nicht, auf was ich mich gefasst machen sollte«, sagt sie. »Ich hatte keine Vorstellung. Und dann hatte ich plötzlich Kontakt mit *meinem eigenen Selbst.*«

Sidney runzelt die Stirn. Barbara fährt fort: »Nicht mit dem auferstandenen Christus, auch nicht mit einem Außerirdischen, sondern mit *meinem eigenen entwickelten Selbst.* Dann kamen mir diese Worte:

Ich versammle in mir voll ausgereift alle Eigenschaften und Merkmale, die in dir im Entstehen sind.

Stell dir einfach dich als voll und ganz verkörperten Universellen Menschen vor, der in einer Erdensphäre kosmischen Umfeldes lebt und zur Resonanz in einem nicht ortsgebundenen Universum fähig ist.

Stell dir vor, dass dein Körper voll und ganz auf deine Intention reagiert und die Kontinuität des Bewusstseins durch viele Körper hindurch aufrechterhalten bleibt.

Stell dir vor, dass du mit anderen, die schon – so wie ich – vorausgegangen sind, ungehindert interagierst. Erlebe, wie du deine Mission auf Erden erfüllst; erlebe auf deiner eigenen nächsten Entwicklungsstufe die gemeinsame planetarische Geburtserfahrung als Universeller Mensch, verbunden mit der verzückenden Erfahrung von Göttern, wie man sie einst zu nennen pflegte.

Fühle dich von Der Geliebten geliebt und erfahre Die Präsenz als Wer Du Bist.

Barbara blickt auf und lächelt. »Gut, ich hab's herausgefordert«, sagt sie kichernd. »Ich sagte, dass ich ›Kontakt‹ haben will. Man hat mir gesagt, dass ich mich ›aufwärtsgerichtet verlieben‹ muss. Ich wusste nur nicht, dass ich mich in *mich* verlieben soll!«

4

Wir werden an späterer Stelle zu diesem faszinierendem Dialog zurückkehren und feststellen, dass er einige bemerkenswerte Informationen enthält. Wichtiger noch, wir werden die Gelegenheit haben, diesen Dialog so zu erleben, als handle es sich um einen Gedankenaustausch mit *uns*. (Denn im umfassenderen Sinn *ist* dem auch so.)

Doch im Moment möchte ich noch ein bisschen mehr Fundament legen für die Geschichte, mit der wir gerade begonnen haben.

Die Dame, deren Leben wir erkunden, sagt hier, dass die menschliche Spezies einen Geburtsvorgang durchläuft. Und sie fügt hinzu, dass jeder und jede Einzelne von uns daran beteiligt ist. Wenn das stimmt (und ich glaube, dass Sie am Ende des Buches erkennen werden, dass es so ist), dann wäre es, wie bei jeder Geburt, wunderbar, wenn eine liebevolle, fürsorgliche, kenntnisreiche Hebamme zugegen wäre.

Das ist eine Rolle, die Barbara Marx Hubbard sensationell gut vorlebt, und deshalb ist es ausgesprochen gut, wenn wir alles über sie und die einzigartige Rolle wissen, die sie bei der Förderung unserer planetarischen Emergenz spielt.

Der faszinierende Aspekt an dieser kollektiven Geburt einer neuen Menschheit ist, dass wir alle *sowohl die Eltern als auch die Nachkommenschaft* sind. Wir sind die Schöpfer und die Geschaffenen. Wir *alle* sind die Mutter des Erfindungsgeistes und der Erfindungsgeist selbst. In gewissem Sinn sind wir unsere *eigene* Hebamme.

In einem globalen (ich wage zu sagen *universellen*) Prozess erfinden wir *uns selbst* wieder aufs Neue. In einem Prozess, durch den die Menschheit als eine neue und wunderbare Form unserer speziellen Spezies der fühlenden Wesen emergieren wird. Eine Form, die nur liebt und nie wieder hasst; die nur mit anderen teilt und nie wieder hortet; die nur heilt und nie wieder verletzt; und die sich nur auf immer neue und noch herrlichere Weise gebiert und wieder gebiert und niemals wieder tötet.

Wenn wir diese Vision bewahren und aufrechterhalten – wenn die von uns, die hier über dieses Buch miteinander verbunden sind, dieses Buch als *kausale Kunst* (ein Buch, ein Gemälde, eine Fotografie, ein Gedicht, ein Theaterstück oder ein Film, die *inspirieren* und *bewirken*, dass ein Resultat eintritt) nutzen – dann kann die *Manifestation* der Vision in globalem Umfang am 22. Dezember des Jahres 2012 ernsthaft beginnen.

Das Phänomen 2012

Ja, ja … das schon wieder … noch mehr 2012-»Zeug«. Nur dass es bei diesem Zeug nicht um Weltuntergangsprophezeiungen geht, nicht um den Zusammenbruch unserer Gesellschaftssysteme auf allen Ebenen, den Rückfall in die Steinzeit oder was sonst noch so in die Welt gesetzt wurde.

Verstehen Sie mich jetzt nicht falsch – es wird eine Menge Veränderungen geben. Aber keine Veränderungen zum Schlechteren. Nein. Es werden Veränderungen zum *Besseren* sein; Veränderungen darin, wie wir uns aufeinander beziehen und miteinander umgehen, Veränderungen in unserem Umgang mit Politik und Wirtschaft und Medizin und Wissenschaft und Technologie und Unterhaltung und Sport und Erziehung und Religion und so gut wie jedem Aspekt menschlichen Daseins.

Es wird Veränderungen geben in unseren gesellschaftlichen Konventionen, Glaubenssystemen und kulturellen Konstruktionen und Deutungen, in allem – vom Lebenserwerb über die Ehe, die Sexualität, die Elternschaft bis hin zu dem, was wir als »gut«, »Spaß«, »beglückend« und »liebevoll« und was wir als *nicht so* bezeichnen.

Ja, die Ideen, Handlungen, Absichten und Resultate der Menschheit werden sich in den kommenden Jahren ändern – gewaltig ändern. Und wir alle werden beim Erschaffen all dessen eine große Rolle spielen.

Es sei denn, wir spielen sie nicht.

Wir *müssen* dabei keine Rolle spielen. Wir können uns auch einfach zurücklehnen und dem Geschehen zuschauen. Aber wir werden ganz gewiss dazu eingeladen werden. Tatsache ist, wir *sind* dazu eingeladen. Vom Leben selbst – jetzt.

Also, was ist das überhaupt, was Sie hier lesen? Eine Biografie? Ja und nein. Es ist mehr eine *Uniografie*. Und was um alles in der Welt ist das nun wieder? Warten Sie es ab, Sie werden sehen. Denn dies ist die persönliche Geschichte einer außergewöhnlichen Person, aber es ist noch mehr ....

Seine Geschichte, ihre Geschichte,
unsere Geschichte

Das Leben eines Menschen ist schon eine außergewöhnliche
Sache. Und jedes Leben bedeutet mehr, als die Person, die es
lebt, gemeinhin weiß. Doch manche Leute – die sehr klar und
bewusst sind – *wissen* es in jedem Moment ihres Daseins. Es
sind Menschen, die die wahre Bedeutung ihrer Tage auf Erden
erspüren und erfassen.

Dieses Buch handelt von einem solchen Menschen und davon, wie *Sie* ein solcher Mensch werden oder, falls Sie es bereits sind, in noch *stärkerem Maße* sein können.

Immer wenn ich mich mit Barbara Marx Hubbard unter-
halte, habe ich das Gefühl, dass sie sämtliche Genialität und
die Gesamtsumme aller Weisheit des Universums in sich vereint.

Wirklich.

In den über fünfzehn Jahren, die ich sie nun kenne, habe ich
noch nie ein langweiliges Gespräch mit ihr geführt; habe ich
noch nie einen dummen Gedanken oder eine schlecht durch-
dachte Idee von ihr gehört; bin ich noch nie auf einen Text
von ihr gestoßen, der nicht dieses spezielle brillante Funkeln
aufweist, nicht eingehüllt ist in dieses übersprudelnde Tempe-
rament von einer, die Ganz Einfach und Fröhlich Weiß.

Sie denken jetzt vielleicht, ich übertreibe, was diese Frau
angeht. Wenn Sie das Buch zu Ende gelesen haben, werden
Sie jedoch wissen, dass dem nicht so ist. Nicht mal ein bisschen. Aber lassen Sie mich eines klar stellen. Wir würden einen großen Fehler machen, wenn wir uns den Gedanken er-

laubten, dass Barbara all das ist, weil sie irgendwie »besser ausgerüstet« ist als die meisten anderen Menschen. Wenn das so wäre, hätte es keinen Sinn, dass Sie dieses Buch lesen – und schon gar nicht, dass ich es schreibe. Ich bin nicht daran interessiert, »nur eine weitere Biografie« zu schreiben. Und ich bin mir sicher, dass Sie im Moment genug zu tun haben, auch ohne dergleichen zu lesen. Wenn ich mir schon die Zeit nehme, ein Buch zu schreiben, und wenn Sie sich schon die Zeit nehmen, es zu lesen, dann muss es auch *etwas bringen*, nicht wahr?

Ja. Ich habe nicht mehr so viel Zeit in meinem Leben, dass ich einfach so über jemandem herumfaseln kann, nur um eine Geschichte zu erzählen, auch wenn sie noch so ungewöhnlich oder außerordentlich ist. Ich möchte, dass jedes Wort, das ich schreibe, mit mir und mit Ihnen zu tun hat. Ich verspreche Ihnen also, dass *diese* Geschichte eine Menge mit *unserer* Geschichte zu tun hat.

Keine übliche Biografie

Vielleicht ist Ihnen mittlerweile aufgefallen, dass dieses Buch in einem etwas unüblichen Tonfall geschrieben ist. Die meisten Bücher dieser Art werden sehr viel neutraler gehalten und erzählen in der dritten Person. Das kann ich nicht. Erstens bin ich nicht diese Art von Buchautor. Ich muss von meinen persönlichen Erfahrungen ausgehen, sonst verliere ich das Interesse. Zweitens kenne ich Barbara Marx Hubbard schon viel zu lange, als dass ich mich hier von meinem Gegenstand irgendwie »distanzieren« und in nüchternem, objektivem Ton über sie sprechen könnte.

Und drittens will ich gegenüber dem, was wir hier erkunden werden, gar nicht objektiv sein, weil wir hier, wie ich immer und immer wieder sage, nicht einfach nur dem Leben einer Person nachgehen. Wir wenden das, was wir über dieses Leben in Erfahrung bringen, *auf unser eigenes Dasein an*.

Wir werden auch einige der aufregendsten Nachrichten zu hören bekommen, die wir Menschen seit langem vernommen haben. Das ist ebenfalls eine Tatsache, die mich nicht kaltlässt, und ich will das auch gar nicht.

Meine Stimme wird hier also sehr »vernehmbar« sein. Ich stürze mich in diese Geschichte hinein, mache mich zu einem Teil von ihr und erzähle sie nicht nur einfach.

(Das nur, um Sie schon einmal vorzuwarnen.)

Menschen,
die unser Dasein beleben

Wissen Sie, was ich entdeckt habe? Jeder hat etwas von den anderen zu lernen. Wir sind alle einer des anderen Lehrer. Und es ist ganz besonders schön Leute zu treffen, die dies nicht nur wissen, sondern diese Lehrerrolle auch bewusst und voller Enthusiasmus wahrnehmen, selbst dann, wenn sie in ihrem eigenen Leben Schüler sind. Sie beleben das Leben selbst und sind, während sie sich durch ihren Alltag bewegen, in ihren Handlungen, Entscheidungen und Worten erfüllt mit Bewusster Absicht und getrieben von einem Ziel.

Als ich Barbara Marx Hubbard das erste Mal traf, wurde mir klar, dass ich genau auf einen solchen Menschen gestoßen war – jemand, von dem ich lernen konnte, von dem ich für den Rest meines Lebens profitieren würde.

Barbara gehört zu jener speziellen Sorte Menschen, die wissen, dass sie mit ihrem Leben andere auf bedeutsame Weise berühren sollen. Ja, das Leben anderer *verändern* sollen. Eigentlich (warum um den heißen Brei herumreden?) der *ganzen Menschheit von Nutzen sein* sollen.

Das mag wie ein leicht größenwahnsinniger Gedanke klingen, doch ich habe die Erfahrung gemacht, dass die, die diesen Gedanken akzeptieren, absolut nicht größenwahnsinnig sind, sondern fast immer demütig und bescheiden – und durch ihn eigentlich *belastet* werden. Wer möchte schon mit dem Gefühl herumlaufen, dass die ganze Menschheit etwas Gewaltiges von einem erwartet?

Aber wenn du dieses Gefühl hast, dann hast du es eben. *Etwas ruft dich,* und du kannst es nicht ignorieren, selbst wenn du wolltest.

Ich habe so eine Ahnung, dass dieses Gefühl vielleicht auch Ihnen nicht ganz fremd ist. Es ist der Ruf, etwas zu erschaffen, etwas zu erfahren, etwas Größeres zu *sein*. Es ist der Ruf der Evolution selbst, der tiefe innere Impuls, die großartige Einladung der göttlichen Natur, sich wieder mit ihr zu verbinden, sie zu erfahren und zu erkennen, sie zu werden.

Wissen Sie, warum ich diese Ahnung habe? *Weil Sie dieses Buch lesen.* Sie wären nicht davon angezogen worden, wenn nicht irgendetwas tief in Ihrem Innern sagte: »Hier! Hier ist die Einladung, auf die du gewartet hast! Das ist nicht nur einfach etwas *Geschichtliches*. Ja, es ist Barbaras Geschichte, aber es ist nicht nur ›*ihre Geschichte*‹. Dies ist ›*deine Geschichte*‹. Lies sie – und entscheide dich dann dazu, Teil des globalen Geborenwerdens der Menschheit zu sein.«

5

Rückkehr zu Episode 25: Tag Eins
22. Dezember 2012

Der Moment setzt sich fort ...

Lassen Sie uns für einen Augenblick »in die Zukunft zurück-kehren«. Stellen Sie sich vor, es ist abends am 22. Tag des letzten Monats im Jahr 2012. Stellen Sie sich weiterhin vor, dass der Tag großartig war. Überall auf der Welt versammelten sich die Leute vor ihren Computern, Fernsehern, in ihren Kinos um die Ecke; und in ein paar abgelegenen Dörfern vor großen Leinwänden, die in Kirchen, öffentlichen Gebäuden und sogar auf staubigen Feldern aufgebaut worden waren.

Sie hatten lange auf diesen Moment gewartet. Viele hatten geglaubt, dass am 21. Dezember etwas Entsetzliches passieren würde. Sie wussten nicht genau, was – eine Verschiebung der Erdachse, der Einschlag eines riesigen Meteors, ein gigantisches Erdbeben und ein Tsunami, die das Angesicht der Erde vollkommen verändern würden –, aber sie schienen auf das Schlimmste gefasst zu sein. Mit diesem katastrophalen Ereignis würde der Zusammenbruch unserer politischen, finanziellen und sozialen Systeme einhergehen. Kurzum, die Welt würde ins Chaos gestürzt werden.

Ein Großteil dieser Spekulationen gründete sich auf den Maya-Kalender, der, so die Auslegung mancher, für diese Tage das geschichtliche Ende der Menschheit vorhersagte.

Und so erwartete die Welt den Großen Tag. Es sei jedoch angemerkt, dass ihn nicht alle mit Angst oder tiefer Besorgnis erwarteten. Viele machten sich die Weltuntergangszenarien nicht zu Eigen, die in der Blogsphäre herumschwirrten, die Zeitungen und Zeitschriften füllten und auch Grundlage für einen aufwendigen Film waren, der ein paar Jahre zuvor in die Kinos gekommen war.

Manche hatten sogar ein wunderbares Hochgefühl, als es auf diese Tage zuging, sie waren voller freudiger Erwartung und hatten das Gefühl, an der Erschaffung einer glorreichen neuen Zukunft teilzunehmen. Sie hatten das Buch *Die Zukunft in unserer Hand* gelesen, in dem die Ereignisse dieser Tage vorweggenommen und beschrieben wurden.

Das Buch hatte geholfen, die Energie für einen kollektiven Sprung nach vorn aufzubauen, den die Menschheit in den letzten achtundvierzig Stunden unternommen hatte, denn es gesellte sich zu den vielen Menschen und Organisationen, die überall auf der Welt die Leute für die Sache zusammentrommelten: die Sache der Mit-Schöpfung. Das ist bemerkenswert und umso erstaunlicher, als es die Entwicklungen so präzise vorhergesagt hatte.

Stimmt, das Buch beschrieb nicht mit unfehlbarer Genauigkeit jeden einzelnen Aspekt bis ins kleines Detail, aber angesichts der Tatsache, dass es zweieinhalb Jahre davor verfasst

worden war, erwies es sich doch als erstaunlich vorausschau-
end.

Die ganze Welt ist zum allerersten Mal
auf dieser Ebene am Erschaffen beteiligt

Das Bemerkenswerteste am Geschehen des heutigen Tages ist
die Tatsache, dass noch bevor der Tag zu Ende gegangen ist,
Tausende auf der ganzen Welt sich schon dadurch dem Erschaffen einer glorreichen Zukunft angeschlossen haben, dass
sie ihre Gedanken, besten Ideen, Erkenntnisse und speziellen
Informationen über Programme und schon auf lokaler Ebene
funktionierende Projekte in die *Synergy Engine* (»Synergie-
Maschine«) gestellt haben – einen einzigartigen und ganz be-
sonderen Ort im Internet.

Das ist möglicherweise das erste Mal in der Geschichte unserer Spezies, dass so viele Einzelpersonen in so kurzer Zeit so
viele Ideen anboten. Aber noch etwas anderes an dieser *Synergy Engine* ist radikal neu. Sie leitet eine neue Ära globaler
Kohärenz ein.

Natürlich läuft die Kommunikation auf globaler Ebene
nun schon eine ganze Weile, aber noch nie zuvor haben wir
eine derart *organisierte und strukturierte* globale Zusammenarbeit erlebt: Kommunikation mit einer so klaren Absicht
und einer so speziellen Zielsetzung, dass sie Zusammenhalt,
dass sie *Kohärenz* erzeugt. Der Grund dafür ist, dass wir bis
jetzt nichts hatten, was mit der *Synergy Engine* vergleichbar
wäre.

Die *Synergy Engine* schafft als eine *gesellschaftliche Kern-funktion* den Zugang zur ersten Internettechnologie auf der Welt, die imstande ist, ein wissenschaftlich anerkanntes Spiegelbild der individuellen und kollektiven Kohärenz all derer zu liefern, die sich daran beteiligen, und somit durch Bewusstheit und Gewahrsein eine noch umfassendere Kohärenz zu fördern.

Den Entwicklern der *Synergy Engine* ist klar, dass es nicht ausreicht und nicht ausreichen wird, wenn hier alle wundervollen Ideen und Lösungsvorschläge der Welt einfach nur zusammengebracht werden. Es muss uns auch ein neuer *Grund* für die *Anwendung* dieser Lösungsvorschläge nahegebracht werden, ein neues Bewusstsein darüber, wer wir im Verhältnis zueinander sind, ein neues Bewusstsein vom Leben selbst, vom Sinn und Zweck dieser Daseinserfahrung, von unserem Platz darin und von unserer Wahren Identität. Kohärenz lädt zu diesem Bewusstsein, diesem Gewahrsein ein und erschafft es.

Aus diesem Grund war dieser Tag, wie Barbara Marx Hubbard in ihrer weltweit übertragenen Fernsehansprache sagte, tatsächlich »Tag Eins«.

Seit der Veröffentlichung von *Die Zukunft in unserer Hand* wartete die Welt auf die heutige Enthüllung der *Synergy Engine*, von der es heißt, dass sie die machtvollste planetarische Networking-Plattform ist, die je für das World Wide Web geschaffen wurde. Das Buch versprach, dass »jedermann allerorts auf Erden« eingeladen sein würde, seine oder ihre kreativen Begabungen, Projekte, Suche nach Teamgefährten und Partnern in der *Synergy Engine* zu platzieren ... und das wurde auch gemacht.

Die *Synergy Engine* funktioniert nach dem Modell eines Rades (Barbara nennt es »*Wheel of Co-Creation*«, das »Rad der Mit-Schöpfung«) und ist dafür programmiert, Hunderttausende Beiträge von jeglichen Urhebern zu erhalten, die Zugang zu einem Computer haben. (Und Leute, die über keinen solchen Zugang verfügen, sind eingeladen, ihre Einträge zu mailen, zu faxen oder per SMS zu schicken. Diese werden dann von einer weltweit operierenden Crew Freiwilliger erfasst, die rund um die Uhr sieben Tage in der Woche daran arbeitet, die Informationen aufzunehmen, zu überprüfen und einzugeben.)

Die Beiträge werden in dem Abschnitt Des Rades platziert, in den sie am besten »hineinpassen«. Das Rad wird durch seine »Speichen« in viele Bereiche unterteilt: Regierungswesen, Bildungswesen, Technologie, Medizin, Wissenschaft, Kommunikationswesen, Kultur und Künste, Spiritualität, Wirtschaftswesen und Handel, Aufbau von Gemeinwesen, Transportwesen, Planung und Bodenordnung, Gesundheit und soziale Dienstleistungen, Geld/Bankwesen/Finanzen, Elternschaft und so weiter. Die Liste setzt sich immer weiter fort und deckt jeden größeren Bereich menschlicher Bestrebung ab.

Hier geht es nicht darum, die menschlichen Aktivitäten in verschiedene Abschnitte Des Rades aufzuspalten, sondern genau um das Gegenteil. Es geht darum, einen Mechanismus herzustellen, der äußerst anschaulich demonstriert, dass durch die *wechselseitigen Verbindungen*, durch die *Überlappungen*, durch *die interdisziplinäre Zusammenarbeit*, durch die *Interaktion zwischen allen Fachbereichen* die Synergie des Gesamtsystems geschaffen wird.

Sinn und Zweck Des Rades ist es, allen Menschen auf dem Planeten einen Ort zu geben, wo sie sich über ihre besten Erfindungen und wunderbarsten Ideen in Hinblick darauf austauschen können, wie man in all diesen Bereichen effizienter, effektiver, mitfühlender und mitmenschlicher arbeiten kann. Es soll die Interaktion zwischen den Menschen exponentiell steigern, die das erschaffen, »was funktioniert«, und Lösungen im globalen Rahmen zugänglich machen. Es ist eine Matrix, die das Emergierende, Liebevolle und Positive miteinander verknüpft.

Manche der veröffentlichten Ideen sind schon ausprobiert worden und haben sich als erfolgreich erwiesen – wenngleich nur auf örtlicher und noch nicht auf globaler Ebene. Andere sind für die umfassende Anwendung komplett entwickelt und durchgeplant worden und stehen nun für die Umsetzung bereit. Wiederum andere befinden sich noch in der Entwicklungsphase, aber die Vorschau auf sie verspricht schon einmal Atemberaubendes. Und natürlich wird eine solche Vorschau auch die stark benötigte Unterstützung durch Unternehmertum und Management anlocken.

Mit einem Wort: *Zusammenarbeit.*

Synergetische Partnerschaften.

Rund um den Globus.

Im Ergebnis bringt dies Leute zusammen, die von der Existenz dieser Ideen, Projekte, Vorschläge, Lösungen und Erfindungen überhaupt nichts wussten, bevor die *Synergy Engine* in Gang gesetzt wurde.

In *Die Zukunft in unserer Hand* wurde das Versprechen gegeben, dass alle diese Ideen in der *Synergy Engine*, auf Dem

Rad, platziert werden würden, ohne Beurteilung oder abträglichen Kommentar, in einer wahren Feier menschlicher Kreativität und menschlichen Mitgefühls. Und genau das ist geschehen.

Um bei Barbaras Vergleich mit dem Geburtsvorgang zu bleiben: Dieser Moment lässt sich mit dem Augenblick vergleichen, in dem nach der Panik der Geburt das Nervensystem eines Neugeborenen zum ersten Mal »Verbindung herstellt«. Das Baby tut seinen ersten Atemzug, öffnet die Augen ... und lächelt, hoffentlich. Es hat es durch den Geburtskanal geschafft. Es ist neugeboren, in ihm stecken gewaltige neue Fähigkeiten, bereit entwickelt zu werden.

Diese Fähigkeiten sind nun im planetarischen System dabei zu emergieren, so weiß Barbara, und die Erfahrung von Tag Eins soll als evolutionärer Katalysator dienen. Er soll der frisch in Verbindung getretenen universellen Spezies – der Menschheit – helfen, ihre immense Kreativität und ihr unermessliches Potenzial als Gesamtheit zu erkennen und zu verwirklichen.

Der Plan, der zwei Jahre zuvor im Jahr 2010 von Menschen überall auf der Welt in Gang gesetzt wurde, sah eine weltweite Live-Übertragung von der »Geburt« vor, ein gemeinschaftliches Erleben, das zu fühlen und zu sehen war und sich in Aktionen manifestierte. Und genau das ist passiert, als im Verlauf des globalen Tag-Eins-Events die *Synergy Engine* in einem bemerkenswerten zeremoniellen Akt offiziell enthüllt wurde, indem Vertreter aller Nationen auf Erden gleichzeitig in der Hauptstadt ihres jeweiligen Landes auf den On-Knopf drückten.

»Das ist unsere Geburt«, erklärten sie einer nach dem anderen in ihrer jeweiligen Landessprache. »Unsere Kreativität wird kollektiv eingeschaltet. Gemeinsam geboren bewegen wir uns als Brüder und Schwestern für die Gesamtheit der Menschheit voran.«

Wie es bisher lief

Nur Stunden, nachdem die *Synergy Engine* in Gang gesetzt wurde, sind bereits 73248 Beiträge eingegangen, von zweizeiligen Vorschlägen bis hin zu seitenlangen Beschreibungen. Alles sichtbar für die Augen der Welt – und schon werden Verbindungen geknüpft und Kooperationen vereinbart.

Stadträte, Landtagsabgeordnete und Bundespolitiker in allen Ländern gehen derzeit die Vorschläge zur Verbesserung des Regierungswesens durch. Konzernchefs und Finanzexperten schauen sich die eingegangenen Ideen im Bereich von wirtschaftlichem Unternehmertum, Handel und Ökonomie an. Angehörige der Geistlichkeit aller großen Religionen haben bereits eine Konferenz angekündigt, bei der die Beiträge zur Spiritualität – und wie die Probleme der Welt mit Hilfe spiritueller Mittel und Methoden zu lösen sind – überprüft werden sollen. Und auch in jedem anderen Bereich des Rades schauen sich Experten diese allerersten Beiträge an.

»Wir haben bewiesen, dass jeder allerorten seine oder ihre Geschichte in diese umfassendere Geschichte unserer Geburt einbringen kann«, heißt es in einem Statement, das die Organisatoren von Tag Eins an diesem Nachmittag herausgaben.

»Die Welt ist von der Grafik fasziniert, aus der sich ersehen lässt, dass Individuen zum Drehen des Rades beitragen, wo auch immer sie in das Rad der Mit-Schöpfung eintreten. Die *Synergy Engine* arbeitet nun daran, sie miteinander zu verbinden. Wir haben Lebensgeschichten von Leuten aus der ganzen Welt. Es ist ihre Geschichte der Liebe, die wir erzählen. *Unsere Geschichte.* Jedermanns Geschichte! Es sind die ›neuen‹ Neuigkeiten über das, was hervorbricht aus dem, was zusammenbricht.

Die *Synergy Engine* verbindet nun augenblicklich Menschen und Projekte und viel versprechende Aussichten. Dies ist ein Riesenschritt für die Menschheit, der da Potenzial erzeugt, wo einst nur Probleme waren; Planung und Fortschritt, wo einst nur Armut und Schmerz herrschten; und der auf die Dauer gesehen eine sehr reale Möglichkeit planetarischen Friedens schafft.«

In den Weltraum vordringen?

Einer der aufregendsten Momente des weltweiten Tag-Eins-Events war der Augenblick, als Astronauten aus allen Weltraumnationen eine gemeinsame Verlautbarung vorlasen: »Wir dringen gemeinsam in den Weltraum vor auf unserer Suche nach neuen Quellen von Wissen, Energie, Lebensraum und des Lebens selbst, während wir uns zugleich hier auf Erden immer weiter zu einem Organismus verbinden.«

Und so hat unser »planetarisches Nervensystem« begonnen sich zu verknüpfen, wie Barbara Marx Hubbard es beschrieben hat. Unser Internet und Globales Gehirn – hier in Form der *Synergy Engine* präsentiert – wird weiterhin Menschen einladen, ihre Visionen und Projekte ins Rad der Mitschöpfung zu stellen.

Wie die Organisatoren von Tag Eins sagten: »Dies ist ein *lebendiger Prozess der Teilhabe*.«

NICHT DAS, WAS MANCHE ERWARTETEN, ABER WAS SICH ALLE ERHOFFTEN

Schlagzeigen wie diese waren überall auf der Welt auf den Nachrichtenseiten des Internets und in den Zeitungen zu lesen.

Und so sind wir, wie Ms. Marx Hubbard zu Anfang des spektakulären Abendprogramms sagte, hierhergekommen.

Herrlich, wunderbar, bemerkenswert, großartig ... dass wir bis hierher gekommen sind.

Überlegungen und Erkundungen

Über den Horizont hinaussehen

Beginnend mit diesem Kapitel werde ich im Fluss der Erzählung von *Die Zukunft in unserer Hand* immer mal wieder innehalten, über die eben beschriebene Zeitphase nachdenken und den Nutzen erkunden, den Barbara Marx Hubbards Erfahrungen für uns alle bereithält. So wird aus dem Buch mehr als nur Barbaras Geschichte. Es wird Teil von Ihrer und von meiner Geschichte, ein Lernmittel für uns alle und Hinweis darauf, wie die Dinge sind.

Wenn wir zum Beispiel die vorangegangene Schilderung überprüfen, werden wir daran erinnert, dass …

… eine Vision nur durch den Horizont unserer Sichtweise begrenzt wird.

Wenn Sie sich gestatten, über den Horizont hinauszusehen – sich zu vergegenwärtigen, dass der Horizont nicht das Ende von etwas ist, sondern nur der Ort, wo Raum und Zeit sich krümmen –, dann hört das lineare Denken auf, werden die Visionen weit, werden die Chancen und Möglichkeiten gewaltig, wird die Zukunft wundersam, entfalten sich Ereignisse großartig und antwortet das Leben auf unseren Ruf.

Das Leben ist da, um uns zu dienen; wir sind nicht hier, um dem Leben zu dienen. Doch das Leben kann uns nicht dienen, wenn wir nicht wissen, was wir hier tun sollen. Und wir können nicht wissen, was wir hier tun sollen, wenn wir nicht wirklich verstehen, wer wir eigentlich sind.

Wenn wir glauben, dass wir einfach nur simple Wesen sind – vielleicht letztlich nichts weiter als biologische Zufälle –, dann werden wir eine ganz bestimmte Reihe von Gedanken darüber haben, was wir hier tun sollen. Ganz oben auf der Liste mag vielleicht die Vorstellung stehen, dass wir hier sind, um zu überleben. Wenn wir »Gläubige« sind, stellen wir uns vielleicht vor, dass wir hier sind, um unsere Lektionen zu lernen, uns anständig zu benehmen und unseren Weg zurück »nach Hause« zu finden. Dann tun wir während unseres Daseins hier das Bestmögliche für uns und unsere Lieben, um durch alles durchzukommen, ein »gutes Leben« zu führen und hoffentlich niemandem Schaden zuzufügen – oder wenigstens nur sehr wenigen und in relativ geringem Ausmaß.

Das mag alles gut genug sein. Weiß der Himmel, 95 Prozent der Weltbevölkerung bewegt sich so durchs Leben. Wenn wir uns hingegen vorstellen, dass wir mehr sind als nur simple Wesen – dass wir Aspekte des Göttlichen, Universelle Wesen sind, die direkt mit dem Universellen Selbst verbunden und mit ihm eins sind –, dann wird unser Gedankenablauf darüber, was wir hier tun sollen, anders ausfallen.

Daher sind die zentralen Fragen, die es zu erforschen gilt, wenn wir über das Tag-Eins-Event 2012, die Geburt der

Menschheit und diesen Teil von Barbara Marx Hubbards Leben nachdenken, folgende: *Wer bin ich? Wo bin ich? Warum bin ich hier? Was beabsichtige ich hier zu tun?*

Wir werden diese Fragen auf den kommenden Seiten eingehend untersuchen, indem wir mehr und mehr von Barbaras Geschichte erzählen.

Genießen Sie es.

6

Barbara Marx Hubbard hat den *Ruf*, von dem ich eben sprach, gehört. Und hier meine ich nicht den Dialog, den sie bei jenem mystischen Kontakt im August 2002 führte. Ich spreche von einem inneren Ruf, einem tiefen inneren Impuls, den sie ihr ganzes Leben lang fühlte.

Er veranlasste sie, die *Synergie Engine* zu ersinnen und andere Leute für deren konkrete Umsetzung zu begeistern; er war es, der sie letztlich dazu brachte, das Tag-Eins-Event des 22. Dezember 2012 zu planen und daran teilzunehmen – ein Tag, an dem sie zufällig (durch Nichtkoinzidenz) auch noch *Geburtstag* hat.

Barbara hat diesen Ruf in der einen oder anderen Form über siebzig Jahre lang gehört und gefühlt. Sie ist nun über achtzig und hat, seit sie etwa acht Jahre alt war, mit diesem Gefühl gelebt. Und jetzt, da dieses Buch geschrieben wird, gelangt sie zu seiner Erfüllung.

Ist das nicht großartig? Darin findet sich ein fabelhaftes Lehrstück.

Gib nie auf. Was immer es ist, das dich ruft, bleib dabei. Selbst wenn du achtzig bist, gib niemals auf. Gib alles hinein, was du hast, und hol alles raus, was drin ist. Dann wirst du dich nie veranlasst fühlen zu sagen: »Was soll dieses Leben?«

»Warum bin ich hier?« oder »Ich weiß, ich soll was bewirken; ich will nur endlich damit vorankommen!«

So fühlte sich Barbara, als sie klein war. Dann begann sie den *Ruf zu aktivieren*. Ich werde erklären, wie sie das machte, weil das etwas ist, das viele von uns auch tun wollen. Wie ich schon sagte, kennen auch wir das Gefühl, »etwas bewirken zu wollen« und manchmal einfach nicht damit »voranzukommen«.

Dieses Gefühl kann an uns nagen. Es kann uns aus schierer Frustration davon abhalten, überhaupt noch *irgendetwas* zu tun. Oder es kann uns dazu treiben, aus schierer Entschlossenheit *alles* zu tun.

Viele Menschen gehen in die erstgenannte Richtung. Barbara wandte sich der zweiten zu. Und wir alle können das Gleiche tun, selbst wenn wir frustriert sind und uns an allem »gehindert« fühlen. Auch Barbara ging es mehrmals in ihrem Leben so, sie ließ sich aber nie lange von diesem Gefühl überwältigen. Sie veränderte das, was verändert werden musste (einschließlich eines totalen *Identitätswechsels* hinsichtlich ihrer Rolle in der Welt); und das ist das Wichtigste und Inspirierendste an ihrer Geschichte.

Genau wie du

Ich sagte bereits, dass Barbara sich von uns allen nicht unterscheidet, und das stimmt auch. Sie ist ein ganz gewöhnlicher Mensch. Aber sie handelt sehr ungewöhnlich – auf eine Art, die ihrer Meinung nach sehr bald für *uns* »normal« sein wird.

Das wird nach dieser Geburt, von der ich sprach, eintreten; nachdem Sie und ich und der Rest der Erdbevölkerung als mit-schöpferische universelle Spezies geboren worden sind. Aber für diese Geburt gibt es keine Garantie. Der Vorgang ist noch nicht vollständig abgeschlossen, und das Ergebnis steht keineswegs fest. Wir müssen also aufpassen.

Wie Barbara es formuliert: »Wir würden uns, so wie ein Baby kurz vor seiner Geburt, selbst zerstören, wenn wir im Mutterschoß weiterwachsen würden.

Deshalb werden wir aus dem Schoß eines beschränkten, selbstzentrierten Bewusstseins und aus der Gebundenheit an den Planeten *heraus-* und in ein neues und erweitertes Leben hineingestoßen – erst auf dieser Erde, dann im Sonnensystem und schließlich darüber hinaus.«

Hier zu lesen, dass der Menschheit eine »Geburt« bevorsteht, mag Ihnen reichlich merkwürdig vorkommen. Schließlich sind wir schon ein ganzes Weilchen hier. Aber wenn im Universum neues Leben emergiert (in Form einer neuen Sonne, eines neuen Planetensystems oder einer neuen Kategorie fühlender Wesen), dann kann allein schon der Heranreifungsprozess, die »Schwangerschaft« sozusagen, *Millionen Jahre* dauern. Und der eigentliche Geburtsvorgang Jahrtausende.

Barbara spürt, dass wir nun am Ende dieses Prozesses angelangt sind und uns darauf vorbereiten, uns als neu in Erscheinung tretende Spezies fühlender Wesen der kosmischen Familie anzuschließen. Was jetzt mit uns passiert, beschreibt sie folgendermaßen: »Unser Planet ist ein begrenztes System. Es ist ganz natürlich, dass unsere intelligente Spezies an eine Wachstumsgrenze gestoßen ist, so wie wir auch im Schoß unserer Mutter an die Grenze unseres eigenen Wachstums gelangt sind. Es ist ganz natürlich, dass wir unsere nicht erneuerbaren Ressourcen erschöpft haben. Es ist ganz natürlich, dass viele von uns aufwachen und allmählich erkennen, dass diese Probleme eigentlich evolutionäre Antriebskräfte sind, die uns auf jedem Gebiet in Richtung Erfindung und Innovation treiben.«

Halt. Stopp. Noch mal ...

Das könnte gut einer der machtvollsten Gedanken sein, den ich seit langem gehört habe.

Schauen wir uns das noch einmal an.

Der Gedanke, dass das, was viele Menschen »Probleme« nennen, im Grunde *evolutionäre Antriebskräfte* sind, die uns in jedem Bereich in Richtung Erfindung und Innovation treiben, beinhaltet eine geistige Einstellung, die nicht nur Hoffnung wecken, sondern tatsächlich auch *zu vielen der Innovationen führen* kann, die den Weg zu einer wunderbaren Zukunft pflastern werden.

Da Sie das vielleicht für Wunschdenken halten, möchte ich Ihnen ein Beispiel liefern, wie das *ganz konkret funktioniert.*

Während ich das hier schreibe, befasst sich die Welt mit der Explosion der Ölbohrplattform Deepwater Horizon im Golf von Mexiko. Wie wir alle wissen, begannen am 20. April 2010 Unmengen Tonnen von Rohöl ins Meer zu strömen und die Lecks konnten erst viele Wochen später verschlossen werden. Die Schätzungen, wie viel Öl insgesamt ins Meer floss, gehen weit auseinander, aber die Katastrophe wurde als die schlimmste Umweltkatastrophe in der Geschichte der USA bezeichnet.

Niemand würde die negativen Auswirkungen dieser Katastrophe verniedlichen oder bestreiten wollen, doch gab es im Sommer 2010 auch zwei positive Entwicklungen:

1. *Die Katastrophe ließ den schlafenden Riesen von Regierung und Bürgern einer Nation erwachen und sie die echte Notwendigkeit der Nutzung von alternativen sauberen Energien erkennen* – etwas, das jahrelanges Gerede nicht hatte bewirken können.

Der amerikanische Präsident Barack Obama sagte in seiner ersten aus dem Oval Office übertragenen TV-Ansprache an die Nation:

Seit Jahrzehnten wissen wir, dass die Tage des billigen und leicht zugänglichen Öls gezählt sind. Seit Jahrzehnten haben wir unablässig über die Notwendigkeit geredet, dass Amerika seiner jahrhundertelangen Sucht nach fossilen Brennstoffen ein Ende setzen muss. Und seit Jahrhunderten haben wir es verabsäumt, mit der Dringlichkeit zu handeln, die diese Herausforderung verlangt … Die Konsequenzen unserer Untätigkeit sind nun ganz klar sichtbar …

Wir können unsere Kinder nicht einer solchen Zukunft anvertrauen. Die Tragödie an unserer Küste ist die bisher schmerzlichste und eindrücklichste Ermahnung, dass es jetzt Zeit ist, sich um eine Zukunft mit sauberer Energieversorgung zu kümmern. Jetzt ist der Augenblick, in dem sich unsere Generation auf eine nationale Mission begeben, Amerikas Innovationsgeist entfesseln und die Kontrolle über ihr eigenes Schicksal in die Hände nehmen muss.

Es gab Anzeichen, dass bei Amerikas Bürgern und sogar bei einigen seiner mächtigen Politiker der Groschen zu fallen begann und sie bereit waren, wichtige Veränderungen in der Energiepolitik zu akzeptieren.

2. *Die Tragödie weckte nicht nur in den USA, sondern überall auf der Welt den Erfindergeist von Problemlösern* ... darunter den der Mitarbeiter eines Schweizer High-Tech-Unternehmens namens HeiQ Materials, das im Juni die Herstellung eines Produkts namens »Oilguard« bekannt gab. Dies war in Zusammenarbeit mit der deutschen TWE-Gruppe entwickelt worden; es ist eine ölabsorbierende und gleichzeitig wasserabweisende Chemikalie, mit der man Vliesstoffe imprägniert. Die fünfeinhalb Meter breiten und bis zu hundert Meter langen Vliesbahnen können binnen Minuten an Ufern und Stränden ausgelegt werden, diese reinigen oder vor Ölverschmutzung retten. Die Matten absorbieren das Öl und können dann problemlos eingerollt und in einer Müllverbrennungsanlage entsorgt werden.

Die Vertreter von HeiQ erklärten, dass die Ölkatastrophe im Golf von Mexiko die Triebfeder für die Entwicklung dieser bahnbrechenden Technologie war, deren Funktionsfähigkeit an einem Strand der USA erfolgreich demonstriert werden konnte.

Realzeit, Hilfe vor Ort

Barbara Marx Hubbard glaubt, dass jene, die sich miteinander vernetzen und zusammenarbeiten, in Realzeit und vor Ort bei der Geburt dieser mit-schöpferischeren universellen Menschheit, von der sie so oft spricht, mithelfen.

»Im Moment verbinden und vernetzen sich genügend von uns im Bewusstsein und in ihrer Kreativität, um zu erkennen, dass wir buchstäblich ein planetarisches System sind, das in ein Universum unsagbarer Dimensionen und Billionen anderer planetarischer Systeme hineingeboren wird«, sagt sie.

Und so handelt diese Geschichte zwar von Barbaras Vergangenheit, aber eben auch von unser aller Zukunft. Vom nächsten Schritt in unserem Evolutionsprozess. Davon, wohin Sie und ich und unsere Kinder und Kindeskinder gehen.

Und das macht das Buch wie gesagt zu keiner gewöhnlichen Biografie. Erinnern Sie sich noch an das Wort, das ich dafür benutzte? Was Sie hier vor sich haben, ist eine *Uniografie*.

Das Wort habe ich erfunden. Damit meine ich »die Lebensgeschichte einer Person, die sich als die Lebensgeschichte des Geeinten Ganzen erweist, verbunden mit einer Vorhersage von künftigen Dingen, die sich aus vergangenen Dingen ergeben – weil auch Vergangenheit, Gegenwart und Zukunft ein Geeintes Ganzes sind.«

Eine »deplatzierte« Anmerkung des Autors

Im Einklang damit werde ich etwas Ungewöhnliches tun. Ich werde Barbaras Geschichte *rückwärts* erzählen (mehr oder weniger – hier und dort werde ich auf der Zeitkurve ein bisschen »herumhüpfen«). Ich werde mit der Beschreibung der schon gemachten Erfahrung einer vorgestellten Zukunft beginnen und mit der Schilderung von Barbaras ferner Vergangenheit enden.

(Normalerweise würde ich das in einem Vorwort oder in einer Vorbemerkung des Autors erklären. Da es aber Leute gibt, die so etwas nicht lesen und sich lieber gleich in den Hauptteil des Buches versenken, erkläre ich es an dieser Stelle, *wo Sie es alle lesen werden*!)

Ich habe mich für diese rückwärts gewandte Herangehensweise entschieden, weil sich meiner Ansicht nach in unser aller Leben aus der Rückschau viel lernen lässt. Das Buch fühlt sich für mich mehr wie das wirkliche Leben an, wenn ich den Blick rückwärts wende, Rückschau halte auf die Ereignisse, *nachdem* sie passiert sind. Schließlich machen wir das alle so. Wir erleben unser Heute und alle Ereignisse, die sich darin abspielen, und sagen: »Und wie ist das nun *gekommen*?« Dann beginnen wir auf unser Gestern zu schauen, erst auf das gerade vergangene, dann auf das weiter zurückliegende – in dieser Reihenfolge.

Es ist wirklich ein Geheimnis, ein Rätsel. Ich betrachte das ganze Leben als ein Rätsel, das darauf wartet gelöst zu werden, und somit ist dies eine *Detektivgeschichte*. Und wie in einem guten Krimi werden wir hier Detektiv spielen. Wir werden uns von dem Schauplatz zurückziehen, der sich uns darbietet, und die Elemente und Ereignisse, die dorthin führten, eines nach dem anderen entdecken. Wir werden das Wechselspiel von Ursache und Wirkung, die Rolle der Synchronizität und die Kraft der vorrangigen Absicht klar enthüllen.

Wenn Sie schon wissen, was passieren wird, (weil Sie das Ende der Geschichte bereits kennen) können Sie leichter ersehen, *wie* und *warum* und *wann* das Geschehen seinen Anfang nahm. Und wenn Sie das im Leben eines anderen Menschen zu erkennen vermögen, öffnet das vielleicht den Blick, und Sie können es auch in Ihrem eigenen Leben klarer und deutlicher wahrnehmen. Einzelne Begebenheiten werden dann als sehr viel umfassenderes Geschehen begriffen. Nicht als kleine Ereignisse an diesem oder jenem Tag, sondern als ein Sehr Großes Ereignis, das sich über viele Monate oder sogar Jahre hinweg erstreckt.

Auf dieser ausgebreiteten Leinwand betrachtet, treten die Beziehungen zwischen vielen Augenblicken im Leben ganz deutlich hervor. Und das gestattet uns, diesen Augenblick im Hier und Jetzt auf ganz neue Weise zu betrachten und ihn auf ganz anderer Ebene wertzuschätzen.

So kann eine Biografie lehrreich sein und tatsächlich zu einer *Uniografie* werden – zur Geschichte von uns allen.

Nun haben einige von Ihnen vielleicht keine Freude an der allmählichen Auflösung von Rätseln und würden die Geschichte eines Lebens lieber ganz traditionell von ihrem Anfang bis zu ihrem Ende lesen. Sollte dies bei Ihnen so sein, habe ich Ihnen die Sache leicht gemacht: Ich habe Barbaras Geschichte in nummerierte Episoden aufgeteilt, und wer nicht

»rückwärts« lesen möchte, kann am Ende des Buches beginnen und das Buch von *hinten nach vorne* lesen – von Episode 1 bis 25. (Die Zeittafel zu Beginn des Buches ist dafür ganz praktisch.)

Aber ich habe eine besondere Bitte an Sie, ganz gleich, wie Sie an das Material herangehen wollen.

Bitte versuchen Sie nicht, den Überblick über die Namen und Beziehungen aller Menschen zu behalten, die in dieser Geschichte in Erscheinung treten und wieder daraus verschwinden; und auch nicht über die genaue Abfolge der Ereignisse. Sie würden sich damit auf unnötige Details konzentrieren und Ihren Geist vom Kernpunkt ablenken.

Der Kernpunkt der Geschichte ist der, dass sich das Leben beständig verschwört, die Agenda unserer Seele voranzubringen, die da lautet, unserem inneren Ruf Folge zu leisten. Der Sinn und Zweck dieser Geschichte besteht nicht darin, sich in dem Versuch zu verfangen, komplexe Handlungsfäden oder spezielle Fakten zu verfolgen, sondern Belege aus der realen Welt dafür zu liefern, wie das Leben funktioniert – und dass es bei uns allen auf die gleiche Weise funktioniert.

Kehren wir nach dieser Warnung zur eigentlichen Geschichte zurück.

7

Episode 24: Das Buch
Januar 2010

Zwei Jahre vor Tag Eins ...

Barbara Marx Hubbard ist bei mir, in meinem Haus in Ashland, Oregon. Sie ist hergekommen, um für dieses Buch von mir interviewt zu werden. Wir haben sie in unserem gemütlichen Gästezimmer untergebracht und bereits vor Sonnenaufgang ist sie aufgestanden und schreibt in ihr großes schwarzes Tagebuch.

Bis zum Mittag hat sie noch einen Haufen Telefonate zu führen und danach eine dreistündige Videoaufzeichnung vor sich, die ein paar Straßen weiter in einem kleinen Fernsehstudio stattfinden wird. Irgendwann dazwischen wird sie eine Kleinigkeit frühstücken.

So ist es immer bei Barbara. Sie hat dies zu tun, sie hat jenes zu tun, sie hat *immer* etwas zu tun – und nichts davon ist je langweilig. Jeden Morgen schreibt sie Tagebuch. Sie ist inzwischen bei Band 171 angelangt, ihren ersten Eintrag in Band 1 nahm sie im Jahr 1947 vor, da war sie achtzehn.

Damals war sie am Bryn Mawr College und suchte nach dem Sinn ihres Lebens und des menschlichen Daseins im Allgemeinen. Seit jener Zeit hat sie jedes Ereignis und jede Einsicht, die ihr zuteil wurden, aufgeschrieben. Dabei ging es ihr nie darum, einfach nur Tagebuch zu führen. Ja, wie alle anderen auch beschreibt sie Situationen, aber sie benutzt Tagebuchschreiben auch als Prozess. Dies hat sie schon vor langer Zeit gelernt. Sie bittet um Führung, lauscht dann konzentriert und entspannt zugleich, schreibt die Informationen nieder und probiert dann Ideen aus, die ihr kommen.

Im Ergebnis sind ihre Tagebücher mehr als nur Protokolle oder Niederschriften. Sie verhießen und waren Aufzeichnungen über eine »Detektivgeschichte« – die Geschichte nicht nur ihrer eigenen, sondern auch der *Menschheit* Geburt als neuer Mensch – lange bevor Barbara bewusst war, dass sie selbst diese Geschichte lebte. Und in dieser Detektivgeschichte war sie beides, Detektivin und der Gegenstand ihrer Nachforschungen.

Wie wir im Verlauf der Geschichte sehen werden – und wie ihre Tagebücher rückblickend gelesen klar enthüllen –, wurde sie in ihrer »Mission« schon geführt, noch bevor dies offensichtlich wurde. Und in diesen Tagen beginnt sie auszuagieren, was in jenen alten Tagebüchern prophetisch niedergelegt worden war.

Und so kommt es, dass Barbara in jenem Januar 2010 voller Leidenschaft damit beschäftigt ist, das zu erschaffen, was viele vielleicht das Ereignis des Jahrhunderts nennen würden.

Für Barbara ist es der Höhepunkt eines Lebenswerkes, einer Lebensvision, einer Lebensmission. Es ist der finale

Ausdruck dessen, was sie oft als »meine Berufung« bezeichnet hat.

Wo Sie ins Spiel kommen

Wir haben alle eine »Berufung«, aber manche von uns wissen möglicherweise nicht, wie sie sie aktivieren sollen. Sie haben vielleicht das dringliche Gefühl, Schönheit und Güte in die Welt bringen zu wollen (das wollen wir alle), sind aber ratlos, wie sie das zuwege bringen sollen.

Ihre Mission (»sollten Sie sich dazu entscheiden, sie zu akzeptieren«) ist Ihnen vielleicht schon durch ein tiefes unleugbares Gefühl klar geworden, in Form eines intuitiven Wissens, einer Bewusstseinserweiterung oder eines unstillbaren Verlangens. Barbara nennt diese Erfahrung häufig »Supra-Sex« und sagt dazu gerne: »Wir alle haben schon was von Sex gehört, aber nur sehr wenige etwas von Supra-Sex.«

Es ist kurz nach neun Uhr morgens, und meine Frau Em und ich haben es geschafft, Barbara in die Küche zu bugsieren, wo Kaffee, Toast und Rühreier bereitstehen. Nur widerwillig hat sie von ihrem Tagebuchschreiben abgelassen. Es fällt schwer, mit dem Schreiben aufzuhören, wenn du weißt, dass du die »Verbindung« hergestellt hast. Trotzdem muss der Mensch auch essen.

Ich stehe an der Küchentheke und lächle: »Okay, du hast meine Neugier geweckt. Was ist ›Supra-Sex‹?«

»Beim Sex vereinen wir unsere Gene, um ein Baby zu bekommen. Beim Supra-Sex vereinen wir unser *Genie*, um unserem größeren Selbst und unserer Arbeit in der Welt zur Geburt zu verhelfen.«

Sie trinkt einen Schluck Kaffee.

»Es beginnt damit, dass du im Innern eine Frustration fühlst oder das, was ich eine ›Berufungs-Erregung‹ nenne. Dein Lebenssinn muckt auf, versetzt dir einen Tritt. Wie in der Pubertät musst du plötzlich noch etwas mehr tun und weißt nicht, wie. Was du tun musst, ist Folgendes: Du musst *deine Teamgefährten finden,* ihr müsst euch *miteinander verbinden und in einer Weise mit-schöpferisch* tätig werden, dass sich euer Lebensziel und -zweck manifestiert.«

»Ah.« Ich merke, dass ich nicke, so als hätte ich das schon immer gewusst.

»Die Natur macht Sex lustvoll, und weißt du was … sie macht auch Supra-Sex lustvoll. Wir folgen hier demselben Kompass, dem Kompass der Freude und Lust. Mit diesem Kompass finden wir einander. Uns motiviert nicht, was wir bekommen, sondern das, was wir *geben* wollen. Wir verbinden uns, um miteinander zu erschaffen.«

Ich finde Barbaras Metapher sensationell. Und es geht noch weiter.

»Dieser Umschwung von der maximalen Fortpflanzung zur Mit-Schöpfung ist ganz natürlich, ist aufregend, ist das größte Geschenk, das uns gegeben ist. Liebe und Supra-Sex! Die Welt entwickelt sich nicht nur durch Angst und Schuldgefühl. Sie wird sich auch durch Liebe und Kreativität weiterentwickeln.«

»Darum geht es also beim Tag-Eins-Event 2012«, mutmaße ich.

»Ja«, bestätigt Barbara. »Und dazu wurde die *Synergy Engine* entworfen. Sie soll als Bestandteil des Events am 22. Dezember 2012 online gehen. Ihr Zweck ist es, den Leuten zu helfen, ihre Teamgefährten zu finden, uns allen zu helfen, in synergetischer Weise mit-schöpferisch tätig zu sein.«

Alles beginnt mit einer Erklärung

Doch wie der Blick auf Barbaras Leben zeigen wird, besteht der erste Schritt zur »Aktivierung unserer Berufung« nicht darin, dass wir unsere Teamgefährten finden. Erst müssen wir über unsere Berufung reden. Wir müssen anderen davon erzählen – sonst *wissen unsere »Teamgefährten« gar nicht, wer sie sind.*

Nach all unseren ausführlichen Gesprächen fällt mir auf, dass zu den stärksten Dingen, die Barbara zur Aktivierung ihrer Berufung unternommen hat, die Tatsache zählt, dass sie sie *kundgetan* hat. Das erfordert Mut. Es erfordert die Bereitschaft, als Träumerin (vielleicht sogar als exzentrisch) abgestempelt zu werden. Es erfordert die Kraft, sich nicht darum zu bekümmern, dass man an den Rand gedrängt oder herablassend behandelt wird. Und es erfordert den Mut, den Kurs seines Lebens zu ändern, wenn man sieht, dass man auf einem Weg ist, der nicht dahin führt, wo man sein möchte.

(Ich zitiere gerne Douglas Engelbart, eine Silicon-Valley-Legende, der, nunmehr in seinen Achtzigern, im Zusammenhang mit dieser Erfahrung sagte: »Jemand hat mich einmal ›nur einen Träumer‹ genannt. Das hat mich verletzt, dieses

›nur‹. Ein Träumer zu sein ist harte Arbeit. Es wird wirklich schwer, wenn du an deine Träume zu glauben beginnst.«)

Schließt das die meisten von uns aus? Ich glaube nicht. Ich glaube, dass sich Mut und Bereitschaft in allen finden. Und wenn die *Synergy Engine* erst einmal online ist, wird es ganz natürlich sein, an seine eigenen Träume zu glauben – und es wird *leichter* werden. Aber nach wie vor werden Sie willens und bereit sein müssen, sie aufzurufen.

Doch zurück zum Frühstück. Barbara scheint jetzt in Gedanken versunken zu sein.

»Alles in Ordnung?«, frage ich.

»Oh ja«, erwidert sie leichthin, und ich sehe sie in die Gegenwart zurückkehren. »Ich habe nur gedacht …«

»Möchtest du mich daran teilhaben lassen?«

»Ja, danke. Das will ich tatsächlich«, sagt sie und wendet sich mir zu. Mittlerweile habe ich mich auf einem Stuhl neben ihr niedergelassen. »Weißt du, mir war immer bewusst, dass ich eine ›Mission‹ hatte.«

»Tatsächlich? Immer?«

»Nun, seit meiner frühesten Kindheit, ja.«

Ich greife zu Stift und Block. Das will ich festhalten.

»Und was genau war deine Mission?«

»In den letzten fünfzig Jahren war sie: Geh und erzähl die Geschichte von unserer Geburt. Hilf und sei ein Katalysator für eine planetarische Geburtserfahrung der Menschheit.« Sie sagt das ganz schlicht und scheint nicht zu bemerken, wie größenwahnsinnig sich das für andere anhören mag.

(Nun sehen Sie, wo es hier den Mut braucht. Sie müssen sagen, was für Sie wahr ist, ganz gleich, wie andere das aufnehmen mögen. Sicher, Sie wollen eine Möglichkeit finden, die Dinge so zu formulieren, dass andere »Sie hören« können – aber letztlich müssen Sie tapfer genug sein und nicht den Rückzug antreten, wenn Sie sich allmählich ein bisschen wie Don Quijote fühlen.)

»Weißt du, wenn du das so sagst, hört sich das an, als hätte dir jemand diese Mission *gegeben*«, sage ich.

Sie lächelt. »Das ist auch so, aber ich habe erst vor kurzem einen Hinweis auf die *Quelle* dieser Führung erhalten.« Ein Augenzwinkern. »Darüber muss ich *dir* ja wohl nichts erzählen.«

»Nein, musst du nicht«, sage ich lächelnd und werfe einen Blick auf das Exemplar von *Gespräche mit Gott*, das auf dem Küchentisch liegt.

Die »Auftrag«-Geber

Auch ich hatte diese Vorstellung gehabt, dass mir ein »Auftrag« erteilt worden war. Meine Aufgabe, meine Einladung, bestand darin, die Meinung der Welt über Gott zu ändern. (Das ist alles!) Ändere einfach die Ansichten der Welt über Wer und Was Gott ist, über das, was Gott will und über den Grund und Sinn und Zweck des menschlichen Daseins. Darüber sollte ich direkt aus der Quelle der Göttlichen Intelligenz Informationen sammeln, die Gespräche, die ich mit ihr hatte, niederschreiben, diese dann abtippen lassen und an einen Verleger schicken. Mir wurde klargemacht, dass das alles sei, was ich zu tun hatte. Für alles andere würde gesorgt werden.

So war es auch.

Nie hätte ich mir vorstellen können, dass siebeneinhalb Millionen Menschen die Bücher lesen würden, die aus dieser Erfahrung erwuchsen, oder dass diese Bücher in siebenunddreißig Sprachen herausgebracht werden und dass es sieben davon auf die Bestsellerliste der *New York Times* schaffen würden. Aber so funktioniert dieser Prozess nun mal.

Auch Barbara hätte sich nie vorstellen können, wohin ihr Leben sie führen würde. Hätte sie sich je erträumen können, dass sie auf der Nationalversammlung einer der beiden großen politischen Parteien der USA als Kandidatin für das Amt der Vizepräsidentschaft nominiert werden würde? Nein. Hätte sie vor ihrem geistigen Auge das Bild heraufbeschwören können, wie sie gemeinsam mit verschiedenen amerikanischen Delegationen in die Sowjetunion reist, um die kulturelle und politische Kluft zwischen den beiden Nationen schließen zu helfen? Nein.

Und hätte sie vor allem anderem irgendwie wissen können, dass ihr und einer kritischen Masse von anderen Menschen auf dem Planeten die Aufgabe zufallen würde, der Menschheit die Nachricht von diesem monumentalen Augenblick zu übermitteln – dem Augenblick ihrer eigenen Geburt in die Universelle Gemeinschaft von Selbst-Verwirklichten Wesen?

Äh … nein.

Zunächst nicht. Dann schließlich, ja. Schließlich wurde Barbara absolut klar, dass das ihre Berufung war. Aber hätte sie sich das schon so früh vorstellen können? Nein. Nicht in so klaren Begriffen. Sie wusste schon als Kind – ja, und ob sie das wusste! –, dass da etwas Wichtiges war, das sie tun sollte; doch was es war, konnte sie in jenen Tagen nicht enträtseln.

Und so ergeht es den meisten von uns. Jeder von uns muss Schritt für Schritt diesen Prozess von der Enthüllung bis zum Umsetzen unserer »Mission« durchlaufen. Das erfordert Vertrauen. Und deshalb ist Barbaras Geschichte wichtig. Sie bietet uns Inspiration und eine Grundlage für dieses Vertrauen.

8

»Es ist also ein Evolutionsprozess«, werfe ich zwischen zwei Happen Toast ein.

»Nicht so sehr eine Evolution als vielmehr eine *Involution*«, erklärt Barbara. »Es ist der GEIST**, der in die Materie, das Leben, die Tierwelt, die Menschen und nun in die Universellen Menschen herabgestiegen ist – sich selbst verkörpert und die Menschen, die sich entwickeln, emporhebt.

In meinem Fall sagt dieser GEIST: ›Erinnere Mich in die Realität hinein. Du bist von dort gekommen, von wo ich gekommen bin. Du hast dich in dieser Lebenszeit inkarniert, um als eine Wegführerin durch den Übergangsprozess zu dienen.‹«

»Den Übergang der Menschheit?«, frage ich nach. Mittlerweile werden meine Rühreier kalt.

»Ja«, bestätigt Barbara.

---

* Wie in Barbara Marx Hubbards Buch *Vom Ego zur Essenz* steht hier »GEIST« für *Spirit* und »Geist« für *mind* im englischen Original; GEIST meint den allumfassenden, alles durchdringenden, transzendenten Geist, in gewissem Sinne auch den Heiligen Geist und die Liebe Gottes. Siehe auch das Kapitel »Überlegungen und Erkundungen. Vom Geist zur Seele«. (A.d.Ü.)

Ihr Handy klingelt, und nun wird auch ihr Frühstück kalt werden. Es macht nichts. Sie ist es gewöhnt. Und auf dieser funktionalen Ebene (ihrem Körper Nahrung einzuverleiben, ein Platz zum Schlafen zu finden und so weiter) ist sie anspruchslos.

»Entschuldige mich«, sagt sie mit einem Blick auf den Namen des Anrufers. »Da muss ich rangehen.«

Barbara verlässt die Küche und geht ins Wohnzimmer, das Handy am Ohr. Und ich denke über das nach, was sie gerade gesagt hat.

Ist es möglich, dass ich tatsächlich eine Unterhaltung mit Gott geführt habe? Ich zweifle keinen Moment daran. Ich hätte nie neun Bücher mit diesen Gesprächen geschrieben, wenn ich es nicht genau als das erlebt hätte. Ich habe also Verständnis, wenn Barbara das Gefühl hat, dass sie mit jemandem außerhalb ihres Selbst kommuniziert hat – der/die/das aber auch in ihrem *Innern* wohnt. Ich frage mich nicht, *ob* so etwas geschehen ist, sondern nur, *wie* sie es *erlebt* hat.

Sie ist inzwischen zurückgekehrt, und ich nehme unser Gespräch wieder auf. »Gott sagte mir, dass Gott immerzu mit uns allen spricht, mit jedem Einzelnen von uns.«

Erklärung unseres künftigen Selbst

»Ich bin sicher, das stimmt.« Barbara nickt. »Und Göttlichkeit nimmt viele Formen an.« Ihre »Aufgabe« sei ihr von etwas zugekommen, das sie erst jetzt allmählich als ein Universelles Wesen wahrzunehmen beginnt. »Ein Universelles Wesen ist ein Partnerwesen ›nach der Geburt‹, aber es nicht unbedingt jemand anderes«, erklärt sie.

»Nach der Geburt?«

»Ein Wesen, das auf seinem eigenen Planeten seine eigene planetarische Geburt durchlaufen hat und jetzt reifer ist, als wir es sind. Doch es ist mit uns verwandt, da es aus demselben Kosmos hervorgegangen ist, aus seinem Erdenschoß; es hat seine eigene Geburtskrise bewältigt und verfügt somit über die Erfahrung, die wir jetzt brauchen. Dieses Wesen ist nicht hier, um sie uns abzunehmen – die Geburt, meine ich –, sondern um uns Bewusstsein und Gewahrsein anzubieten, so wie Eltern und Familienangehörige es für ein Neugeborenes tun.«

»Aber du hast gesagt, es sei nicht unbedingt jemand anderes.«

»Stimmt. Dieses Wesen ist nicht jemand, der von uns getrennt ist. Dieses Wesen ist *unser eigentliches Selbst* ... in der Zukunft, vollkommen verwirklicht.«

Ich lasse das mal so stehen. Ich will darüber nachdenken.

Barbara respektiert mein Schweigen. Dann nach einer längeren Pause ...

»Ich habe das Gefühl, dass ich seit 1945 von einem solchen Wesen, von meinem Höheren Selbst, geführt worden bin. Klar wurde mir das aber erst, als unser Weltraumprogramm in den sechziger Jahren in die Gänge kam. Und eine *konkrete Erfahrung* machte ich erst 2002 – an einem Morgen in Montecito in Kalifornien ...

Als ich die Astronauten auf dem Mond landen sah, wurde mir klar, dass wir nun selbst zu Außerirdischen werden. Und ich hatte das Empfinden, was meine Rolle als Erzählerin der Geschichte von der planetarischen Geburt angeht, erhielt ich eine derart spezifische Führung, dass diese sehr gut von einer anderen Quelle herrühren konnte, von einem Wesen, das schon als Universelles Wesen ›geboren‹ worden ist.«

»Was für ein Gefühl löste dieser Gedanke bei dir aus? Hattest du Angst, dass du durchdrehst, den Kontakt zur Realität verlierst, dich auf wilde Gedanken einlässt?«, frage ich.

»Überhaupt nicht.« Barbara lacht. »Ich dachte mir, *Warum nicht?* Und nach meiner Erfahrung in Montecito erscheint mir alles ganz normal und vollkommen logisch. Es stimmt wahrscheinlich, dass viele von uns von ihren ›künftigen Selbsts‹ und ›höheren Selbsts‹ eine sehr spezifische Führung hinsichtlich ihrer neuen Rolle bei der Evolution unserer Welt erhalten. Tatsache ist, dass wir sie alle erhalten – doch nicht alle bemerken das oder achten darauf.«

Dem hatte ich nun gewiss nichts entgegenzusetzen. Aber ich hatte Barbara noch nie im Zusammenhang mit ihren eigenen Erfahrungen über solche Dinge sprechen hören. Nicht in diesen Worten.

»Das erklärt eine Menge von allem, was so in den letzten sechzig Jahren deines Lebens passiert ist«, sage ich.

»Ja, das stimmt.«

Ein Katalysator, kein Musterbeispiel

»Also … bist du dann ein Rollenvorbild für diesen neuen Menschen, der da geboren wird?«

Barbara setzt die Tasse mit dem lauwarmen Kaffee ab und schiebt sie ein ganz klein wenig von sich, so als wollte sie sagen: *Okay, weg damit. Jetzt will ich mich nur auf eins konzentrieren – auf das, was ich jetzt sagen werde.*

Es ist deutlich zu erkennen, wenn sich jemand, so wie Barbara jetzt, dazu bereitmacht, etwas Wichtiges sehr klar auszudrücken, und ich höre genau zu.

»Ich bin nicht hierhergekommen, um als Musterbeispiel zu agieren, sondern als Katalysator«, sagt sie mit ruhiger Stimme. (Später sollte ich entdecken, dass sie diese Frage schon einmal beantwortet hat.)

»Ein Katalysator für …?«

»Für so viele andere, die sich direkt an der Schwelle ihrer eigenen Emergenz befinden.«

»Emergenz hin zu was?«

Wieder macht Barbara eine Pause. Dann spricht sie sehr langsam und überlegt:

»Bisher haben wir all diese neuen Fähigkeiten auf die Götter projiziert. Aber da wir jetzt selbst lernen, unsere Intelligenz durch sehr viel schnellere und eine immer mehr erweiterte Kommunikation auszudehnen, unseren Körper zu verändern, im Weltraum zu leben und sogar neue Welten im Weltraum aufzubauen … ist mir klar geworden, dass etwas Tolles passiert. Wir haben unser eigenes Potenzial auf die Götter projiziert und bringen jetzt dieses Potenzial als unser eigenes heim. Wir werden zu dem, was wir als Götter zu bezeichnen pflegten.«

»Warum jetzt?«, will ich wissen. »Warum nicht letztes Jahr, nicht im letzten Jahrzehnt oder Jahrhundert? Warum geschieht es in diesen Tagen?«

»Weil es an der Zeit ist. Weil Wissenschaft und Technologie uns neue Kräfte an die Hand gegeben haben, größer als Menschen sie je zuvor hatten. Jetzt können wir uns wahrhaft als ganz junge Universelle Menschen bezeichnen. Die Erde ist so etwas wie ein Kindergarten für ›Götterleins‹ – für alle von uns, die bereit und willens sind! Doch wir müssen sehr rasch ethische, bewusste Evolution erlernen. Das heißt, uns gegenseitig, die Natur und uns selbst zu lieben. Wenn wir das nicht tun, werden wir uns selbst zerstören. *Das* ist das wahre Drama.«

»Und du siehst dich als einen Katalysator für all das?«

»Ja … mich und viele andere.«

»Und doch sagst du, dass du nicht anders bist als alle anderen.«

»Bin ich auch nicht«, erwidert sie lächelnd. Sie spielt mit dem Kaffeelöffel herum, der auf der Untertasse liegt. Sie lässt sich Zeit. Da ist noch etwas, das sie sagen möchte, und auch das will sie richtig ausdrücken bringen.

»Es stimmt«, hebt sie langsam an, »dass ich daran arbeiten musste, mich auf eine bestimmte Ebene von etwas zu bringen, das ich als ›innere Harmonie‹ bezeichnen würde, um ausreichend sensitiv zu sein, um mich in dieser Weise ›verbinden‹ zu können.«

»Du meinst, um dich mit diesem Universellen Wesen, mit diesem Höheren Selbst zu verbinden?«

»Ja. Und mich in dieser Weise mit dir zu verbinden … und mit allen anderen.«

Das verstehe ich. Wenn man sich auf dieser Ebene der »inneren Harmonie« befindet, so meine Erfahrung, dann passieren bestimmte Dinge, fallen bestimmte Dinge an ihren Platz; das Leben wird ein völlig anderes. *Wir* sind vielleicht nicht anders als andere, aber unser *Leben* beginnt anders auszusehen. Man bittet uns, für das Amt der Vizepräsidentin zu kandidieren. Man bittet uns, nach Russland zu reisen, um die Harmonie in der Welt voranzubringen. Man bittet uns, der Menschheit als Hebamme bei ihrer Geburt beizustehen, einer ganzen Spezies zu helfen, sich neu zu erfinden. Wir werden ... zur Mutter des Erfindungsgeistes. Und wir werden zu einem Künftigen Menschen.

Das wäre eine angemessene Art, Barbara Marx Hubbard zu beschreiben.

Überlegungen und Erkundungen

Was wir alle wissen wollen

Wenn wir über die eben beschriebene Zeit nachdenken, um zu sehen, wie wir alle von Barbaras Erfahrungen profitieren können, dann werden wir daran erinnert, dass …

> **… es zwei Dinge gibt, die stark zu Herz und Seele des Menschen sprechen, die an uns ziehen und zerren. Uns beschäftigt, wer wir sind und warum wir hier sind. Wir wollen etwas über unsere Identität und über unsere Berufung wissen.**

Jeder und jede von uns hat eine Berufung, und wenn wir »berufungsmäßig erregt« sind, wie Barbara es ausdrücken würde, dann erhalten wir vom Leben die Einladung, dies nicht abzulehnen, sondern den Mut aufzubringen und uns voll darauf einzulassen – zunächst, indem wir kühn unsere Berufung kundtun, und dann, indem wir sie tapfer aktivieren.

Aber gehen wir hier einem Gedanken dazu nach. Wenn wir nicht fähig zu sein scheinen, »unsere Berufung so zu aktivieren«, wie wir es unserer Meinung oder Vorstellung nach tun *sollten*, heißt das dann, dass wir »versagt« haben?

Das ist eine Frage, der sich alle Menschen stellen müssen, denn fast jedermann auf Erden glaubt, dass er oder sie in der einen oder anderen Sache versagt hat. Das ist ein falscher Gedanke. Nichts, was wir je gedacht, gesagt oder getan haben, hat je etwas anderes bewirkt als eine *Vorwärtsbewegung*. Die Evolution kann unmöglich in irgendeine andere Richtung voranschreiten. Es gibt nur das *vorwärts*, eines baut auf dem anderen auf ... jedes Ereignis, jeder Umstand, jede Situation ist ein Geschenk. Alles ist Teil eines geheiligten Prozesses.

Es existiert auch ein Bewusstsein darüber, dass wir nicht hier sind, um unserer äußeren Umgebung auf jeden Fall einen Stempel aufzudrücken, sondern um in unserer inneren Welt eine Erfahrung hervorzubringen. Und ironischerweise verändert sich als eine natürliche Konsequenz unserer eigenen Evolution unsere äußere Umgebung automatisch auf wundersame Weise, wenn wir diese Erfahrung in unserer Innenwelt hervorbringen.

Und wenn wir dies als *Gruppe* tun – als ganze *Spezies* –, dann erschaffen wir uns tatsächlich wieder aufs Neue. Das ist dann wahrhaft eine Geburt auf planetarischer Ebene.

Um dahin zu gelangen, müssen wir den Gedanken an das »Versagen«, an das »Scheitern« für immer verbannen. Uns muss klar sein, dass wir nicht versagt haben, welchen Ausgang *auch immer* die Dinge nehmen werden. Vielmehr haben wir beim Ausmalen und Entwickeln des Selbst und des Morgen unsere wichtige Rolle gespielt. Eins führt unaufhaltsam zum anderen, und alles nutzt diesem Prozess und *bringt ihn hervor.*

Wir werden dieses Phänomen auf den kommenden Seiten eingehend erkunden, indem wir mehr und mehr von Barbaras Geschichte erzählen.

Genießen Sie es.

9

Episode 23: Der Anruf,
der Tag Eins in Gang setzt
16. November 2009

Zwei Monate vor dem Interview in Ashland, das den
Entstehungsprozess dieses Buches einleitete ...

Was für eine Nacht! Barbara nimmt an einem Gala-Event in Los
Angeles teil, in dessen Mittelpunkt der Einsatz der Unterhaltungsindustrie zur Schaffung einer besseren Welt steht. Es sind
fünfhundert Leute zugegen, darunter einige Hollywoodstars
und »Macher« hinter den Kulissen.

Barbara hatte keine Ahnung, welche Bedeutung diese
Nacht für sie bekommen sollte, als ihre Freundin Claudia
Welss sie dazu einlud. Das konnte sie erst erkennen, nachdem
sich die Dinge so entfaltet hatten, wie sie es dann taten.

Als sie am Ort eintraf, fragte sie sich zunächst: *Was mache
ich hier eigentlich?* Multimedialeinwände waren aufgestellt
und überall liefen junge Leute herum. Ganz klar ging es hier
um die modernen Medien; und Barbara fühlte sich mit ihren
fast achtzig Jahren doch etwas fehl am Platz.

Dann kommt aus dieser Gruppe junger Medienprofis eine Frau auf sie zu, die sie kürzlich kennengelernt hat, Kate Mc-Callum. »Ich freue mich so sehr, dass Sie hier sind!«, strahlt sie sie an.

»Vielen Dank«, erwidert Barbara. »Aber ich bin neugierig. Warum eigentlich?«

»Sie haben mich vor zehn Jahren inspiriert, und auch dieses ganze Event wurde in vielerlei Hinsicht von Ihnen inspiriert.«

Noch bevor Barbara darauf antworten kann, sieht sie einen alten Freund auf sich zukommen, Jerome Glenn, Leiter des Millennium Projects für die UNO. Sie weiß, dass er der Hauptredner des Abends ist. Zwar haben sie sich schon eine ganze Weile nicht mehr gesehen, aber sie hatten in den vergangenen Jahren in wichtigen Projekten zusammengearbeitet. Als er sie jetzt entdeckt hat, steuert er sofort auf sie zu und beide umarmen sich stürmisch.

»Wie perfekt, dass du da bist«, sagt er und lächelt. Barbara hört das nun schon zum *zweiten* Mal, und wieder ist sie etwas verdutzt.

Das Programm beginnt, und in seinem Verlauf kommen noch mehr solche Bemerkungen und Komplimente von der Bühne. Einige heben Barbara als die »Mutter der transformierenden Unterhaltungsindustrie« hervor, weil sie vor dreißig Jahren in Los Angeles das *Theater for the Future*, eine Live-Multimediashow, produziert hatte und darin auch aufgetreten war. Und weil sie diejenige war, die dafür gesorgt hatte, dass viele Konferenzen zum nächsten evolutionären Schritt der Menschheit in jedem verfügbaren Medium übertragen wurden.

Jetzt wirft ihr Jerry Glenn bei seiner programmatischen Rede des Abends verbale Blumensträuße zu, rühmt sie als eine der Ersten, die dafür eintrat, dass sich die globalen Medien für eine Veränderung auf dem Planeten und der Art und Weise, wie sich die Menschheit selbst erfährt, einsetzen.

»Ich freue mich so sehr, mich bei Barbara bedanken zu können«, sagt er, »die mir und anderen half, eine neue Weltsicht zu verstehen, und auch, dass für diese die Medien eingesetzt werden sollten.«

Barbara hört das Kompliment schon nicht mehr.

Zum Zeitpunkt, da Glenn es ausspricht, liegt sie in einem Krankenwagen und wird ins nächste Krankenhaus gebracht.

Ein Augenblick davor ...

Während Barbara im Publikum sitzt, verspürt sie plötzlich einen starken stechenden Schmerz tief in der Magengegend. Sie hat das vor sechs Jahren schon einmal erlebt. Damals war sie operiert worden, es war ein Blinddarmdurchbruch gewesen. Was also konnte *das* sein?

Einfach nur ein schlimmer Krampf, denkt sie und versucht den Schmerz zu ignorieren. Es hilft nichts. Der Schmerz schlägt wieder zu. Jetzt weiß sie, dass etwas nicht in Ordnung ist. Ganz und gar nicht in Ordnung.

Sie erhebt sich langsam von ihrem Sitz, schlüpft aus dem Saal und humpelt zur Damentoilette, wo ihr der heftige Schmerz Tränen in die Augen treibt. Sie holt tief Atem, versucht es mit ihrer Willenskraft durchzustehen. Es scheint zu funktionieren, der Schmerz lässt nach.

Auf dem Weg zurück zu ihrem Sitz kommt sie gerade mal bis zur Mitte des Foyers. Eine weitere Schmerzattacke lässt sie fast zu Boden stürzen. Sie schleppt sich zu einer nahen Bank und bricht zusammen.

Ein freiwilliger Helfer sieht sie und eilt zu ihr.

»Sind Sie okay? Wollen Sie ins Krankenhaus gebracht werden?«

Barbara schüttelt den Kopf noch immer in der Hoffnung, dass es, was immer es ist, vorbeigehen wird. Aber sie kann kaum sprechen, und dann zuckt sie wieder zusammen. Ihre Gesichtsfarbe sieht plötzlich gar nicht mehr gut aus. Der freiwillige Helfer eilt davon.

Ein Freund kommt dazu – Reverend Michael Beckwith, ein Geistlicher, der unter anderem durch seinen inspirierenden Auftritt in dem Film *The Secret* bekannt wurde. Noch mehr Leute kommen herbei, darunter die Freunde, mit denen Barbara zu der Veranstaltung gekommen ist. Sie hatten sich gefragt, warum sie so lange wegblieb, und sind herausgekommen, um nach ihr zu sehen. Alle können sofort erkennen, dass Barbara dringend Hilfe braucht. Michael hält ihre Hand und stellt dieselbe Frage wie der Helfer zuvor:

»Möchtest du ins Krankenhaus?«

Wieder lehnt sie ab, aber es ist zu spät. Ein Krankenwagen ist schon vorgefahren, und die Sanitäter kommen durch die Vorhalle, angeführt von dem freiwilligen Helfer, der offensichtlich der Meinung war, dass Barbara ganz entschieden ärztlicher Hilfe bedurfte.

Und das war gut so. Im Krankenhaus sagt einer der Ärzte zu Barbara: »Ich denke, Sie haben einen Dickdarmverschluss.«

Mein Gott … erst ein Blinddarmdurchbruch und jetzt ein Dickdarmverschluss. Hmm, das lässt sich wohl kaum als Magenkrampf bezeichnen, denkt sie bei sich. Ihr Blick wandert durch die Notaufnahme, fängt eine zunehmend surreale Szenerie ein. »Ich dachte, ich befände mich in einer Sitcom«, wird sie später sagen. »Der Arzt sah aus wie jemand in einer Filmkulisse. Sie sagten, sie wollten sehen, ob sich der Darmverschluss auf natürlichem Wege lösen würde. Wenn nicht, dann müssten sie operieren.«

Barbara wird auf die Intensivstation gebracht. Es ist der 16. November. Sie wird bis zum 2. Dezember im Krankenhaus bleiben.

Der Segen, Zeit zum Nachdenken zu haben

Die erste Woche steht Barbara unter Beobachtung und ist überall an Schläuche angeschlossen. Was in den Körper hineingeht, gelangt über die Venen hinein, was rausgeht, gelangt über Katheter hinaus. Schließlich die Neuigkeit: Es war gar nicht der Dickdarm, es war der Dünndarm. Doch was entscheidender ist, die Situation verbessert sich nicht, es muss operiert werden.

Die Operation findet am 23. November statt. Es sollen Schädigungen beseitigt und ein kleines Stück Dünndarm entfernt werden. Alles verläuft ohne Komplikationen. Trotzdem kann Barbara nicht gleich aus dem Bett hüpfen und davongehen. Schon gar nicht in ihrem Alter, in ein paar Wochen wird sie achtzig. Das Krankenhaus bleibt noch neun Tage ihr Zuhause.

In den ersten Tagen ihres Krankenhausaufenthalts kommen die Freunde vorbei, die mit ihr zu dem Gala-Event gegangen waren, und berichten ihr von den wundervollen Lobpreisungen und den Danksagungen an ihre Adresse, die sie an jenem Abend verpasst hat. Ihre Augen leuchten auf. Sie war in diesem Saal voller Hollywoodautoren und Produzenten und anderer Medienprofis – jung, wie die meisten von ihren waren – doch gar nicht so »fehl am Platz« gewesen. Sie war *eine von ihnen.*

Normalerweise ist Barbara immer in Bewegung, immer aktiv und voller Energie, nun aber erlaubt ihr – ja zwingt sie – ihre Auszeit, nichts anderes zu tun als nachzudenken. Und so verbringt sie zwei volle Wochen damit sich zu fragen: *Wie kann ich diesen Augenblick einsetzen? Es gibt einen* <u>*Grund*</u>*, warum ich nach Los Angeles zu dieser seltsamen Veranstaltung eingeladen wurde; es gibt einen* <u>*Grund*</u>*, warum all diese Leute all diese Dinge zu mir sagten; und es gibt einen* <u>*Grund*</u>*, warum ich in eine Situation kam, in der ich nichts weiter tun kann, als darüber nachzudenken.*

Der Grund sollte sich bald enthüllen. Und die »Mutter der transformierenden Unterhaltung« wurde ganz einfach in einen Bewusstseinszustand versetzt, in dem sie voll und ganz erfassen und akzeptieren konnte, was als Nächstes passieren sollte …

Die Gestaltung des Tag-Eins-Events
nimmt ihren Anfang

In den fünf Tagen nach der Operation verläuft der Heilungsprozess langsam, aber stetig. Dann, ein sicheres Zeichen, dass die Dinge besser werden, versammelt sich ein Haufen Leute in Barbaras Zimmer – Ärzte, Krankenschwestern, Techniker. Sie sind gekommen, um die Schläuche zu entfernen. Endlich ist sie »vom Haken«.

Minuten später klingelt ihr Handy. Sie antwortet.

»Hallo?«

»Hallo, Barbara.«

Der Mann am anderen Ende der Leitung nennt seinen Namen, und Barbara lacht nur.

»Oh nein! Du rufst gerade zur rechten Zeit an. Bis eben noch war ich Bionic Woman«, sagt sie, »aber jetzt bin ich wieder eine Normalsterbliche.«

Zwar hatte sie diesen Anruf von jemandem, dem sie vor dreißig Jahren begegnet war, erwartet, war aber nicht darauf gefasst, ihn hier entgegenzunehmen. Doch er wusste, dass sie im Krankenhaus lag, und deshalb rief er jetzt auch an. Er wollte wissen, wie es ihr ging. Sie erklärt, was passiert ist und was *eben* geschehen war – dass sie die Schläuche abgenommen hatten – und beide kichern. Dann …

»Aber du bist okay?«

»Oh ja, ganz okay, danke. Es war eine interessante Erfahrung, und es hat mich dazu gebracht, mich an ein paar Dinge zu erinnern – ein paar sehr wichtige Dinge –, und ich bin *sehr* okay.«

»Das freut mich sehr. Und es tut mir leid, wenn ich dich in einem unpassenden Augenblick erwischt habe. Ich wollte mich nur melden und dir eine rasche Genesung wünschen.«

»Nein, nein, entschuldige dich nicht. Um Himmels willen, entschuldige dich nicht. Ich freue mich, deine Stimme zu hören.«

Die beiden verabreden, weiter miteinander zu reden, wenn sie wieder zu Hause ist. »Es dauert bestimmt nur noch ein paar Tage«, versichert sie ihm.

Sie sagen Lebewohl, aber die beiden werden noch viele weitere Unterhaltungen miteinander führen.

Sehr viele …

10

Episode 22: Mitarbeiter werden gefunden
April 2009

Sieben Monate vor dem Anruf,
der das Tag-Eins-Event in Gang setzt ...

Zwischen der eben geschilderten Episode – dem Anruf im Krankenhaus – und dem im Folgenden beschriebenen Ereignis besteht scheinbar kein Zusammenhang, aber es ist alles Teil eines Mosaiks. Und die beiden an diesen Episoden beteiligten Männer sollten einander bald begegnen.

Was das Wetter angeht, ist es ein relativ normaler Tag in Boulder, Colorado. Die Temperatur klettert an diesem ersten Freitag des Monats mittags auf 15 Grad. Zwar lässt sich das nicht mit der Rekordtemperatur vom April 1991 messen, als das Thermometer 28 Grad anzeigte, aber die meisten Leute hier an diesem Ort in den Rocky Mountains sind damit absolut zufrieden.

Barbara, die sich wegen eines bestimmten Projekts mit einem Mann namens Darrell Laham hier aufhält, denkt vielleicht flüchtig und etwas wehmütig an ihr Zuhause in Santa

Barbara, wo es normalerweise sehr viel wärmer ist. Doch ironischerweise steckt Kalifornien an diesem Tag mitten in einer Kältewelle, und es herrscht dort genau dieselbe Temperatur.

Bei dem Projekt geht es um das Stück *The Cosmic Family Reunion*, das Barbara in früheren Jahren geschrieben hat und das vor acht Monaten Darell Lahams Aufmerksamkeit erregt hatte. Es beeindruckte ihn dermaßen, dass er sie fragte, ob sie mit ihm eine Aufnahme produzieren würde, sie sollte das Stück für eine Audioaufnahme lesen. Und genau das machen die beiden jetzt.

Während einer Pause plaudern Barbara und Darrell über die Möglichkeit, Gelder für die Verwirklichung eines jahrzehntelangen Traumes von ihr aufzutreiben. Ein Traum, der auf dem Höhepunkt des Stückes, das sie gerade für die Aufnahme liest, vorkommt. Er heißt »Peace Room«.

»Er wäre vergleichbar mit dem War Room der Regierung, in dem alle Informationen über jeden Feind und wie man ihn besiegt versammelt sind«, erklärt sie. »Im Peace Room hingegen würden wir nach Durchbrüchen und nach Innovationen Ausschau halten. Dort könnte man jeden Ort auf Erden, wo es Schwierigkeiten gibt, überwachen – aber es ginge um eine ganz andere Art von Überwachung. Im Peace Room würden wir sämtliche guten Ideen, alle funktionierenden Lösungen für Probleme, die irgendwo schon ausprobiert worden sind, versammeln. So können Leute und Gemeinden, die es mit derselben Situation zu tun haben, sofort mit diesen Innovationen in Berührung kommen, die dann überall auf der Welt schnell und problemlos kopiert oder an die jeweilige Situation angepasst werden könnten.«

»Genial – und so offensichtlich«, sagt Darrell und schüttelt den Kopf. »Achte auf das, was *funktioniert*, statt auf das, was *nicht* funktioniert.«

»Genau.« Barbara nickt.

»*Das* kann Frieden schaffen. Ich verstehe, warum du es den Peace Room nennst – Frieden durch Mit-Schöpfung und Zusammenarbeit.«

»Ja. Wir wissen, dass schon jetzt überall auf dem Planeten wunderbare Ideen umgesetzt und unglaubliche Lösungen entdeckt werden. Wir haben nur keine Kenntnis davon. Genialität findet sich überall, in Großstädten, Kleinstädten, winzigen Dörfern ... und in allem, was sich irgendwo dazwischen befindet.

Wir brauchen nur die Technologie, um die Lösungen ›hier‹ für die Probleme ›dort‹ aufzuspüren, um darüber zu informieren, zu vernetzen, zu kommunizieren, zu vergleichen. Und ...«, so deutet Barbara an, »möglicherweise haben wir die nötigen Gelder dazu gefunden.«

Darrell schnellt geradezu aus dem Sessel hoch.

»Ich habe diese Technologie!«, platzt er heraus. »Ich weiß genau, wie das zu *machen* ist!«

Das »Ensemble« vergrößert sich

Dann berichtet Barbara Darrell vom nächsten Schritt in Richtung Peace Room. Dieser soll von der Intention her so erweitert werden, dass darüber nicht nur eine globale Zusammenarbeit hergestellt wird, sondern auch globale Kohärenz. Das bringt die beiden in ihrer Begeisterung dazu, eine weitere »Mitspielerin« anzurufen – Claudia Welss, eine ehemalige Schülerin und inzwischen Freundin von Barbara. Diese hatte vor wenigen Monaten der ganzen Mixtur den Gedanken der »Kohärenz« hinzugefügt.

Von Barbaras Konzept der gesellschaftlichen Synergie inspiriert, hatte Claudia 2006 das NextNow Collaboratory gegründet, ein gemeinnütziges »Labor der Zusammenarbeit«, um bei Projekten, die dem Gemeinwohl dienen, Bedarf und Ressourcen zusammenzubringen. Im Mai 2008 nahm sie an Barbaras Intensivkurs »Conscious Evolution and Social Synergy: Toward an Evolutionary Politics« teil, der in einer Kirche im kalifornischen Oakland abgehalten wurde.

Claudia verfasste eine Arbeit mit dem Titel »Subtle Realms of Social Synergy«, die sich auf den Intensivkurs und ihre Mitarbeit bei der Global Coherence Initiative gründete. Darin wies sie auf einen Punkt hin, der ihrer Ansicht nach beim Entwurf des *Wheel of Co-Creation*, des »Rades der Mit-Schöpfung«, bisher zu kurz gekommen war: nämlich der bewusste Aufbau einer »kohärenten energetischen Architektur«, die tief reichende beständige Synergieeffekte nach sich ziehen und damit die synergetische Konvergenz – und unsere bewusste Evolution – beschleunigen würde.

»Müssen wir denn, wenn wir konkrete Prozesse zur Entfaltung gesellschaftlicher Synergien entwickeln, nicht auch ganz bewusst – in Form und Struktur – das Feld entwerfen, das diese Prozesse energetisiert?«, fragte Claudia. »Wenn wir keinen bewusst entwickelten Entwurf vorlegen, wird seine Struktur von unserem Unterbewusstsein gesteuert werden. Die Aufmerksamkeit, die wir auf diese energetische Architektur richten, ist ebenso wichtig wie die Aufmerksamkeit, die wir auf eine gesellschaftliche Konstruktion für gesellschaftliche Synergien lenken.«

Barbara war in Hochstimmung. Nicht nur war ihr eine zusätzliche wunderbare Erkenntnis zuteilgeworden, sie hatte auch eine brillante neue Mitarbeiterin gefunden.

Und daher rufen Barbara und Darrell nun Claudia an, um sie um ihren Beitrag zur Frage zu bitten, wie sich der Peace Room als ein mächtiges befähigendes und unterstützendes Instrument bei unserer »planetarischen Geburt« am besten positionieren ließ. Dieses Gespräch wird zur Definierung der *Synergy Engine* beitragen, die dann als echte Synergieplattform für das Tag-Eins-Event im Jahr 2012 geschaffen werden wird.

Abgesehen von ihrem Beitrag hatte Claudia mit Barbara auch ausführlich darüber gesprochen, wie wesentlich ihrer Meinung nach die energetische Kohärenz war, um Bedingungen herzustellen, die das Eintreten einer vollständigen und authentischen synergetischen Konvergenz ermöglichen.

»Buckminster Fuller definierte Synergie einmal als ›Synthese + Energie‹«, äußerte Claudia bei einem dieser Gespräche. »Diese Definition beinhaltet, dass die Qualität der persönlichen Energie, die wir beim Herstellen von Synergieeffekten einbringen, eine *maßgebende Rolle* spielt. Kohärente Energie ist beständig und schafft Wirkung; inkohärente Energie hebt sich selbst auf. Wenn die *Synergy Engine* helfen konnte, die Kohärenzebene unserer Gesellschaft widerzuspiegeln, und zur Entwicklung von *Kohärenz als einer sozialen Funktion* ermunterte, dann würde das zu einer höheren Synergiequalität führen.«

»Und wie steht es damit, eine Art von Empfänglichkeit, von Harmonie, Offenheit und Anziehungskraft für alles, was über uns hinaus geht, jenseits von uns ist, herzustellen – etwas, das ausreicht, um zum Kontakt einzuladen?«, fragt Barbara.

»Nun, ich vermute mal, dass ein auf der Frequenz von Kohärenz schwingender Planet einen großen Beitrag zur Herstellung dieser Bedingungen liefern würde. In einem kohärenten System fließt der Informationsfluss freier. Denk nur mal dran, wie *wir* uns fühlen, wenn wir das Gefühl haben, kohärent – und nicht inkohärent – zu sein! Im Zustand von ›kollektiver Kohärenz‹ würde der Informationsfluss nicht nur *innerhalb* unserer Gesellschaft freier und ungehinderter fließen, sondern auch im Einklang *mit* der größeren Intelligenz, in die er eingebettet ist.

Aus meiner Sicht würde eine kohärente Erde ausreichend hell (und schön) erstrahlen, um vom Weltraum aus von jedweder beobachtenden Intelligenz bemerkt zu werden.«

Und so bringen die drei – Barbara, Darrell und Claudia – den Gedanken des Peace Room allmählich auf die nächste Ebene seiner Ausdrucksform: ein Instrument, um durch Kohärenz tiefer gehende Synergieeffekte in der Gesellschaft herzustellen. Mit dem zusätzlichen Nutzen, auf Erden genügend Synergie zu produzieren, um dadurch das Interesse der Quellen höher Intelligenzen allerorten auf sich zu ziehen und so zu demonstrieren, dass die Menschheit in der Tat bereit ist für den »Kontakt«.

❖   ❖   ❖

Episode 21: Die Millionen-Dollar-Frage
April 2009

Der Tag vor dem Finden der Mitarbeiter ...

Barbara, noch im Morgenmantel, tastet suchend nach ihrem klingelnden Handy. Sie findet es, bevor es zu klingeln aufhört – einer der kleinen Triumphe im Leben.

»Hallo?«

»Barbara, Liebe, hier ist Suzanne Mendelssohn.«

Suzanne ist eine »Telefonfreundin«. Sie und Barbara sind sich noch nie persönlich begegnet, aber die beiden haben im Verlauf der letzten sechs Jahre wichtige Telefonate geführt. Suzanne ist als Heilerin für Barbara tätig, und seit kurzem auch für Barbaras Sohn Wade.

»Ja, Suzanne, wie geht es dir?«

»Gut, danke. Barbara, ich muss dich etwas fragen.

Wenn du eine Million Dollar zur Verfügung hättest, was würdest du tun, um der Menschheit dabei zu helfen, einen positiven Kontakt mit Außerirdischen herzustellen?«

Nicht gerade eine Frage, auf die man bei einem Anruf am frühen Morgen unbedingt gefasst wäre. Barbara hat noch nie einen Außerirdischen gesichtet und sich auch noch nie groß Gedanken über die Vorstellung gemacht, einen zu kontaktieren. Aber sie hat sich die Erfahrung einer planetarischen Geburt vorgestellt, ein kollektives Erwachen, ein »planetarisches Lächeln«, das es uns ermöglichen würde, kollektiv die Augen zu öffnen und gemeinsam das Licht zu sehen ...

Aus ihr sprudelt die Antwort hervor, als hätte sie seit fünfundzwanzig Jahren auf genau diese Frage gewartet. »Ich würde
ein ›Willkommenskomitee‹ zusammenstellen, das aus wissenschaftlich orientierten, spirituell sensiblen Menschen in jedem
Sektor des Rades der Mit-Schöpfung besteht. Sie wären ein
Kontaktpunkt, über den die *Menschheit sich selbst* als ein Ganzes begrüßt, und die höheren Wesen willkommen geheißen und
eingeladen würden, in diesem Augenblick der Massenresonanz
und des Erwachens mit uns zu kommunizieren. Sie würden uns
helfen, unsere eigene Schwingung stark genug zu erhöhen, um
was immer jenseits von uns liegt auffangen zu können. Oh, und
wir würden den Peace Room online brauchen.«

»Ich dachte, dass du so etwas sagen würdest.« Suzannes
Stimme klingt beschwingt. »Barbara, ich bin auf einen Mann
gestoßen, der bereit ist, Edgar Mitchell mit bis zu einer Milli-
arde Dollar zu unterstützen; und wenn das klappt, bekomme
ich zehn Prozent dafür, dass ich das Geld aufgetrieben habe.
Mit diesen Prozenten hätten wir die nötigen Mittel, um das
Willkommenskomitee zusammenzustellen und den Peace
Room zu etablieren.«

Ein alter Bekannter schließt sich dem Ensemble an

Schon William Shakespeare sagte es, und man hätte es nicht
treffender ausdrücken können:

> Die ganze Welt ist eine Bühne,
> Und alle Frauen und Männer bloße Spieler.

Sie treten auf und gehen wieder ab,
Sein Leben lang spielt einer manche Rollen ...

Edgar Mitchell ist ein langjähriger Bekannter von Barbara. Es handelt sich natürlich um den weltberühmten ehemaligen amerikanischen Astronauten – der sechste Mensch, der den Mond betreten hat. Wie zu erwarten war, veränderte dieses Ereignis sein Leben ... aber auf unerwartete Weise. Zumindest unerwartet für die, die ihn nicht besonders gut kannten.

Er ist ein Mann, der seine Karriere als ausgesprochener Traditionalist begann und nach seinem Spaziergang auf dem Mond als ausgesprochener Nichttraditionalist an die Öffentlichkeit ging. (1952 schloss er am Carnegie Institute of Technology sein Betriebswirtschaftsstudium mit dem Bachelor ab und trat im darauf folgenden Jahr der US-Marine bei. Später wurde er Fliegeroffizier und übernahm Aufgaben im Bereich Forschungsprojekte. 1961 erlangte er den *Master of Science in Aeronautical Engineering* an der Naval Postgraduate School und 1964 den Doktortitel in *Aeronautics and Astronautics* am Massachusetts Institute of Technology.)

Mitchell sorgte für Stirnrunzeln, als er enthüllte, dass er auf dem Weg zum Mond – er war Pilot der Landefähre von Apollo 14 – mit ein paar Freunden unten auf der Erde einige private Experimente mit außersinnlicher Wahrnehmung durchgeführt hatte.

Und noch mehr überraschte es die Leute, als er 1972, ein paar Monate nach seiner Pensionierung, das gemeinnützige Institute of Noetic Sciences gründete, das seiner Aussage nach wissenschaftliche Forschungen über die Natur des Bewusstseins, paranormale Erscheinungen und die Verbindung von Geist und Materie finanziell unterstützen und durchführen würde. Seinem Gefühl nach ist es notwendig, diese entscheidenden Fragen verifizierbar und wissenschaftlich zu erkunden.

Darüber hinaus wurde der ehemalige Astronaut mit seiner Aussage bekannt, dass wir seiner Überzeugung nach von Wesen weit jenseits unseres Sonnensystems besucht wurden (und weiterhin besucht werden). Er glaubt, dass einige Regierungen auf der Welt diese Tatsache geheim halten und dass es unwiderlegbare Beweise für diese Besuche gibt.

Als Barbara von dieser Verbindung zu Edgar Mitchell hört, hüpft ihr Herz. »Ist das ernst gemeint?«, fragt sie.

»Ich denke doch«, erwidert ihre Freundin. »Ja, ich denke schon.«

»Denn wenn das so ist, dann brauche ich noch viel mehr, um den Peace Room aufzubauen!«

Suzanne lacht. Barbaras Ideen werden in ihren Dimensionen nie kleiner, immer nur größer. Das ist die einzige Richtung, in die sich ihr Geist bewegt – immer nur hin zum Größeren.

»Ja, meine Liebe«, räumt Suzanne ein, »aber wir müssen irgendwo anfangen ...«

»Vermutlich ja.« Barbara kichert nun auch. »Aber ich muss wissen, ob das wirklich ernst gemeint ist. Wer ist der Mensch mit einer Milliarde Dollar?«

»Ein Mann, dem du vor dreißig Jahren begegnet bist ...«

Überlegungen und Erkundungen

Für alles im Universum gibt es einen Grund

Wenn wir über die eben beschriebenen Zeiten nachdenken und uns Barbaras Erfahrungen genauer anschauen, um zu sehen, wie wir alle davon profitieren können, dann werden wir daran erinnert, dass …

… es so scheint, als ob Menschen rein zufällig in unser Leben treten und wieder daraus verschwinden – aber so ist es nie.

Ich möchte Sie an etwas erinnern, das ich an früherer Stelle sagte: Bitte versuchen Sie nicht, den Überblick über die Namen und Beziehungen aller Menschen zu behalten, die in dieser Geschichte in Erscheinung treten und wieder daraus verschwinden; und auch nicht über die genaue Abfolge der Ereignisse. Sie würden sich damit auf unnötige Details konzentrieren und Ihren Geist vom Kernpunkt ablenken. Der Kernpunkt der Geschichte ist der, dass sich das Leben beständig verschwört, die Agenda unserer Seele voranzubringen, die da lautet, unserem inneren Ruf Folge zu leisten.

Das Leben ist weitaus besser durchorganisiert, als die meisten von uns ihm zutrauen würden. Es ist wie ein Film mit einem gut geschriebenen Drehbuch. Und wie im Film erscheint nichts und niemand ohne Grund auf der Leinwand.

All das zu verstehen kann in jedem Moment unseres Daseins und bei unseren Begegnungen mit Menschen hilfreich sein. Denn dann würden wir mit diesen Menschen vielleicht auf völlig andere Weise interagieren. Zumindest würden wir sie dann sehen lassen, wer wir wirklich sind – und uns nicht abweisend oder distanziert verhalten. Denn alle Wege führen letztlich wieder zu sich selbst, und alles, was wir heute sagen oder tun, hat Einfluss auf das Morgen. Das verspreche ich Ihnen.

Es gibt eine Theorie, der zufolge wir immer mit der gleichen relativ kleinen Anzahl von Seelen durch unsere Leben gehen. Ja, dass es gar nicht verschiedene Seelen sind, sondern dass es nur *eine Seele* ist, die sich in viele Teile aufgespalten hat.

Hier drückt sich der Gedanke aus, dass so wie sich Gott in viele Teile (»Seelen« genannt) aufteilt, damit die Göttliche Natur oder Göttlichkeit sich selbst in ihrer Gesamtheit erfahren kann, sich auch – aus genau demselben Grund – die einzelnen Seelen in Teile aufteilen.

Wenn das stimmt, begegnen wir ganz einfach immer und immer wieder unseres Selbsts in Form von anderen Teilen unserer Seele – die zu einigen der wichtigsten Personen in unseren Leben werden. Ich finde das einen faszinierenden Gedanken, und er hat begonnen, meine Reaktion auf Leute, die ich zum ersten Mal treffe, zu beeinflussen.

Wenn jemand in dein Leben tritt, weißt du nie, ob er nicht im Grunde zurückkehrt, um eine ewig während Partnerschaft fortzusetzen. Vielleicht ist diese Person sogar bereit, dir eine Million Dollar zu geben, um dein Lebenswerk der Vollendung entgegenzuführen, oder dir das Millionen-Dollar-Geschenk von tiefer Freundschaft oder wahrer Liebe zu machen.

Barbaras Leben erinnert uns auch daran, dass ...

... es einen Grund hat, dass die Dinge so passieren, wie sie passieren, *wann* sie passieren, *wo* sie passieren – dass alles seine perfekte Ordnung hat und die Vollkommenheit des Universums und des Lebens an sich widerspiegelt.

Barbara fragte sich zu einem bestimmten Zeitpunkt, warum sie die Einladung zu diesem Event in Los Angeles angenommen hatte und was sie dort unter all diesen jungen Leuten überhaupt machte. Und sie fragte sich auch, warum um alles in der Welt das Leben sie in jener Nacht ins Krankenhaus geführt hatte. Doch es dauerte nicht lange, bis sie den Grund für beide Erfahrungen begriff.

Ihre Anwesenheit bei diesem Event machte den Vortragsrednern stärker bewusst, welchen Anteil sie am Bemühen hatte, die globalen Medien für eine Veränderung auf der Welt einzusetzen. Und sie wiederum wurde durch die durch ihre Anwesenheit hervorgerufenen Kommentare dazu inspiriert, ihre Arbeit noch energischer fortzusetzen.

Wir brauchen alle immer mal wieder einen solchen Auftrieb, und das Leben wird ihn uns genau dann liefern, wenn wir ihn am meisten brauchen – aber wir müssen es als das ansehen, was es ist. Hätte Barbara die ganze Zeit im Saal gesessen und all die Lobpreisungen mit angehört, wäre sie vielleicht versucht gewesen, sie mit einem würdevollen Lächeln und einem freundlichen Dankeschön geistig abzutun und nicht weiter darüber nachzudenken. Sie hat ja nicht das erste Mal solche überschwängliche Komplimente zu hören bekommen.

Aber das Leben wollte, dass sie diese speziellen Kommentare wirklich *hörte* und sorgsam darüber nachdachte; sie sollte sich genau anschauen, was das Leben ihr sagte, und überlegen, wie sie die hinter diesen Bemerkungen steckende Energie bestmöglich nutzen konnte, um ihre Mission voranzubringen. Und wie ließ sich das am besten einrichten? Bring sie dazu, *alles zu stoppen,* wenn auch nur kurz, und gib ihr die Chance, tief nachzudenken … genau zum richtigen Moment in ihrem Leben.

All das schuf einen Rahmen für den Anruf, der auf ihrem Handy einging – und den sie normalerweise mitten in einer wichtigen Aktivität entgegengenommen hätte. Nun aber erhielt sie ihn, während *sie im Krankenhaus lag* und nichts anderes tun konnte, als *über den nächsten Schritt nachzudenken*, den sie mit Blick auf ihre Lebensaufgabe tun wollte. Und *genau in dem Moment* war der Mann, der über die Ressourcen verfügte, um diesen nächsten Schritt zu ermöglichen, *am anderen Ende der Leitung*.

Ah … was für ein komplexes Gewebe, was für ein Design! Deshalb müssen wir Vertrauen haben. Müssen Vertrauen setzen in den Lebensprozess an sich, Vertrauen in das, was manche von uns »Gott« nennen, und Vertrauen in uns selbst und die Fähigkeit, uns den Göttlichen Plan mit Dankbarkeit zu eigen zu machen – und unsere Rolle *darin* zu spielen.

Wenn ich davon spreche, dass wir unsere Rolle in einem Plan spielen, dann meine ich damit, dass wir einen Weg finden, um uns in Einklang mit den Ereignissen des Tages zu bewegen, im Wissen, dass diese Begebenheiten – allesamt, ganz gleich, um was es sich handelt – nicht als etwas gemeint sind, das in Opposition zu uns steht, sondern als etwas, das zu unserer Komposition gehört. Das heißt, es soll uns nicht zerreißen, sondern es soll uns zusammenfügen.

Wenn also das passiert, was Sie als »schlimme Dinge« bezeichnen, dann beruhigen Sie sich, *finden Sie zu Ihrer Komposition.*

Machen Sie sich bewusst, dass dieses Geschehen Gott ist, der ein Gedicht verfasst. Sie sind ein Kunstwerk. Die Ereignisse Ihres Lebens sind die einzelnen Zeilen und die Verse. Nicht alles wird gleich vollständig verstanden werden, das geschieht erst, wenn das Gedicht zu Ende gelesen worden ist. Aber am Ende wird es einen perfekten Sinn ergeben – und von perfekter Schönheit sein.

Diese bemerkenswerten in sich verschlungenen Gewebe werden uns erkennen lassen, dass die herausforderndsten Momente im Leben *immer* Gelegenheiten schaffen.

Mit »immer« ist genau das gemeint. Es stimmt in jedem Fall. Und obgleich niemand irgendeine Tragödie oder einen Notfall herbeiwünschen würde, um eine Gelegenheit zu schaffen, kann es doch nützlich sein, wenn wir auf tiefer Ebene verstehen, wie das Leben funktioniert. Wenn wir wissen, dass jedes Ereignis seine positiven und nützlichen Seiten hat, kann uns das helfen die Kraft zu finden, alle Ereignisse unseres Daseins mit Gleichmut zu durchleben.

Wir werden diese Wahrheit auf den kommenden Seiten eingehend erkunden, indem wir mehr und mehr von Barbaras Geschichte erzählen.

Genießen Sie es.

11

Episode 20:
Der »magische Anziehungsfaktor«
August 2008

Acht Monate vor der Millionen-Dollar-Frage ...

Darrell Laham fühlt sich von einem überaus ungewöhnlichen Ort angezogen: Die Hummingbird Ranch liegt in einer atemberaubenden, üppigen Landschaft am Fuße des Sangre-de-Christo-Gebirges im nördlichen New Mexico. Dort nimmt er an einem Workshop über evolutionäre Führerschaft teil, der von der Futuristin und Visionärin Barbara Marx Hubbard geleitet wird.

Zum Programm gehört eine dramatische Lesung des Stückes *The Cosmic Family Reunion*, das Barbara 1995 verfasst hatte. Es handelt sich hier um eine mythische Geschichte, in der eine moderne Eva darum bittet, den Gott Jahwe von Angesicht zu Angesicht zu sehen. Er lädt sie ins Paradies ein, wo sie ihn damit konfrontiert, was er ihr (und in der Folge allen Frauen) angetan hat.

Wie zu erwarten ist, tritt auch Luzifer in dem Stück auf, und den Teilnehmern wird angetragen, beim Lesen jeweils verschiedene Rollen zu übernehmen. Das bietet ihnen die Gelegenheit, mit den Archetypen in Kontakt zu kommen, die in uns allen existieren.

Die Geschichte endet mit der Beschreibung der triumphalen Feier einer gewaltigen planetarischen Geburtstagsparty, bei der der Peace Room für jedermann auf Erden zugänglich gemacht wird. Er soll ein Ort sein, wo alle ihre Begabungen und Fähigkeiten anbieten sowie in den Begabungen und Fähigkeiten anderer Lösungen für die Probleme der Welt finden können. Dieser Gedanke wird beschrieben als der Schlüssel, der der Menschheit als Alternative zum Armageddon, der letzten entscheidenden Schlacht zwischen Gut und Böse, angeboten wird.

Als Luzifer – der für den jetzt an der Macht befindlichen Abgespaltenen Geist steht – an einer Stelle klagend eingesteht: »Und ich weiß nicht einmal, was schiefgelaufen ist …«, hört Darrell wie versteinert zu. Dann beginnt er still zu weinen, was Barbara natürlich bemerkt.

»Was bedeutet das für Sie?«, fragt sie ganz ruhig.

Darrell erwidert ebenso ruhig: »Zum ersten Mal habe ich einen erlösten Luzifer in mir gesehen. Er ist der Teil von mir, der erfolgreich der Macht nachjagte. Ich konnte immer spüren, dass zwischen Liebe und Macht ein leicht gespanntes Verhältnis besteht. Ich habe mich für die Macht entschieden … und wusste nicht einmal, was schiefgelaufen ist.«

Eva vergibt später Gottvater, dass er sie in eine derart schwierige Situation gebracht hat, und der findet dadurch Erlösung. Darrell fühlt sich wie befreit.

Nach der Lesung erzählt Darrell Barbara, dass er den starken Impuls habe, Barbaras Stück aufzunehmen. Bei sich zu

Hause, in Boulder, Colorado, verfüge er über ein Aufnahme-studio, wo er das tun könne. Ihm liege daran, dass auch andere die Möglichkeit haben sollten, *The Cosmic Family Reunion* zu hören, und das Stück sollte der Nachwelt erhalten bleiben. Ob sie wohl bereit wäre, bei diesem Projekt mitzumachen? Barbara hält das für eine ausgezeichnete Idee, und sie vereinbaren, das »eines Tages zu tun«.

Monate später setzen sie ganz unschuldig ein Datum fest, ohne ahnen zu können, dass Barbara genau in dieser Zeit von der Möglichkeit eines Zuschusses von einer Million Dollar hören wird, der den Peace Room (der bei dem Stück eine so große Rolle spielt) Wirklichkeit werden lassen könnte. Etwas, das Barbara den Großteil ihres Erwachsenendaseins immer angestrebt hat und sie eines Tages vielleicht auch ein bisschen »berühmter« machen würde. Nicht, dass ihr an Berühmtheit lag ... aber man weiß ja, dass es manchmal hilft, Dinge ins Werk zu setzen, wenn man ein bisschen besser bekannt ist.

Episode 19: Der Tod schenkt neues Leben
August 2007

Zwölf Monate vor dem
»magischen Anziehungsfaktor« ...

Weder hat Barbara es bisher geschafft, der Menschheit im großen Stil von ihrer Geburt als universeller Spezies zu erzählen, noch hat sie es fertig gebracht, den Peace Room Wirklichkeit werden zu lassen. Er existiert nur als Idee, wie zum Beispiel in dem Theaterstück, das sie vor vielen Jahren geschrieben hat, und seither auch in Form verschiedener Vorschläge, verkürzter Versionen und von Veranstaltungen, die sie SYNCONS genannt hat.

(SYNCON wurde 1971 von Barbara und ihrem damaligen Lebensgefährten John Whiteside entwickelt. Es ist ein Akronym für *Synergistic Convergence* – dabei handelt es sich um Treffen, die das Zusammenkommen aller lebenswichtigen Elemente der Gesellschaft und der Entdeckung ihrer funktionalen Bezüge zueinander und zum Ganzen zum Inhalt haben. Darüber werden Sie im Verlauf unserer Rückwärtsbewegung durch Barbaras Leben noch sehr viel mehr hören.)

Barbara ist frustriert, weil sie noch immer nicht das erreicht hat, wozu sie hergekommen ist und was sie ihrer Überzeugung nach auf diesem Planeten tun soll. Nie war sie sich dieser Tatsache bewusster als an dem Tag, als ihr sechsundvierzigjähriger Sohn Wade sie anblickt und unvermutet fragt: »Mom, warum bist du noch nicht berühmt?«

Die Frage, die schon für sich genommen überraschend und auch erschreckend ist, bekommt durch den Moment, in dem er sie stellt, doppeltes Gewicht.

Wade liegt im Sterben.

Der Krebs tötet ihn.

Der Zeitpunkt lässt Barbara aufhorchen. Sie *hört* diese Frage wirklich und fragt sich, ob sie jemals als Die Geschichtenerzählerin »auf dem Radarschirm« sichtbar werden wird. Wird es ihr jemals gelingen, genügend Menschen (genügend, um etwas zu ändern) die Geschichte der Geburt der Menschheit in die galaktische Gemeinschaft als höher entwickelte Wesen nahezubringen?

Wade hat sie schon immer ermuntert, er hat sie bei ihrer Arbeit unterstützt und immer versucht Möglichkeiten zu finden, um zu helfen. Aber nun ist er sehr schwach, und der Krebs sollte ihn nur wenige Tage später holen. So kann er sich an diesem Tag nur nach ihr erkundigen. Viel mehr würde er nicht mehr für sie tun können.

Es sei denn ...

Wochen später wird Barbara Freunden erzählen: »Es ist etwas sehr Interessantes passiert. In der Nacht, nachdem Wade gestorben war, erhielt ich von ihm auf tiefer intuitiver Ebene eine Botschaft: *Nimm Kontakt mit Stanley Weiss auf. Er wird dir helfen, den Peace Room aufzubauen.* Die Botschaft war sehr bestimmt und klar – und nichts, worauf ich jemals von allein gekommen wäre oder was ich von mir aus unternommen hätte.«

Stanley Weiss war Barbaras erster »Freund« gewesen, und Wade hatte die Geschichte viele Male gehört. Doch sie hatte seit zwanzig Jahren nicht mehr mit Stanley gesprochen, und Wade hatte diesen Mann nie getroffen. Stanley war Barbara nach Paris gefolgt, als sie während ihres College-Studiums ein Auslandssemester absolvierte. Dort aber war sie Earl Hubbard begegnet, einem Maler, in den sie sich verliebte und der ihr Mann – und Wades Vater – werden sollte.

Stanley, der sah, dass die Sache entschieden war, verließ Paris und reiste nach Mexiko. Dort studierte er die Mayakultur, gründete eine Manganmine, wurde sehr reich und baute eine wichtige Organisation namens Business Executives for National Security mit Sitz in Washington, D.C. auf. Er schloss Bekanntschaft mit Generälen und Präsidenten aus aller Welt, vor allem in Fernost.

Warum sollte Barbara so plötzlich aus dem Nichts heraus Kontakt mit ihm aufnehmen?

»Wades Botschaft war sehr klar«, erklärte sie mir bei einem der Gespräche für dieses Buch. »Ich konnte sie nicht ignorieren. Also schickte ich ihm, einem Mann, den ich seit zwei Jahrzehnten nicht mehr gesehen hatte, an diesem Tag über seine Firma eine E-Mail. Er war so höflich mich anzurufen, und wir führten ein sehr nettes Gespräch. Aber der entscheidende Punkt ist, dass im Verlauf unserer Unterhaltung meine Idee vom Peace Room zur Sprache kam – und unser Gespräch darüber etwas in Bewegung setzte, das die Vision von diesem Projekt, das wir jetzt *Synergy Engine* nennen, wieder in mir *entfachte*. Und so hat mir Wades Tod neues Leben geschenkt.«

❖   ❖   ❖

Episode 18: Eine zufällige Begegnung?
Juni 2007

Zwei Monate vor »Der Tod schenkt neues Leben« ...

Sehen Sie, die Sache ist die: Du *weißt einfach nie* was für eine Rolle jemand in deinem Leben spielen wird. Du kannst nur wissen, dass es *irgendeine* Rolle sein muss, sonst käme dir diese Person noch nicht einmal nahe ...

Barbara Marx Hubbard ist die Hauptrednerin bei einem Treffen der Society for Scientific Exploration in East Lansing, Michigan. Im Publikum sitzt ein junger Mann mit langem Haar und verknautschten Klamotten. Er sieht aus wie ein Student, der gerade seinen ersten Abschluss gemacht hat. Er spricht Barbara nach ihrem Vortrag an, und sie ist fasziniert von einigen Dingen, die er im Verlauf ihrer Unterhaltung sagt. Die beiden gehen gemeinsam zum Mittagessen.

Sie fragt ihn ein wenig aus und ist überrascht, als sie erfährt, was dieser junge Mann schon alles erreicht hat. Es fällt ihr zwar schwer, den ganzen technischen Jargon zu verstehen, aber sie ist wie elektrisiert: Sie erkennt eine Fähigkeit, die für die Erfahrung der planetarischen Geburt, von der sie schon so lange gesprochen hat, benötigt wird.

Voller Eifer tauscht sie mit dem jungen Mann Visitenkarten aus und verspricht, ihm einiges von dem Material zu schicken, das sie verfasst hat, vor allem *The Evolutionary Synthesis*.

Der Name auf seiner Visitenkarte: DARRELL LAHAM.

Ein planetarisches Nervensystem der Seele?

Wie so oft hindert der Alltag die beiden daran, bald wieder miteinander Kontakt aufzunehmen – genau genommen geschieht dies erst ein gutes Jahr später auf der Hummingbird Ranch.

Dort erfährt Barbara mehr über Darrell Laham – dass er Kognitionswissenschaftler ist und an einer Methode zur Überprüfung großer, augenscheinlich unzusammenhängender Textmengen gearbeitet hat, um hierbei möglichen Sinnzusammenhängen nachzugehen.

Seine Arbeit »erregte Aufmerksamkeit«, wie man so sagt. Sie wurde 2005 für eine erhebliche Summe von Pearson Education gekauft, einer internationalen Verlagsgesellschaft, die Schulbücher, Multimedia-Lernwerkzeuge und andere Ausbildungsmaterialien herausbringt. Dadurch war Darrell finanziell abgesichert … und er ging auf die Suche nach einer Beschäftigung für seinen brillanten Geist.

Wiederum einige Zeit später wird Barbara bei ihrem Aufenthalt in Darrells Aufnahmestudio in Colorado klar: Würde eine solche Software, wie Darrell sie entwickelt hatte, auf die tausendundeine Ideen, die jeden Tag ins Internet gestellt werden, angewandt, könnte sie sofort weltweit Verbindungen zwischen scheinbar ungleichen, aber letztlich doch ähnlichen oder miteinander zu vereinbarenden Unternehmungen ausfindig machen. Eine solche Software könnte als planetarisches Nervensystem fungieren, das den Organismus der Menschheit darüber auf dem Laufenden hielt, was wo vor sich ging; und das diesem Organismus durch die einfache Vernetzung seiner Einzelteile neue Vitalität und unerhörtes Potenzial zuführte.

Mit anderen Worten, sie könnte genau das tun, *wovon Barbara Marx Hubbard seit vierzig Jahren träumte.*

War diese erste Kontaktaufnahme in East Lansing, Michigan, nur eine rein »zufällige Begegnung« gewesen? Das kann sich Barbara kaum vorstellen.

Und auch Darrell nicht, als er zu hören bekommt, was Barbara sonst noch so alles auf Lager hat.

Überlegungen und Erkundungen

Das komplex verschlungene Muster

Wenn wir über die eben beschriebene Zeit nachdenken und uns Barbaras Erfahrungen genauer anschauen, um zu sehen, wie wir alle davon profitieren können, dann werden wir daran erinnert, dass ...

... es so etwas wie den schieren Zufall nicht gibt.

Sie können das eben Gelesene gerne als »Zufall« bewerten, aber die Chancen, dass sich unter *sechs Milliarden Menschen* auf Erden zwei Menschen finden – der eine mit der Vision, eine Möglichkeit zu schaffen, alle neuesten Erfindungen und besten Ideen dazu, wie man das Leben zum Funktionieren bringen kann, aufzulisten, zu kategorisieren und zu vernetzen; der andere mit einer Technologie, die genau das zuwege bringen kann – und das genau zu dem Zeitpunkt, wo ein *Dritter* über einen *Vierten* eine Million Dollar auftreibt, um das alles umzusetzen ... diese Chancen stehen eins zu *Abertrillionen*.

Es sei denn, Sie haben es nicht mit »Zufall« zu tun, sondern mit dem »komplex verschlungenen Muster«.

Wie wir wieder einmal sehen, gehört zu diesem Muster das Wechselspiel von Dringlichkeit, Tragödie und Gelegenheit. In diesem Fall stellt der Sohn der Mutter eine Frage, die – weil sie in einem so unvergesslichen Augenblick, inmitten seines Todeskampfes, an sie gerichtet wird – einen neuen Kreativitätsschub in ihr auslöst.

Kann eine Person einem geliebten Menschen von jenseits des Schleiers zu Hilfe kommen? Barbara Marx Hubbard ist fest davon überzeugt.

»Wann immer ich etwas zuwege bringen muss, kommt Wade wie ein Lichtfunke zu mir«, erzählte sie mir, als ich an diesem Buch schrieb. »Dies ist eindeutig wichtiger für ihn als das, was *er* zuwege bringen muss. Oder vielleicht ist es das, was er zu tun hatte. Vielleicht kam er, zumindest teilweise, hierher, um mich zu unterstützen. Mir schien, dass er immer mehr an dem interessiert war, was ich tun konnte, als daran, was er tun konnte. Wir kommen doch alle hierher, um einander irgendwie zu helfen, oder?« Eine rhetorische Frage, die sie an jenem Tag 2010 in meinem Haus stellte. »Ich meine, da bist du und hilfst mir meine Mission zu vollenden, indem du dieses Buch schreibst. Und ich könnte mir vorstellen, dass auch ich dir im Verlauf deines Weges geholfen habe.«

»Oh ja, Barbara, das hast du«, versicherte ich ihr. »So wie du auch anderen geholfen hast, an ihre Begabungen zu glauben, nach ihnen zu forschen, sie zu finden und mit der Welt zu teilen. Und so wie du ihnen, indem du ihnen von deinem Leben erzählst, auch noch weiterhin helfen wirst, die Wunder in ihrem Dasein und die Gabe, durch ›Zufall‹ glückliche und unerwartete Entdeckungen zu machen und wertzuschätzen.«

Wenn wir weiterhin über Barbaras komplex verwobenes Leben, nachdenken, so erinnert uns das daran, dass ...

... Ideen zuweilen ihrer höchsten Anwendungsmöglichkeit vorausgehen.

Das ist keine geringe Erkenntnis. Huschen Sie bitte nicht so einfach darüber hinweg.

Ich sage, dass sich das Leben nicht immer in einer logischen Abfolge präsentiert. Tun Sie also nie eine Idee einfach deshalb als für Sie unpraktikabel ab, weil sich scheinbar momentan keine Anwendungsmöglichkeit bietet. Jede Idee hat *viel* zu bieten, oder *sie wäre Ihnen nicht gekommen.*

Sie wissen natürlich, *woher* die Ideen kommen, nicht wahr?

Natürlich. Sie kommen aus Der Quelle.

Der Quelle von was?

Der Quelle von aller Weisheit, aller Klarheit, aller Schöpfung, aller Innovation. Ja, aus Der Quelle Allen Lebens, der Quelle von Allem Das Ist.

Wir ehren dieses Gewahrsein, wenn wir auf das achten, was das Leben uns bringt. Wie ich gerade anmerkte, kommen uns große Ideen vielleicht nicht nur Tage, Wochen, Monate oder auch Jahre, bevor sie zu irgendeiner praktischen Anwendung gelangen, sondern auch sehr weit im Voraus, bevor ihre höchste Anwendung überhaupt zur *Möglichkeit* wird.

Könnte das bei Darrell Laham der Fall gewesen sein? Konnten *ihm* seine Ideen über *tiefe semantische Analyse*, wie er es nannte, »gekommen sein«, bevor er tatsächlich wusste, worin ihre höchste Anwendungsmöglichkeit bestehen würde?

Konnte das auch Barbara Marx Hubbard widerfahren sein? Konnten ihr die Ideen von einem Peace Room Jahre – sogar Jahrzehnte – gekommen sein, bevor sie tatsächlich wusste, worin deren höchste Anwendungsmöglichkeit bestehen würde?

Ich möchte meinen, dass die Antwort auf beide Fragen *Ja* ist. Und ich vermute, dass in diesem speziellen Fall die *Beziehung zwischen diesen beiden Ideen* eine zwingende Kraft war, die diese beiden Menschen zueinandergeführt hat.

Das ist es, wie und warum Leute jeweils ins Leben des anderen treten.

Sie kommen mit einer scheinbar eigenen Agenda an, nur um zu entdecken, dass der magische Anziehungsfaktor, der sie zueinander führte, mit einer gemeinsamen Agenda zu tun hat. Einer Agenda, von der sie anfänglich nichts wussten, die ihnen aber durch die bemerkenswerten und synergetischen Prozesse des Lebens an sich sehr bald klar wird.

Ich behaupte, dass dies in diesem Moment in *Ihrem* Leben passiert. Die Ihnen zugeflogenen Ideen und die Leute, die zu Ihnen kamen, sind alle Bestandteil des komplex verschlungenen Musters. Das Universum vergeudet nichts, am allerwenigsten Bewegung.

Sie werden sehen, wie diese Wahrheit auf den kommenden Seiten offenbar wird, während wir nun mehr und mehr von Barbaras Geschichte erkunden.

Genießen Sie es.

12

Episode 17: Diagnose einer tödlichen Krankheit
Oktober 2005

Fast zwei Jahre vor »Eine zufällige Begegnung?« ...

Barbara wird von Carolyn Anderson, einer lieben Freundin, nach Palm Springs gefahren, wo sie von der Association for Global New Thought einen Preis für ihre Lebensleistung erhalten soll und als Dankesrede eine längere Ansprache halten wird.

Es ist ein wunderschöner Tag, und Barbara genießt die Fahrt und das gute Gespräch mit Carolyn. Die lebhafte Unterhaltung wird durch das Klingeln von Barbaras Handy unterbrochen.

»Mom, hier ist Wade.«

»Wade! Wie *geht es* dir, Lieber? Ich bin gerade auf dem Weg nach Palm Springs, um ...«

»Ich habe ein paar Neuigkeiten, Mom.«

Die Besorgnis in der Stimme ihres Sohnes ist nicht zu überhören. »Über was, Schatz?« Eine winzige Pause. »Über was?«

»Bei mir wurde gerade ein größerer Tumor diagnostiziert.«

Barbara stockt der Atem.

»Sie sagen, es sei nichts mehr zu machen, aber das glaube ich nicht.«

»Oh Wade … wo *befindet* er sich?«

»Es ist ein Gehirntumor, Mom.« Nun wird sie kreidebleich. »Sie nennen es *Glioblastom.*«

Barbara weiß es in diesem Augenblick noch nicht, aber in medizinischen Kreisen beschreibt man diesen Zustand mit drei Worten: »Tod bei Diagnose.«

Ohne Behandlung lebt der Patient im Durchschnitt noch drei Monate, mit Behandlung noch ein bis zwei Jahre. Bei Wikipedia erfährt man, dass die häufigsten Symptome unter anderem zunehmende Gedächtnisstörungen, neurologische Störungen und Persönlichkeitsveränderungen sind.

Bei Wade sollten sich bald alle drei Symptome zeigen. Doch zu diesem Zeitpunkt ist noch nichts davon eingetreten. Wade hört sich am anderen Ende der Leitung durchaus gut und sehr entschlossen an.

»Ich will, dass dieser Tumor rauskommt«, sagt er.

Barbara erwidert, dass sie ihn selbstverständlich unterstützt und alles in ihrer Macht Stehende tun wird, damit er den Kampf, der vor ihnen liegt, siegreich besteht.

Wade legt auf, und Barbara erzählt ihrer Freundin, was sie gerade gehört hat. Dann breitet sich Schweigen aus. Carolyn greift nach Barbaras Hand und hält sie, als diese leise zu weinen beginnt. Angst und Kummer schleichen sich in ihr Bewusstsein.

In wenigen Stunden wird sie über das künftige Potenzial der Menschheit sprechen und dies nun im Wissen tun müssen, dass das künftige Potenzial ihres eigenen Sohnes vielleicht extrem begrenzt ist.

Er ist nicht in unmittelbarer Gefahr. Wäre dem so gewesen, hätte sie alles abgesagt und wäre sofort zu ihm geeilt. Aber das ist nicht der Fall, und beide wissen es. Also zieht Barbara ihre Präsentation durch – obschon das, was ein Anlass zu leichtem Herzen und ungetrübter Freude sein sollte, für sie nun zu einer ungemeinen Herausforderung wird.

Eine umfassendere Wahrheit aufgreifen

Barbara geht in ihrer Rede nicht auf Wades Situation ein. Doch im Kontext der Tragödien, die sich auf so vielerlei Art und Weise im Leben so vieler Menschen ereignen, während zur gleichen Zeit so viele neue Möglichkeiten entstehen, formuliert sie den Text um.

»Gleichzeitig bestehende Realitäten nenne ich das. Sie erzeugen die schrecklichen Dichotomien, innerhalb derer so viele Menschen ihr Dasein führen«, so in ihrer Rede vor dem Publikum. »Die einzige Möglichkeit, wie wir uns eine positive Vision von der Zukunft bewahren können, besteht darin, dass wir unsere gegenwärtigen Umstände aus spiritueller Sicht wahrnehmen.«

Sie hält einen Moment inne, räuspert sich. Die Emotionen stecken ihr in der Kehle. »Viele haben es am heutigen Tag mit einer Tragödie, mit Schmerz und Leiden zu tun. Und das Leben lädt uns alle ein, tiefsten Glauben und tiefste Zuversicht in uns aufzurufen, ein inneres ›Wissen‹, dass die Krise der

Transformation vorangeht, dass Probleme evolutionäre Antriebskräfte sind und dass nichts ohne höheren Sinn geschieht.«

Ihr Publikum ist bewegt, kann aber nicht um die Emotionen wissen, die in diesem Moment Barbara innerlich aufwühlen. Wieder zu Hause, ruft sie sofort Suzanne Mendelssohn an.

»Ich fürchte, ich habe schlechte Nachrichten in einer persönlichen Angelegenheit, und ich hoffe, du kannst mir helfen.« Sie erläutert Wades Situation.

Sie hätte sich nie wegen Wade an Suzanne gewandt, hätte sie diese nicht schon vor drei Jahren *in eigener Sache* kontaktiert. Und warum überhaupt Suzanne? Nun, das wäre wiederum *nie* geschehen, hätte sie nicht viele Jahre *davor* Edgar Mitchell getroffen. Das bereitete die Bühne dafür, dass Edgar sie zu Suzanne führte und Suzanne sie ihrerseits zu dem Mann, der sie im Krankenhaus anrief ... der seinerseits vor dreißig Jahren Barbaras Leben berührt hatte!

Und warum führte Edgar Mitchell Barbara Marx Hubbard zweieinhalb Jahre, bevor diese von der Krankheit ihres Sohnes erfuhr, zu Suzanne Mendelssohn? Ah ja, wieder das fein verwobene Muster ...

Episode 16: Aus einer Krankheit wird Heilung
Januar 2003

Über zweieinhalb Jahre vor der Diagnose
einer tödlichen Krankheit ...

Dieser Teil der Geschichte beginnt mit einem Besuch Barbaras bei ihrer Schwester Pat Ellsberg, die nur eine kurze Autofahrt von Santa Barbara entfernt lebt. Während dieses Besuchs hat Barbara mehrmals heftige innere Schmerzen. Sie legen sich wieder ein bisschen, aber nicht ganz.

Als sie wieder zu Hause ist, nehmen die Beschwerden zu, und Barbara sucht besorgt ihre Ärztin auf.

»Ich vermute, dass es etwas Ernstes ist«, sagt diese nach der Untersuchung.

»Wie ernst?«

»Ernst genug, um Sie sofort ins Krankenhaus einzuweisen.«

Die Ärztin bittet eine Arzthelferin, das Cottage Hospital anzurufen und Barbaras sofortige Aufnahme zu veranlassen. Barbara macht große Augen. »Was ist los? Was stimmt bei mir nicht?«

»Ich glaube, Sie haben einen Blinddarmdurchbruch.«

»Was?!«

»Ich denke, Sie müssen sofort operiert werden. Nicht in ein paar Tagen oder Stunden. *Sofort*.«

Und so geschieht es auch.

Die Operation ist erfolgreich – aber es wird ein anderes Problem entdeckt.

»Was ist denn jetzt?«, fragt Barbara ein bisschen entnervt ihre Ärztin.

»Die Anzahl Ihrer weißen Blutkörperchen ist abnorm hoch. Wir müssen ein paar Tests durchführen.«

Als die Ergebnisse vorliegen, sieht die Ärztin noch besorgter aus, als sie es tat, als Barbara mit ihrem Blinddarmdurchbruch zu ihr kam.

»Barbara, ich sage es Ihnen unumwunden. Sie haben chronische lymphatische Leukämie.«

»Ist das … ist das eine Form von Krebs?«

»Ja. Es ist nicht lebensbedrohlich, aber es nicht gut.«

Der Weg zur Selbstheilung

Barbara ist geschockt: *Das ist nicht meine Krankheit! Warum sollte ich das haben? Was ist hier los?* Sie lässt sich Zeit, um sich von ihrer Blinddarmoperation völlig zu erholen und reist anschließend nach Hawaii. Sie hat von einer Frau gehört – einer Person, die möglicherweise helfen kann, die Dinge einzuordnen und vielleicht sogar zu wenden.

Shivani Goodman verbrachte sechs Jahre bei dem großen indischen Meister Babaji und hat, nachdem bei ihr Brustkrebs diagnostiziert worden war, dessen Auswirkungen jahrelang von sich ferngehalten. Barbara hat gehört, wie sie es gemacht hat: »Durch die tiefe innere Arbeit der Wiederbelebung der liebevollen und dynamischen Natur des Selbst und dessen Fähigkeit, dem Unterbewusstsein Bilder von Gesundheit und Wohlbefinden einzuprägen.«

(Shivani starb letztlich an der Krankheit, hatte aber insofern einen Sieg über sie davongetragen, als sie gemessen an der gängigen ärztlichen Prognose weitaus länger ein gesundes und vitales Leben führte, als die meisten Leute sich je erträumt hätten.)

Als die beiden sich zum ersten Mal treffen, fühlen sie sich sofort wohl miteinander. Es ist, als würden sie sich bereits kennen. Shivani ermuntert Barbara, »mit den ›Kodes‹ oder giftigen Einstellungen zu arbeiten, die du vielleicht noch mit dir schleppst und die diese Krankheit ausgelöst haben könnten«.

Barbara weiß genau, worum es hier geht. Regelmäßig wird sie von Gedanken wie *Ich bin eine Versagerin* heimgesucht und ebenso von den Worten, die sie von ihrem Vater zu hören bekommen hatte: »Du bist eine verrückte Närrin. Das wird nie funktionieren.«

Sie erzählt Shivani, dass sie auch das Gefühl hat, ihre Aufgabe nie zu Ende zu bringen.

»Lass uns tiefer gehen und die Glaubensvorstellungen finden, die diese giftigen Gedanken verursachen«, schlägt die Heilerin vor. »Dann können wir – Gedanke um Gedanke – beginnen, dein Unterbewusstsein mit ausgewählten Gedanken, die deiner Weiterentwicklung förderlich sind, neu zu kodieren.«

Schließlich werden neue Gedanken ausgewählt, wie zum Beispiel: *Ich bin vollkommen dankbar für die Art und Weise, in der sich der Prozess entfaltet* und *Weiter habe ich nichts tun.* Barbara fühlt, wie ihr mit jedem neuen Kode leichter ums Herz wird. »Diese anderen Gedanken fühlten sich wie unsichtbare Stricke an, die mich an meine Vergangenheit ketteten«, berichtet sie.

»Genau das sind sie auch. Das ist eine sehr gute Beschreibung«, erwidert Shivani.

Barbara hat das Empfinden, ihren Körper Zelle um Zelle, Gedanken um Gedanken, wieder neu aufzubauen. Die Erfahrung fasziniert sie, und sie fragt sich: *Bedeutet bewusste Selbst-Evolution, dass wir uns selbst tatsächlich über bewusste vorsätzliche Gedanken evolutionär weiterentwickeln?*

Wie es für sie typisch ist, beginnen nun ihre Gedanken zu rasen.

Erschaffen wir uns selbst über unser Wort? Wenn wir einem sich selbst erschaffenden Universum angehören, kommt dann ein Zeitpunkt in unserer Evolution, an dem wir dahin gelangen, uns selbsttätig zu erschaffen? Gehen wir, zum Zeitpunkt unserer planetarischen Geburt, von einem animalisch-menschlichem Lebenszyklus zu einem universellen Lebenszyklus über?

Bin ich wirklich einer der vielen »Mutanten« der neuen Menschheitsspezies? Oder ist dies einfach nur der ganz natürliche Wachstumsprozess einer sehr jungen menschlichen Spezies? Oder könnte beides der Fall sein?

»Was geht in dir vor?«, fragt Shivani. »Was fühlst du?«

»Nun«, erwidert Barbara, »ich fühle mich wie eine imaginäre Zelle, die sich im Körper einer Raupe befand und jetzt im Körper eines Schmetterlings lebt.«

»Wunderbar! Das ist perfekt.«

Einige Tage später geleitet Shivani Barbara durch eine Rückführung in ein vergangenes Leben. Barbara, die die Augen geschlossen hat und völlig entspannt ist, scheint sehr weit weg zu sein.

»Wo bist du?«, fragt Shivani mit ruhiger Stimme. »Was siehst du? Was geschieht?«

»Ich befinde mich in den elysischen Gefilden der griechischen Mythologie. Ich bin dasselbe Universelle Wesen – ein Lichtkörper in Menschengestalt –, das mir in Montecito als mein höheres Selbst erschien, als mein künftiges Selbst. Aber nun ist sie … bin ich … in der Vergangenheit. Das bedeutet, dass wir *ewiger* Natur sind.«

Mehr sagt Barbara im Augenblick nicht, aber Shivani kann sehen, wie sich ihre Augen hinter den geschlossenen Lidern bewegen, etwa so wie bei der REM-Phase im Tiefschlaf.

Barbara beginnt nun wieder zu sprechen, langsam und fast flüsternd.

»Ich befinde mich am Außenrand der Gefilde. Hier halten sich die alten Meister auf. Ich kann schemenhafte Umrisse sehen. Da sind Frauen in fließenden Gewändern und Männer mit langen Bärten … sie sehen wie Platon und Sokrates aus. Ich bin Teil einer Gruppe – dieser Gruppe. Warte, etwas geschieht …

Oh, du meine Güte … wir erklären uns alle bereit, gemeinsam auf die Erde zu kommen, um die Geburt einer universellen Menschheit zu befördern. Unsere Aufgabe – okay, warte … ja, wir sind uns einig, wir begreifen, dass unsere erste Aufgabe darin besteht, einander zu finden.«

»Wie?«, fragt Shivani mit sanfter Stimme. »Wie werdet ihr das machen?«

»Über Anziehung und Resonanz. Jeder und jede von uns verfügt über einen Teil des Plans. Niemand von uns kann seinen oder ihren Part erfüllen, ohne eine ausreichende Anzahl der anderen zu finden.«

Barbara atmet tief und friedlich, ihr Gesicht wird so glatt wie das eines Babys. Es folgen keine weiteren Worte. Shivani lässt sie eine Weile an ihrem ruhigen friedlichen Ort und holt sie dann langsam zurück.

An diesem Abend schreibt Barbara in ihr Tagebuch:

»Es ist jetzt meine Aufgabe, darauf zu achten, zu wem ich mich zutiefst hingezogen fühle und wer sich zu mir hingezogen fühlt. Ich soll bei diesen Leuten sein, auf tiefer Ebene, aber ohne weitere Agenda, außer der, ihnen folgende Fragen zu stellen: *Kannst du dich daran erinnern, dich für diese Aufgabe gemeldet zu haben? Was weißt du über den Plan? Was ist dein Part dabei? Was brauchst du, um ihn zu erfüllen?*«

In den folgenden Jahren sollte Barbara diese Fragen vielen Leuten stellen – vor allem jenen, mit denen sie oft zusammenarbeitete. Es war eine sehr schnelle und wirksame Methode herauszufinden, wer in diesem Stadium ihres Lebens zu ihren Mitarbeitern zählte.

Nun könnten Sie sagen: *Das ist ja alles sehr interessant, aber was hat das damit zu tun, dass Edgar Mitchell Barbara Marx Hubbard zu einer Frau namens Suzanne Mendelssohn führte? Und warum kam ihr der Gedanke, diese Frau Mendelssohn jetzt anzurufen?*

Warten Sie es ab. Das Rätsel löst sich.

13

Nach ihrer Rückkehr aus Hawaii berichtet Barbara einer Freundin von ihrer Zeit bei Shivani Goodman. »Ich fühlte mich so leicht. Sie geleitete mich durch eine Übung, bei der ich mich rückwärts durch jedes Jahr meines Lebens bewegte und jede Wunde vergab, die man mir oder die ich jemandem zugefügt hatte; und ich entgiftete jeden negativen Gedanken, an den ich mich erinnern konnte, bis zurück zu meiner Geburt und sogar davor. Da fand ich mich dann in den elysischen Gefilden wieder …«

Barbara schildert diese Erfahrung und setzt dann hinzu: »Das Großartige an dieser Arbeit war meine Erkenntnis, dass wir alle die negativen Gedanken, die wir hegen, entgiften und an ihrer Stelle positive Gedanken ins Gedankenfeld unseres Seins einfügen können. Hier geschieht ein *Wiederaufbau des Selbst* von der Gedankenebene aufwärts. Es bringt dich in einen Zustand wirklichen Friedens, echter Glückseligkeit.«

Nach dieser Erfahrung richtete Barbara eine Frage an das Universum: »Wie kann ich dieses Gefühl und diesen Heilungsprozess anderen beschreiben?« Sie suchte nach einer Möglichkeit, das, was ihr widerfuhr, in Worte zu fassen.

»Und …?«, fragte ihre Freundin.

»Mir kam ein Wort. Mir wurde ein Wort gegeben, das mir die Dinge sehr klarmachte. Es hat für jede Frau auf diesem Planeten eine tiefe und umfassende Bedeutung, und ich glaube nicht, dass ich das alles in ein anderes einzelnes Wort packen könnte.«

»Welches Wort?« Die Freundin ist begierig es zu erfahren.

Barbara lächelt. »*Regenopause!*«

»*Regen*... bitte was?«

»Regenopause.«

»Das Wort gibt es?«

»Jetzt schon.« Barbaras Augen funkeln.

»Aber du hast gesagt, darin läge eine Menge Bedeutung. Was bedeutet es?

»Nach der *Menopause* haben wir Frauen keine Eizellen mehr. Wir *sind* die Eizelle! Wir gebären unser eigenes weibliches Selbst. Wenn wir unsere spirituell motivierte Berufung entdecken und *bejahen*, tritt eine Pause im Alterungsprozess ein, und wir beginnen uns buchstäblich zu *regenerieren*. Wir altern nicht so wie davor und werden von neuer Energie und Lebenskraft durchströmt.«

Der Gesichtsausdruck ihrer Freundin lässt ein »Aha – hab's kapiert!« erkennen und Barbara fährt fort.

»Ich habe mich in meinem Leben nie besser gefühlt. Wenn ich je Zweifel daran hatte, achtzig und noch älter zu werden, dann sind alle diese Zweifel weggewischt, egal, wie der sogenannte medizinische Befund lautet. Tatsächlich könnten die kommenden Jahre meine produktivsten sein.«

Barbara erklärt, dass eine Frau in der *Regenopause* ein Element der Emergenz des neuen weiblichen Geschlechts der

Spezies ist. Und es gibt ein entsprechendes Element für Männer, setzt sie hinzu. Es ist der *Midlife-Krösus*, nicht die *Midlife-Crisis*.

»Weißt du, die Männer können ihre eigene Art ›Menopause‹ durchmachen«, erläutert sie. »Aber auch ein Mann kann sich regenerieren, wenn ihm in der zweiten Hälfte seines Lebens klar wird, dass er nicht unbedingt ein Mann in der Krise sein muss, der seine machtvollsten Tage schon hinter sich hat, sondern dass er ein reicher Mann im höchsten Sinne des Wortes sein kann: reich an künftigen Leistungen, zu erkletternden Bergen, zu tötenden Drachen und einem Planeten, den es zu retten gilt. Dazu muss er nur den Reichtum seines eigenen essentiellen Selbsts anzapfen, seiner angesammelten Weisheit und seiner Fähigkeit, sich selbst und seine Welt zu erneuern.«

Stirnrunzeln

Barbara sagt, dass sie tatsächlich dankbar ist für ihren Blinddarmdurchbruch, ihre Leukämiediagnose und all die Krankheiten, »die mir signalisierten, dass ich mich in die Regenopause begeben soll«.

Ihre Freundin unterbricht sie. »Moment mal. Du *begibst dich in* diese Regenopause? Es ist ein Willensakt?«

Barbara nickt. »Dies geschieht im Verlauf der dritten Genesis oder des dritten Kapitels in der Rätselgeschichte der Menschheit. Das ist dann, wenn wir Menschen merken, dass wir am Schöpfungsprozess teilhaben, und dass wir innerhalb des Schöpfungsprozesses tatsächlich zur Antwort befähigt werden, dass wir die Fähigkeit zur Ver-*antwort*-ung haben.

Wenn ich innerlich ganz still bin, kann ich spüren, wie sich in meinem Solarplexus ganz von selbst etwas entfaltet, entrollt, so als wäre es darin verschlüsselt enthalten. In der Stille höre ich die Botschaft: *Als ein früher Mutant der neuen Spezies erschaffe ich einen Raum für all jene, die das Gefühl haben, von innen heraus zu mutieren, um zusammen zu sein, mit mir und anderen in Resonanz zu sein.*«

Barbara sieht, wie ihre Worte Stirnrunzeln hervorrufen. Sie hat das schon häufiger erlebt und gelernt, rasch eine Erklärung hinterherzuschicken.

»Was meine ich mit *mutieren*? Damit meine ich ein *Überwechseln im Bewusstsein* von der Illusion der Trennung zur Erfahrung der Verbundenheit miteinander, mit der Natur und mit dem GEIST. Ich meine damit, durch einen neuen Impuls von innen heraus motiviert zu sein, für das Selbst und für die Welt einer einzigartigen Kreativität Ausdruck zu geben.

Mein ganzes Leben lang habe ich mich nach einem solchen Raum, einer solchen Sphäre im Bewusstsein gesehnt, wo ich mich normal fühlen kann. Die Welt, so wie sie ist, fühlte sich und fühlt sich auch jetzt nicht normal an. Einander zu töten und die Umwelt zu zerstören, das empfinden wir nicht als etwas Natürliches. Jetzt haben andere Menschen und ich gemeinsam einen solchen Raum geschaffen, einen Pool der Selbst-Evolution und der gesellschaftlichen Evolution. Er bietet ein Tor, das du durchschreiten kannst, um deinen Übergang in diesem Leben zu bewerkstelligen – von deiner ortsgebundenen, selbstzentrierten, ichbezogenen Phase zu deiner auf das essentielle Selbst zentrierte, universellen Phase.

Es ist ein Zugang, um ein Mitglied und Erbauer der neuen Welt zu werden. Es ist der Raum der neuen Welt. Diese Mutation, diese Umwandlung hat sich über Hunderte von Jahren in kleinen Gruppen vollzogen – unter der Führung von spirituellen Lehrern. Bestimmte Individuen, weit fortgeschrittene Wesen, haben es ganz allein bewerkstelligt.

Dieser Einfluss hat nun schließlich die kritische Masse erreicht. Es passiert nun zahllosen Angehörigen unserer Spezies jeglicher Glaubensrichtung und Disziplin, und es tritt nicht als eine neue Religion in Erscheinung, sondern in Form eines neuen Menschen, eines neuen Bewusstseins, einer neuen Sehnsucht nach der nächsten Phase des Lebens.«

»Dieses Tor, dieser Zugang«, fasst Barbaras Freundin zusammen, »beinhaltet also im Wesentlichen einen Wandel der Sichtweise, weg vom Getrenntsein hin zum Einssein.«

»Richtig, aber es ist mehr als das. Erinnere dich, dass ich sagte, dass es eine spirituell motivierte Berufung beinhaltet und einen neuen Impuls, für das Selbst und für die Welt einer einzigartigen Kreativität Ausdruck zu geben.«

»Du sagst damit, dass wir etwas finden müssen, was wir in der zweiten Hälfte unseres Lebens tun können.«

»Ja, aber nicht einfach irgendetwas. Nicht Briefmarken oder Antiquitäten sammeln. Daran ist nichts falsch, aber das ist es nicht, was ich meine. Ich beschreibe etwas Größeres: ein Mitglied und Erbauer der neuen Welt zu werden.

Ich sehe imaginäre Zellen einer Raupe zu Mitgliedern des gesellschaftlichen Schmetterlings werden. Wir brauchen nun

Behältnisse, in denen wir zusammenkommen und durch Interaktion in uns gegenseitig die neue Kodierung auslösen. Das ist die Aufgabe, von der ich spreche. Ich rede davon, dass wir alle helfen, *das Behältnis, das Gefäß zu erschaffen.*«

»Was bedeutet das?«, fragt die Freundin. »Das verstehe ich nicht.«

»Es bedeutet, dass wir alle jeweils in unserem eigenen Leben den Raum für unsere vollständigste Entwicklung erschaffen; und dass wir alle unser eigenes Leben *nutzen*, um dabei zu helfen, einen solchen Raum für andere herzustellen. Wir hören auf unsere innere Stimme – wir schwingen uns ein auf unsere innere Leidenschaft zu erschaffen, auf unsere Berufung, auf unser Lebensziel. Wir sagen *Ja* zu dem, was in uns ist. Dieses *Ja* löst die Regenopause aus. Wir ermöglichen es anderen rings um uns herum, ihr eigenes vollständigstes Potenzial körperlich, geistig und spirituell zu erkennen und sich wohl damit zu fühlen. Wir stellen den Raum her, damit dies auf individueller und kollektiver Ebene passieren kann.

Das Tor zur Bewussten Evolution ist ein solches Gefäß.«

Der weniger begangene Pfad

Während für so manche die Diagnose einer chronischen lymphatischen Leukämie deprimierend wäre, findet Barbara sie tatsächlich belebend. Sie kehrt nicht nur zutiefst geheilt, sondern auch höchst motiviert aus Hawaii zurück. Sie ist entschlossen, ihre »Regenopause«-Erfahrung zu stärken und zu steigern. Sie möchte geheilt bleiben, gesund bleiben, ihr Lebensziel erfüllen und sich für die kommenden Jahre *regenerie-ren*. Mit dreiundsiebzig hat sie nicht die Absicht, die Dinge langsamer anzugehen, geschweige denn sich zu verabschieden.

Sie ruft einen langjährigen Bekannten an – Edgar Mitchell. Sie hatte den ehemaligen Astronauten in den 1970er Jahren getroffen, als sie mit dem Raumfahrtprogramm der USA zu tun hatte. Später nahm er an einigen Konferenzen und Programmen teil, die sie auf die Beine gestellt hatte. Sie waren zwar keine engen Freunde, aber sie verstanden sich sehr gut und erfreuten sich gegenseitig an ihrer Denkart.

Sie erinnerte sich nun daran, dass bei Edgar vor einigen Jahren Leberkrebs diagnostiziert worden war und er Heiler konsultiert hatte. Edgar hatte oft erzählt, dass die Arbeit dieser Heiler, über mehrere Monate und über eine große Entfernung hinweg, tatsächlich zu einer Veränderung der Prognose geführt und alle Anzeichen von Krebs aus seinem Körper eliminiert hatte.

»Hallo, Ed, hier ist Barbara Marx Hubbard.«

»Ja, hallo, Barbara. Ist schon ein Weile her. Wie geht es dir?«

»Mir geht es gut – tatsächlich habe ich mich nie besser gefühlt. Und darum rufe ich dich an …«

Sie berichtet Edgar von ihrem medizinischen Befund – von ihrer wunderbaren Erfahrung auf Hawaii und dass sie sich plötzlichen der Regenopause gewahr geworden sei. Dann …

»Ich habe von deiner Erfahrung mit Fernheilung gehört und frage mich, ob du jemanden kennst, den du mir empfehlen kannst, so dass mein Heilungsprozess weiter gut verläuft. Ich habe nicht das geringste Gefühl, in einem lebensbedrohlichen Zustand zu sein; vielmehr habe ich das Gefühl, jetzt in der Regenopause zu sein. Aber ich möchte sichergehen, dass ich die Konzentration bewahre und den Heilungsprozess weiter unterstütze. Wenn du jemanden kennst, mit dem ich arbeiten könnte …«

»Ich kenne jemanden«, erwidert der ehemalige Astronaut. »Sie ist immer sehr beschäftigt, und ich weiß nicht, ob sie die Zeit hat, mit jemand Neuem zu arbeiten, aber das kann ich herausfinden und dich dann wieder anrufen.«

»Das wäre wunderbar, Ed, ich wäre dir sehr dankbar. Wie heißt sie?«

»Suzanne Mendelssohn.«

14

Und so wirkt das komplex und fein verschlungene Muster wieder einmal. Als Ergebnis von Barbaras zufälliger Bekanntschaft mit einem ehemaligen Astronauten kommt eine weitere Verbindung zustande; eine weitere Spielerin wird auf die Bühne geholt.

Barbara erfährt, dass Suzanne Mendelssohn nicht nur Heilerin, sondern auch intuitive Wissenschaftlerin ist, die die Existenz Gottes auf der Ebene der Quantenphysik beweisen möchte. Des Weiteren ist sie daran interessiert, die Menschen in einen für alle Seiten positiven Kontakt mit Außerirdischen zu bringen.

Obwohl Barbara selbst keinen Kontakt mit Außerirdischen hatte, schien es ihr immer, dass es auch anderswo im Universum intelligentes Leben geben müsse. Sie hatte das Gefühl, die Erfahrung der planetarischen Geburt würde hier die Wahrheit offenbaren, wie immer sie aussieht. Wir werden »erwachsen werden müssen, um es herauszufinden«, sagte sie immer. Sie ist von Suzanne beeindruckt und fasziniert. Diese hatte ihrerseits Edgar Mitchell mitgeteilt, dass sie sich freuen würde, mit Barbara zu arbeiten.

Zwischen den beiden entwickelt sich eine Telefonfreundschaft, die sie über die Jahre hinweg fortsetzen, obwohl sie sich, wie schon gesagt, nie persönlich trafen.

Und so kam es, dass Suzanne im April 2009 von ihrem Zuhause auf Shelter Island im Staat New York bei Barbara in Boulder anrief und ihr jene Eine-Million-Dollar-Frage stellte.

Und so kam es weiterhin, dass Barbara – die damit beschäftigt war, in Darrell Lahams Tonstudio *The Cosmic Family Reunion* für eine Hörbuchproduktion vorzulesen, nicht einmal vierundzwanzig Stunden später Suzannes Anruf beiläufig erwähnte.

Und so kommt es, wie nun rückschauend zu sehen ist, dass die »Spieler« auf dieser »Bühne« erkennen, dass diese unwahrscheinliche Abfolge von Ereignissen ganz klar »sein sollte«. Denn wenn irgendjemand über das technische Wissen und die Fähigkeit verfügte, den Peace Room aufzubauen, dann war dieser Jemand Darrell Laham. Alles, was er dazu brauchte, waren, nun ja, sagen wir … eine Million Dollar.

Doch bei niemandem enthüllten sich diese Möglichkeiten oder Wechselbeziehungen in der Realität des »Hier-und-Jetzt«, bevor Barbara diese »zufälligen« Gespräche mit Suzanne und Darrell geführt hatte, ganz zu schweigen von dem Mann, der Barbara anrief, während sie in diesem Krankenhaus in Los Angeles lag und sich fragte, was sie da machte.

Wie wir jetzt erkennen, befand sie sich dort (hatte sie einen Weg gefunden, um die ständigen Bewegungen und Aktivitäten in ihrem Leben zu einem Halt zu bringen), um zu denken, denken, *denken*. Nachzusinnen. Abzuwägen und zu beurteilen. Um zu entscheiden, wo *ihr* Platz im Gesamtplan der Dinge war, um in ihrem Bewusstsein ihre Rolle als Erzählerin der Geschichte abzuklären, die, dessen war sie sich sicher, die anstehende Geburt der Menschheit zum Inhalt hatte. Und um sich philosophisch, psychisch und metaphysisch auf den Anruf von einem Mann vorzubereiten, der vor dreißig Jahren ihren Weg gekreuzt hatte und nun eine Million Dollar zur Verfügung stellen würde, so dass die Rolle, die sie sich spielen sah, tatsächlich *ausagiert* werden konnte.

Und so funktioniert eine »Detektivgeschichte«. Die Puzzleteilchen fallen direkt vor unseren Augen an ihren Platz, aber niemand *weiß*, dass sie fallen, bevor sie nicht alle *zusammenkommen*.

Die Puzzleteilchen zusammenfügen

Kehren wir nun für eine kurzen Moment »in die Zukunft zurück«, zu jenem Tag im November 2009 – nur zwei Monate, bevor wir damit begannen, an dieser Biografie zu arbeiten –, als Barbara sich in Los Angeles im Krankenhaus befand.

Rückkehr zu Episode 23:
Der Anruf, der Tag Eins in Gang setzt
16. November 2009

Ein Kreis schließt sich nach dreißig Jahren…

Der Mann am Telefon ist Michael Tanner, und er nimmt genau zur richtigen Zeit mit Barbara Kontakt auf – zu einer Zeit, da sie genau und zutiefst fühlen kann, was passiert und warum; zu einer Zeit, da sie empfänglich ist für Michaels eigene Ideen und Vorstellungen im Zusammenhang mit etwas, das er »Tag Eins« nennt; und nicht zuletzt zu einer Zeit, da sie für den Auftritt in einer Szene bereit ist, die den Höhepunkt eines lebenslang währenden Stückes bildet, und in der sie mit der ganzen Welt teilen würde, was sie bereits vor einem halben Jahrhundert vorhergesehen hatte.

Michael Tanner führt an diesem Tag nur ein kurzes Gespräch mit ihr. Er weiß, dass sie im Krankenhaus liegt, und meldet sich nur, um ihr eine rasche Genesung zu wünschen und vorzuschlagen, dass er sie in ein paar Tagen, wenn sie wieder zu Hause sei, wieder anrufen würde.

Immerhin ist er lange genug am Telefon, dass Barbara begreifen kann, dass das hier »real« ist. Dieser verrückte, wider alle Wahrscheinlichkeiten stattfindende Zusammenfluss von Begebenheiten ereignet sich tatsächlich. Denn bei diesem Telefonat wird Barbara daran erinnert, dass dieser Mann, der eine Million Dollar locker machen kann, *ihren Weg schon einmal gekreuzt* hat. Sie sind sich *vor dreißig Jahren* begegnet, als er mitgeholfen hatte, das World Symposium on Humanity von 1979 auf die Beine zu stellen, bei dem sie die Hauptrednerin war.

Was für ein Zufall, was für ein »Sich Schließen des Kreises« ist *das* denn?!

Natürlich wissen wir, dass es so etwas wie den bloßen »Zufall« nicht gibt, und das Leben zeigt uns immer und immer wieder, dass jeder Kreis – *jeder* – letztlich geschlossen wird.

(Tatsächlich stellte sich heraus, dass sich, Jahre bevor dieses Buch geschrieben wurde, auch *die Wege von Michael Tanner und mir gekreuzt* haben, anlässlich eines Ereignisses in Phoenix, Arizona, bei dem ich eine Rede hielt!)

Wer also ist dieser Mann?

Michael Tanner ist Entwickler und Vermarkter im Technologiebereich mit über vierzig Jahren Erfahrung, angefangen bei jungen innovativen Unternehmen für Audio- und Videoanlagen für den professionellen und allgemeinen Bedarf über Video-on-Demand-Technik und Heimkinoanlagen bis hin zur digitalen Bildverarbeitung.

Er ist auch Begründer und Vorstandsvorsitzender einer Firma für Entwicklung und Lizenzen im technologischen Bereich, die sich auf die Arbeit herausragender Erfinder von fortgeschrittenen Technologien auf den Gebieten Energie, Kommunikation und Materialien spezialisiert. Die Projekte, mit denen sich die Firma befasst, fallen unter das Etikett »Fortgeschrittene Wissenschaft für die praktische Anwendung« und beinhalten Technologien im Bereich von Wasserstoffsystemen, Biogasverfahren und »Morphing« sowie innovative bildgebende Verfahren in der medizinischen Diagnostik.

Des Weiteren spielte er eine Schlüsselrolle bei den bahnbrechenden Bemühungen um fortgeschrittene umweltfreundliche Energiesysteme.

Und jetzt hat er Barbara Marx Hubbard angerufen – und das nicht nur, um einfach eine alte Bekanntschaft aufzufrischen.

Aber auch hier wieder ... verstricken wir uns nicht allzu sehr in dem Versuch, Namen und Ereignissen auf der Spur zu bleiben. Denken Sie daran: Darum geht es nicht. Ich habe Ihnen ohnehin schon erzählt, wie diese Geschichte ausgeht; wie Barbara und Michael mit vielen Leuten, darunter Darrell Laham und anderen, zusammenarbeiteten, um das globale Tag-Eins-Event am 22. Dezember 2012 auf die Beine zu stellen und die *Synergy Engine* in Gang zu setzen.

Nun ist es an der Zeit, Ihnen *den Rest der Geschichte* zu erzählen ...

Überlegungen und Erkundungen

Sind Leben vorherbestimmt?

Wenn wir über die eben beschriebenen Zeiten nachdenken und uns Barbaras Erfahrungen genauer anschauen, um zu sehen, wie wir alle davon profitieren können, dann werden wir daran erinnert, dass …

… es auch in unserem Leben ein komplex verschlungenes Muster gibt.

Kann das stimmen? Gibt es so etwas wie »magnetische Anziehungskräfte«? *Sind* uns Menschen und Ideen als Bestandteil eines komplex verschlungenen Musters zugekommen? Zumindest einige davon?

Meiner Ansicht nach ist die Antwort *Ja*.

Heißt das, unser Leben ist vorherbestimmt?

Nein. Mir ist klar, dass wir die freie Wahl haben. Wir können auf unserem Weg jede Entscheidung treffen, die wir treffen wollen. Doch das fein verwobene Muster ist so komplex und ausgeklügelt, dass es auf jede Entscheidung, die wir treffen, eingestellt ist.

Wir alle treffen zum Beispiel im Laufe unseres Lebens Tausende von Menschen und kreuzen den Weg von Millionen. Auch haben wir im Verlauf unseres eigenen Daseins unzählige Milliarden an Ideen und Gedanken. Das Leben, so scheint es, »legt uns so an«, dass wir auf der Grundlage unserer in jedem Moment getroffenen Entscheidungen aus einer unermesslichen Anzahl von Möglichkeiten jedwedes Ergebnis hervorbringen können. Eine Tatsache, die uns gewöhnlich verborgen bleibt …

Aber nicht immer.

Alex und Donna Voutsinas leben in Florida. Sie begegneten sich bei der Arbeit, verliebten sich, heirateten und bekamen in der Zeit von 2002, dem Jahr ihrer Hochzeit, bis 2010, als dieses Buch geschrieben wurde, drei kleine Jungs. Die beiden berichten, wie sie sich einige Tage vor ihrer Hochzeit zusammensetzten, um sich ein paar alte Familienfotos anzusehen.

Donna kramte ein altes Polaroidfoto von 1980 hervor, auf dem sie mit ihrer Familie bei einem Besuch in Disney World zu sehen ist. Sie war damals fünf Jahre alt.

Etwas erregte Alex' Aufmerksamkeit. Er besah sich das Foto genauer, und seine Augen weiteten sich. Da im Hintergrund der Aufnahme von dem fünfjährigen Mädchen, das einmal seine Frau werden sollte, war sein eigener *Vater* zu sehen.

Doch es kommt noch besser.

Sein Vater hat einen kleinen Jungen an der Hand, und das ist – Sie erraten es – *Alex*.

Das Paar traute seinen Augen nicht, eilte zum Haus von Alex' Mutter und bat sie, ihre alte Fotos hervorzuholen. Sie durchsuchten den Haufen und stießen auf ein paar Schnappschüsse, die vor zweiundzwanzig Jahren in Disney World aufgenommen wurden. Und siehe da, darauf sind Alex und sein Vater zu sehen; beide sind genau so angezogen wie auf dem alten Foto von Donna und ihrer Familie.

Ehemann und Ehefrau waren vor über zwanzig Jahren, als sie noch Kleinkinder waren, zur selben Zeit, *nur wenige Schritte von einander entfernt* am selben Ort gewesen.

Und was noch bemerkenswerter ist: Als das Foto gemacht wurde, lebten Alex und Donna in verschiedenen Ländern, Alex in Kanada und Donna in den USA.

Sie erzählten die Anekdote immer wieder Verwandten und Freunden, und alle wunderten sich über die unglaubliche Geschichte. Dann schlug ein Freund vor, das Originalfoto nur so zum Spaß auf Facebook zu posten. Bald schickten andere Freunde es an andere Freunde weiter – und unversehens hatten drei Millionen Leute das Foto angeklickt, und das Paar wurde weltberühmt.

Nun gibt es ein paar Skeptiker, die sagen, dass Alex und Donna die ganze Geschichte vielleicht nur erfunden haben. Sie wissen schon, um berühmt zu werden und vielleicht eine Reise nach Disney World geschenkt zu bekommen. Ich glaube das nicht (es wäre sehr schwer, ein originales Polaroidfoto zu fälschen). Aber wissen Sie was? Mir ist das egal. Denn ich weiß, dass es Abertausende von Geschichten gibt wie diese, die verifiziert wurden. Und diese glücklichen und unerwarteten Entdeckungen, diese Wunder, diese unerklärten und unerklärlichen Begebenheiten – wie die, dass Wade nach seinem Tod Barbara besuchte – erinnern mich an eines meiner Lieblingszitate aus Shakespeares *Hamlet*:

Es gibt mehr Dinge zwischen Himmel und Erde, Horatio
Als sich unsere Schulweisheit träumen lässt.

Diese Wahrheit werden wir auf den kommenden Seiten eingehend erkunden, indem wir mehr und mehr von Barbaras Geschichte erzählen.

Genießen Sie es.

15

Was für eine »Himmelsmagie« oder welches komplex verschlungene planvolle Muster bringt einen Menschen wegen einer größeren Sache (ein Blinddarmdurchbruch ist kein Spaß) ins Krankenhaus und schickt ihn dann mit einem anderen schwerwiegenden Befund (chronische lymphatische Leukämie) nach Hause? So dass die betreffende Person sich veranlasst sieht, einen alten Bekannten anzurufen, der sie dann zu einer Geistheilerin führt, die Jahre später die Tür zu einem Mann öffnet (dem die Patientin selbst drei Jahrzehnte zuvor begegnet war), der Zugang zu einer Million Dollar hat und der mit ihr nun wieder Verbindung aufnimmt, während sie sich wieder einmal in einer Klinik befindet?

Und was bereitet eine Person eigentlich für die Art von Ereignissen und Begebenheiten vor, die sie in die Lage versetzen, gemeinsam mit anderen so etwas wie das Tag-Eins-Event im Dezember 2012 zu erschaffen?

Wo findet man die Vorlage für Ideen wie das Begrüßungskomitee, den Peace Room oder die planetarische Geburt der Menschheit in die Gemeinschaft von erleuchteten Wesen?

Wie bringt man die wagemutigen Konstruktionen und Behauptungen von *The Cosmic Family Reunion* hervor?

Von woher kommt das Gewahrsein – das Bewusstsein – von einem solchen Größeren Plan?

Barbara Marx Hubbard war schon immer eine erstaunlich vitale, dynamische, weitreichende, phantasievolle, kreative und erkenntnisreiche Denkerin – eine, die immer über den Tellerrand hinausschaut. Sie besitzt eine besondere Begabung dafür, Situationen scharf zu analysieren. Doch auch das erklärt nicht zur Gänze den weiten geistigen Horizont, die Schwungkraft und die Großartigkeit ihrer Vision. Hier muss noch etwas anderes mitspielen. Sie muss sich aus noch etwas anderem speisen. Und dieses etwas ist …

Der Morgen der dritten spirituellen Begegnung

In Kapitel 2 und 3 dieses Buches finden Sie den Anfang eines Dialogs, den Barbara am 23. August 2002 mit einer inneren Quelle der Weisheit und Klarheit geführt hat. Diese Quelle hat sie letztlich als ihr eigenes Künftiges Höheres Selbst identifiziert – oder wenn Sie so wollen, als Teil der Göttlichkeit, die ihr (und uns allen) innewohnt.

Ich versprach, im Verlauf dieses Buches immer mal wieder auf diesen Dialog (der sich nunmehr seit acht Jahren fortsetzt) zurückzukommen. Und das möchte ich in diesem Kapitel tun, weil jetzt ein wichtiger Punkt über die Weisheit und Klarheit an sich angesprochen wird und die Rede auf die Art von »Himmelsmagie« kommen soll, die hier in der Tat in Barbaras Leben – und in unser aller Leben – eine Rolle spielt.

Meiner Ansicht nach ist es ganz wichtig zu verstehen, dass man nicht unbedingt einen konkreten Dialog mit einer inneren Stimme oder inneren Quelle führen muss, um vom Leben selbst angeleitet, informiert, inspiriert zu werden und von ihm Hilfe zu bekommen. Tatsächlich glaube ich, dass das Leben uns ständig Führung, Information, Inspiration und Hilfe zukommen lässt.

In meinen Augen demonstriert Barbaras Leben dies sehr deutlich – und meiner Ansicht nach gälte dies für jedes Leben, wenn man es sorgfältig untersuchte. Das ist der Punkt, auf den es mir hier ankommt. Das ist das komplex verschlungene Muster, von dem ich sprach: das planvolle Muster, das das herstellt, was viele als *Synchronizität* oder *Koinzidenz* bezeichnen.

Des Weiteren glaube ich, dass wir alle zu einem so konkreten Dialog, wie Barbara ihn führte, fähig sind. Sie schreibt in ihrem Tagebuch darüber, wie wir das tun können – Anweisungen ihres eigenen Höheren Selbsts. Sie waren Bestandteil ihrer ersten bewussten Kommunikation mit dieser inneren Stimme an jenem Morgen, der ihr Leben veränderte.

Noch einmal Episode 15: Der Kontakt
23. August 2002

Rückkehr zu jenem Morgen der tiefen Verbindung,
fünf Monate, bevor aus Krankheit Heilung wird …

Barbara war selig. Sie hatte Kontakt aufgenommen. Eine innere Stimme hatte sie schon früher gehört, doch sie hatte sie nie so erfahren wie dieses Mal, *als Teil ihrer selbst*. Bei dem, was sie ihre Christus-Erfahrung nannte, hatte sie ihrem Gefühl nach die Stimme des Messias gehört. Dies jedoch war völlig anders, radikal anders. Es fühlte sich an wie eine Inspiration aus einer anderen Quelle; wie eine Anweisung von einer Quelle im Innern, die mit ihrem Selbst identisch und doch irgendwie größer war.

Natürlich wollte Barbara wissen, wie sie mit diesem ihr innewohnenden Selbst wieder Kontakt aufnehmen konnte. Sie stellte die Frage ganz direkt, und hier ist, was die innere Stimme sagte:

Konzentriere dich einfach auf die Freude, die du beim Gedanken an ein Universelles Menschliches Partnerwesen auf der Anderen Seite des Schleiers empfindest, das dir nun liebevoll die Hand reicht, um dich da durchzubringen. Spüre in deinem Solarplexus die Freude und das Staunen, die du schon erfährst.

Du musst innehalten und uns deine Schwingungen erhöhen lassen. Stelle deine integrierte Essenz neu ein, halte sie nach oben gerichtet auf dein volles potenzielles Selbst auf der anderen Seite des Übergangs. Bitte um Kontakt.

Barbara antwortete:

Wenn ich mich in diesen Zustand begebe, erlebe ich mich selbst als ein Universelles Wesen, vom Feld der Erde befreit, ekstatisch, ein strahlender Freudenblitz – wie die Sonne, die durch die Wolken hervorbricht. Ich bin omnilokal. Ich besitze eine Kontinuität des Bewusstseins. Ich bin beides, ein einzigartiges Selbst *und* ein Universelles Wesen. Ich bin Formlosigkeit in einer Form, nicht durch mein egoistisches Selbst gebunden.

Und ihr Dialog setzte sich fort:

Du wirst den Mythos in Echtzeit ausleben. Du wirst deine Aufmerksamkeit nach oben richten auf den Entwicklungspfad hin zu deinem eigenen potenziellen Selbst – nicht das Höhere Selbst, das sich jetzt gerade inkarniert hat, sondern das auferstandene Ganze Selbst.

So wie du den wiederauferstandenen Christus als das künftige Potenzial der Menschheit im Allgemeinen erfährst, so wirst du nun den auferstehenden Menschen, der du wirst, erfahren – insbesondere dich selbst als ein reales lebendiges, immer schon präsent seiendes Universelles Wesen.

Der Mythos, den du erlebst, ist der Mythos des vollkommen erhobenen Universellen Menschlichen Selbst, das zu seinem sich erhebenden irdischen Selbst spricht, um dieses Selbst hinaufzuheben zur nächsten Ebene der Vereinigung des Menschlichen und Göttlichen.

Das also ist die Einladung, dachte Barbara. Das ist die Gelegenheit. Darum geht es bei der Geburt einer neuen Menschheit. Es geht »um die nächste Ebene der Vereinigung des Menschlichen und Göttlichen«.

Barbara wurde nun zu verstehen gegeben, dass es sich hier um einen Prozess in zwei Schritten handelt: *Der erste ist die Vereinigung von ortsgebundenem und essentiellem Selbst; der zweite die Vereinigung des integrierten irdischen ganzen Selbst mit dem auferstandenen Universellen Selbst, einer Verkörperung seines Selbst in der Zukunft.*

Die Vereinigung von »ortsgebundenem« und »essentiellem« Selbst war bei Barbara seit vielen Jahren im Gange. Das ist der *Ruf*, den sie wahrgenommen hatte, seit sie acht war! Das ist der Ruf, den *wir alle in uns fühlen*. Das ist es, worum es geht.

Im Zusammenhang mit dem Dialog, den sie mit ihrer inneren Stimme führte, sagte Barbara später: »Ich bin jetzt davon überzeugt, dass es sich hier um einen normalen und natürlichen Fortschritt bei der inneren Arbeit handelt. Er bereitet dich darauf vor, zum Zeitpunkt der Geburt der universellen Menschheit ein vollständiger Universeller Mensch zu sein. Er öffnet dich für die höhere interdimensionale – himmlische – Wirklichkeit, die im Verlauf der Geschichte verschiedentlich als höhere Wesen, Engel, Geistführer, Wesenheiten oder Ufos beschrieben wurde.

Nun, der Gedanke dabei ist, dass wir uns auf diesen Frequenzebenen inkarnieren – sie verkörpern und uns entwickeln –, um Begegnungen mit anderen anzuziehen, die die Geburt aus ihrem planetarischen Schoß schon hinter sich haben. Nicht Außerirdische, sondern kosmische Familie.«

Barbaras Höheres Selbst fühlte sich zunächst wie ein gänzlich anderes Wesen an, sagte sie, weil »seine Frequenz höher war als meine Schwingung als essentielles Selbst. Die persönliche höhere Stimme hatte sich inkarniert und begonnen, das ortsgebundene Selbst weiterzubilden. Das bereitete in mir das Feld für die Begegnung mit dem Universellen Selbst vor, das meiner Überzeugung nach jeder von uns hat.«

Aufgrund der dritten spirituellen Begegnung in ihrem Leben, die an jenem Augustmorgen 2002 in Montecito ihren Anfang nahm (und sich bis zum heutigen Tag fortsetzt) begann Barbara »mit der Arbeit, zu versuchen, sich auf das Universelle Selbst zu fokussieren und diese Frequenzen stabil zu halten. Ich habe«, so sagte sie, »aus meinem Tagebuch einige Passagen entnommen und sie ein wenig überarbeitet. Unter dem Titel *The 52 Codes* habe ich dies als Arbeitsbuch für Leute herausgebracht, die ein Universeller Mensch werden wollen, indem sie diese höhere Frequenz inkarnieren.«[*]

---

[*] Informationen darüber, wo Sie dieses Büchlein erhalten, finden Sie im Nachwort.

Überlegungen und Erkundungen

Der Plan und das Ziel

Wenn wir über die eben beschriebenen Zeiten nachdenken und uns Barbaras Erfahrungen genauer anschauen, um zu sehen, wie wir alle davon profitieren könnten, dann erinnert uns das daran, dass …

… wir alle Zugang zur Universellen Weisheit, zum Verstehen, zur Klarheit, zur Einsicht und kreativen Kraft haben.

Um unseren Zugang nutzen zu können, der uns von Gott gegeben wurde, müssen wir in die »Vereinigung von ortsgebundenem und essentiellem Selbst« eintreten. Wir müssen dem *Ruf* folgen.

Wenn Sie zu Kapitel 4 zurückblättern, finden Sie dort die folgende Passage:

Etwas ruft dich, und du kannst es nicht ignorieren, selbst wenn du wolltest.

Ich habe so eine Ahnung, dass dieses Gefühl vielleicht auch Ihnen nicht ganz fremd ist. Es ist der Ruf, etwas zu erschaffen, etwas zu erfahren, etwas Größeres zu *sein*. Es ist der Ruf der Evolution selbst, der tiefe innere Impuls, die großartige Einladung der göttlichen Natur, sich wieder mit ihr zu verbinden, sie zu erfahren und zu erkennen, sie zu werden.

Mag sein, dass diese Passage beim ersten Lesen an Ihnen vorübergegangen ist, aber ich hoffe, dass Sie nun ein bisschen mehr Bedeutung für Sie bekommen hat. Ich behaupte, dass das, was in Barbaras Leben vor ihrem besagten Dialog passiert ist, auch in Ihrem Leben passiert ist.

Der erste Schritt, um zu jener Einstellung und jenem inneren Gewahrsein zu gelangen, die schließlich zu einer Vereinigung mit dem Göttlichen führen können, ist bei den meisten von uns ein Prozess, der Jahre (in manchen Fällen Jahrzehnte) dauert. Es sei denn, wir machen eine Erfahrung, die wie der »Blitz in uns einschlägt«.

(Mein Freund Dannion Brinkley hat *buchstäblich* diese Erfahrung gemacht. Andere wie Eckhart Tolle und Byron Katie erlebten einfach eines Tages ein gewaltiges voll umfängliches Erwachen, bei dem sie sahen, wussten, zutiefst verstanden und fühlten, dass *nichts die Bedeutung hat*, wie wir es uns alle vorstellen. Und sie lebten von diesem Augenblick an aus dem Raum ihres Essentiellen Selbst heraus und bewegten sich auf die Erfahrung ihres Universellen Selbst zu.)

Barbara sagt gerne, dass sie den Weg des »langsamen Bootes« nahm. Genau das liebe ich an ihrer Geschichte und deshalb bin ich so froh, sie zu erzählen. Denn wie ich schon sagte, unterscheidet sie sich nicht vom Rest von uns … und das ist mir ein großer Trost und ermutigt mich sehr. Ich erkenne, dass wir alle unser Essentielles Selbst und dann unser Universelles Selbst erfahren können, und dazu müssen wir uns nur dem *Ruf* ergeben.

Das macht nicht jedermann. Manche Leute fühlen sich gezwungen, diese innere tiefe Sehnsucht zu ignorieren, um im »realen Leben voranzukommen« und dessen Forderungen zu erfüllen. Manche wissen nicht einmal, dass dieser Prozess stattfindet, da sie nicht den Vorteil hatten, an Material wie dieses zu kommen, das uns dabei hilft, die Wegweiser zu erkennen. Und manche wissen sehr wohl, dass der Prozess stattfindet, sind sich aber nicht sicher, wie sie seinem Ruf Folge leisten sollen.

Barbaras ganzes Leben ist eine Reaktion, eine Antwort auf diesen Ruf, und das ist der Hauptgrund, warum ich es so lehrreich finde. Das, was Barbara von so vielen von uns unterscheidet, ist ihre unerschütterliche Verpflichtung und ihre endlose Bereitschaft, *zu tun, was nötig ist* – ja ein ganzes *Leben* auf dieses »Tun, was nötig ist« zu verwenden –, um ein anderes Programm zu verfolgen. Erst strebte sie danach, die Aspekte des Göttlichen zu erkennen, und dann danach, diese Aspekte hervorzurufen, sie in ihrem Alltagsleben zu erfahren. Und schließlich strebte sie danach, diese Aspekte zu transzendieren und sie zu *werden*.

Mit anderen Worten: sich Bewusst zu Entwickeln.

Das ist Der Plan. Das ist das Ziel Allen Lebens: Bewusste Fortentwicklung.

Ich habe diese Worte groß geschrieben, weil sie Für Unser Verständnis Vom Leben Sehr Wichtig Sind.

Für viele scheint das Leben keinen Sinn zu haben. Die Leute mühen sich ab, die Puzzlestückchen zusammenzusetzen, das

Rätsel zu lösen und sich einen Vers auf alles zu machen. Doch die Erfahrungen, die wir alle machen, sind nicht irgendein beliebiger, rein zufälliger Prozess. Wir sind keine Passagiere, die in einer Kutsche sitzen und hin und her geschleudert werden, weil die Pferde durchgegangen sind. Wir stehen aufrecht auf dem Wagen des Schicksals, der von den Pferden unserer eigenen Vision gezogen wird, und wir halten die Zügel unserer Erfahrungen fest in der Hand.

Wir werden diese Wahrheit auf den kommenden Seiten eingehend erkunden, indem wir mehr und mehr von Barbaras Geschichte erzählen.

Genießen Sie es.

TEIL II

DIE VORBEREITUNG

»Ich frage Sie alle mit all Ihren Geschichten: Erinnern Sie sich, sich für diese Aufgabe gemeldet zu haben? Was wissen Sie über den Plan? Was ist Ihr Part dabei? Was brauchen Sie, um ihn zu erfüllen?

Wenn Sie es wissen, dann lassen Sie es mich wissen.
Schließen Sie sich der globalen Gemeinschaft an, um unsere Geburt als universelle Menschheit zu befördern. Helfen Sie, Tag Eins zu erschaffen.«

– BARBARA MARX HUBBARD

16

Ich halte es für bemerkenswert, dass sich 10 der 25 für Barbara bedeutsamsten Episoden ihres Lebens in den letzten zehn Jahren vor dem Gipfelpunkt ihres Werkes ereigneten: dem Tag-Eins-Event 2012.

Das bedeutet im Durchschnitt im Alter zwischen einundsiebzig und zweiundachtzig eine Episode pro Jahr. Meines Erachtens ist das eine sensationelle Aussage über eine überaus günstige, kraftvolle Zeit mit hohem Potenzial in jedermanns Leben. Demnach könnte es sich *genau umgekehrt verhalten, als uns allen immer beigebracht wurde.*

Wir leben in einer Gesellschaft, die uns erzählt, die Jugend sei die beste Zeit des Lebens. Die Gesellschaft vertritt die Ansicht, dass die so genannten Senioren der heutigen Welt so viel zu bieten haben wie ein leerer Milchkarton. Doch Barbara hat diese Vorstellung Lügen gestraft, seit sie Mitte sechzig ist.

Episode 14: Umzug nach Santa Barbara
Mai 1999

Drei Jahre vor dem Kontakt ...

Es ist Muttertag und die Mutter des Erfindungsgeistes (Barbara bezeichnet sich natürlich nicht so, *ich* nenne sie so!) ist für ein Wochenende in Santa Barbara. Sie hält mehrere Vorträge und übermittelt alles, was sie mittlerweile über Bewusste Evolution weiß.

Wie die Veranstalter es formuliert hatten, ist dies »das erste Mal, dass du es als Ganzes erzählen kannst«. Statt bei einer Konferenz oder in einem Workshop einen Vortrag zu halten, statt Events zu planen oder Bücher zu schreiben, trägt sie hier ihre Weltsicht einer Gemeinschaft von Menschen vor, die lange genug beisammen bleiben kann, um zu entdecken, was bewusste evolutionäre Entwicklung wirklich meint.

Wenn sie jetzt darüber nachdenkt, findet Barbara diesen Gedanken amüsant, weil sie sich ein Jahr zuvor gefragt hatte, ob ihre Arbeit vielleicht beendet war. Stimmt, 1997 hatte sie geholfen, die Association for Global New Thought mitzubegründen. Und 1998 hatte sie etwas entwickelt, das sie »*Emergence Process: The Shift from Ego to Essence*« nannte (dargestellt in ihrem Buch »Vom Ego zur Essenz. Zehn Entwicklungsschritte auf dem Weg vom *Homo sapiens* zum *Homo universalis*«, Koha-Verlag, Burgrain 2003). Aber bei einem unserer Interviews sagte sie mir: »Ich dachte, damit sei ich am Ende angelangt, dies sei der Gipfelpunkt meiner Arbeit.

Ich war eine Visionärin und hatte meiner Vision auf so vielfältige Weise Ausdruck gegeben, wie ich nur konnte. Ich war achtundsechzig Jahre alt, hatte jedoch nicht das Gefühl von Erfüllung. Mir schien, dass ich von den ›Aufgaben‹, die mir gegeben worden waren, keine erledigt hatte. Ich hatte dieses schreckliche nagende Gefühl zu versagen, immer nur hinterherzuhinken, ganz egal, was ich machte. Aber da wuchs auch etwas in mir, etwas Namenloses und noch Unbekanntes. Ich hatte nicht das Gefühl, dass es sich um ›ein weiteres Projekt‹ handelte! Nein, es war nichts, das ich ›tun‹ musste. Es war mein sich entwickelndes Selbst.«

Da ist sie nun und tut nach wie vor ihre Arbeit, aber auf neue Art. Sie konzentriert sich auf ihre Evolution. Spirituelle Aktivistin, die sie ist, kann sie jedoch nicht umhin nach einem Weg zu suchen, anderen zu helfen, zur gleichen Zeit dieselbe Arbeit zu tun. Und deshalb löst sie an diesem Wochenende im Mai 1999 ein Versprechen ein, das sie im Oktober davor bei einem Vortrag im Rahmen der *Mind & Supermind*-Vortragsreihe gegeben hatte, an der viele Kreative und Neugierige teilnehmen. Bei jenem Vortrag hatte sie über die Geburt und das Potenzial der Menschheit gesprochen.

»Meine intuitive Einsicht«, so sagte sie damals, »ist die, dass die Menschheit nicht auf Selbst-Entwicklung, sondern auf Selbst-Evolution zusteuert. In uns wird etwas Neues geboren, weil wir zum Zeitpunkt eines im gesamten planetarischen Körper stattfindenden *Makroumschwungs* geboren werden. Wir sind wie Zellen im Körper eines Fötus im neunten Monat vor der Geburt. Wir erleben uns, wie wir uns während einer planetarischen Geburt selbst entwickeln. Unsere neuen Funktionen und Fähigkeiten werden aktiviert. Das fühlt sich so an wie Frustration und das tiefe Verlangen, mehr zu tun und mehr zu sein. Dies ist nicht nur etwas Persönliches; es ist auch eine planetarische Geschichte, eine globale Realität.«

Das Publikum war begeistert, und als ihr Vortrag beendet war, fragte Barbara ganz ungeplant und spontan: »Was würde passieren, wenn die ganze Gemeinschaft hier ihr eigenes Potenzial für bewusste Evolution erfahren würde?« An diesem Abend schrieben sich fast zweihundert Personen ein, um die Antwort auf diese Frage zu entdecken.

Binnen Tagen bildete sich unter diesen Personen eine Keimgruppe heraus, und Barbara, die damals in Marin County wohnte, willigte ein, in ein paar Monaten – am Muttertag – nach Santa Barbara zu kommen. Sie würde dann ein ganzes Wochenende darauf verwenden, die Geschichte darzustellen, die sie »Menschheit im Aufstieg« nannte. In der Zwischenzeit kam sie häufig nach Santa Barbara, um mit der Keimgruppe zu arbeiten.

»Ich fühlte eine bemerkenswerte Resonanz«, erzählte sie mir. »Jede Person schien auf ihre eigene Weise zu emergieren. Ich teilte mit ihnen meine Gedanken über das Kommen des Universellen Menschen. Meine eigenen Erfahrungen fand in den Erfahrungen anderer durchweg Widerhall. Ich verliebte mich in alle.«

Aus dieser Gruppe ging eine größere Gemeinschaft hervor, und die Leute begannen von etwas Gebrauch zu machen, das Barbara als das »SYNCON Wheel« bezeichnete (das später das Kernstück der *Synergy Engine* werden sollte). Die Leute gründeten Kerngruppen, deren Mitglieder angezogen wurden von ihrem eigenen evolutionären Impuls hin zu dem, was sie »Universeller Mensch« nannten – dem Mit-Schöpfer neuer Welten.

Barbara fragte sie, ob sie ein oder zwei Jahre zusammenarbeiten würden, um den neuen Pfad des Selbst und der gesellschaftlichen Evolution zu erforschen. Die Reaktion fiel überwältigend positiv aus, und es bildete sich die erste bewusst evolutionäre Gemeinschaft.

Das hier war es, entschied Barbara. Es war ihre erste wirkliche Chance, Elemente der Botschaft, die ihr Leben jahrzehntelang beseelt hatte, in alltäglichen Situationen zu erden.

Eine größere Veränderung im Leben

Es heißt, dass jene die aufregendsten Leben führen, die bereit sind, mit der Energie des Augenblicks zu gehen – »im Fluss zu bleiben« –, und das ist sicherlich einer der größten Vorzüge von Barbara Marx Hubbard. Sie verfügt über diese Fähigkeit und Bereitschaft. Sie war schon immer leichtfüßig, und hier ist sie wieder und tanzt zur Melodie der Muse.

Sie zog nach Santa Barbara um und nahm die gemeinnützige Stiftung, die sie gegründet hatte, ihr Lebenswerk und ihren Lebensgefährten mit ... einfach so.

»Evolution geht gewöhnlich in allerwinzigsten Schritten vor sich«, schrieb sie damals in ihr Tagebuch, »aber gelegentlich unternimmt sie Quantensprünge in eine diskontinuierliche, radikale Neuheit. Bei der makrokosmischen Evolution nennt man das ›Punktualismus‹. Plötzliche Sprünge kommen auch in unserem mikrokosmischen Leben vor, ausgelöst durch Jahre fast unmerklicher Ereignisse, die erst dann verstanden werden können, wenn sich der Sprung ereignet. Dann lässt sich von der anderen Seite des Sprungs her erkennen, dass alles, was geschah, geschehen musste.«

Und wenn wir Barbaras Tagebucheinträgen weiter folgen, finden wir eine Aussage über das Mitgehen mit dem Impuls, der belebt und beseelt ...

»Ich habe gelernt, dass es in den frühen Tagen unserer Emergenz entscheidend wichtig ist, dass wir im Dunkel unserer Konfusion dem ›Kompass der Freude‹ folgen. Er wird uns zur Erfüllung führen, wenn wir nur auf Kurs bleiben ... Ich habe festgestellt, dass mich das tiefste Verlangen meines Herzens nach mehr Leben, höherem Bewusstsein und größerer Freiheit nie falsch geleitet hat.

Ich bedanke mich dafür, dass ich dieser tiefen Leidenschaft folgte, die mich von meiner agnostischen Herkunft über meine Zeit als Ehefrau und Mutter, über meine frühen Jahren als visionäre Futuristin bis hin zu dieser Schwelle eines neuen Anfangs geführt hat, nun da ich mich meinem siebten Lebensjahrzehnt nähere. ›Folge deinem seligen Entzücken‹, sagt Joseph Campbell. Es ist das Licht, das uns durch die Nacht in den strahlenden, sonnenbeschienenen Garten der Mit-Schöpfung führt, wo die Zukunft beginnt.«

Als sie in Marin County wohnte, hatte Barbara für sich eine tägliche Praxis entwickelt, die sie nun mit ihrer neuen Gemeinschaft teilen wollte. Sie hatte sich ihr Inneres Heiligtum geschaffen, wie sie es nannte, in dem kein ablenkender Gedanke zugelassen wurde. »Es ist ein Feld reinen weißen

Lichtes, in dem ich vor meiner eigenen ›To-do-Liste‹ geschützt bin«, erklärte sie.

Sie stand jeden Morgen früh auf, machte Feuer, legte eine CD mit Chants ein, entzündete Räucherstäbchen und saß in Stille und Schweigen da. Es gab kein bestimmtes Vorhaben – es musste sich nichts Bestimmtes ereignen. Da war einfach nur das Sitzen, das einfache Sein. Sie hielt die Konzentration auf das *Gefühl* gerichtet, Führung von ihrem höheren Selbst zu erhalten. Nicht auf die Führung selbst, sondern auf das Gefühl von Wärme, Ganzheit, Gutsein, Erfüllung, Freude.

Die Kerngruppen in Santa Barbara mochten den Gedanken sehr und waren begeistert, Barbara hier in ihrer Mitte zu haben. Sie hatten eine Lehrerin, Mentorin und ein Rollenvorbild; und bei ihren Treffen erfuhren sie eine Bestätigung der ihnen allen Innewohnenden Essenz.

Wie Barbara mir später erzählen sollte: »Wir hatten das Gefühl, durch unser Zusammensein zu ›mutieren‹, unsere Kodierungen wurden durch die Interaktion der Energie von ›zwei oder mehr Versammelten‹ aktiviert. Wir waren ein zwangloser evolutionärer Kreis und lebten die Aufgabe, die ich bei meiner ›Christus-Erfahrung‹ erhalten hatte – den Auftrag, genau solche evolutionären Gruppierungen zu bilden.«

(Dies war nicht das erste Mal, dass Barbara die »Christus-Erfahrung« erwähnte – die zweite der drei großen spirituellen Begegnungen in ihrem Leben –, und wir werden uns dieses Ereignis im Verlauf des Buches noch anschauen.)

Festsetzen der Absicht

Nun bietet Barbara den Mitgliedern der Kerngruppen der Gemeinschaft einen inspirierenden Austausch an, indem sie erklärt: »Unsere Absicht ist es, ›den Christus des 21. Jahrhunderts‹ hervorzurufen, nicht in Form einer Religion oder Kirche, sondern als ein Kreis von Seelen, die aktiviert sind, selbst der Universelle Mensch zu werden.

Ich weiß, dass sich das für manche nach Blasphemie anhört, aber Christus selbst drängte uns dazu, in seine Fußstapfen zu treten. Als seine Jünger über sein Leben und Tun erstaunt waren, sagte er: ›Warum seid ihr so überrascht? Diese Dinge und mehr werdet auch ihr tun.‹

Also seid heute nicht überrascht. Hier passiert etwas Neues. Der Weg des Mit-Schöpfers und der Mit-Schöpferin schließt den Weg des Mystikers oder der Gotteserkenntnis mit ein, ist aber ein anderer. Wir steuern nicht in vertikaler Richtung auf Gott zu. Wir sind bestrebt, *das Göttliche zu inkarnieren,* um dann dieser essentiellen Kreativität *durch Handeln* Ausdruck zu geben, um die Welt und uns selbst zu heilen und weiterzuentwickeln.

Wir haben noch kein vollständiges Modell gesehen von dem, was wir werden, weil keiner von uns je eine planetarische Geburt durchlebt hat, bei der wir es auf diese neue Ebene geschafft haben ... bei der wir uns selbst zu einer neuen Gesellschaft, einer mit-schöpferischen Gesellschaft entwickelt haben, in der unsere ganzen neuen Technologien ungetrübt und in Harmonie operieren; und das in einem Erde/Weltall-Umfeld, in dem alle frei sind ihr Bestes zu tun und zu sein.

Aber das ist unser Ziel, das ist unsere Einladung, das ist unsere Möglichkeit.

Ich sage nicht, dass es leicht sein wird. Wir sind nun mal zu einem Zeitpunkt geboren, da sich unser planetarischer Körper insgesamt abmüht, sich zu koordinieren und als eine planetarische Kultur zu kooperieren. Keine unserer Institutionen ist darauf vorbereitet. Wir selbst sind es, die dies tun werden! Wir können die sich entwickelnden, vom GEIST motivierten Mit-Schöpfer sein!«

Die Energie im Raum lässt sich fast greifen.

»Die Schlüsselfrage ist hier«, fährt Barbara fort, »wie wir das Göttliche inkarnieren und uns gleichzeitig in der Welt der Phänomene als mit-schöpferische Menschen zum Ausdruck bringen – ohne die Verbindung zu dieser inneren Göttlichkeit zu verlieren.

Die meisten von uns leben nicht in einem Ashram oder Kloster. Wir sind in der Welt, von der Welt, die Welt mit-erschaffend. Wenn es uns nicht gelingt, diese innere Verbindung abzusichern, können Erschöpfung und Enttäuschung die Folge sein. Darum geht es also. Deshalb sind wir hier alle beisammen.«

Aufhören ist keine Option

Barbara war schon vor ihrer Arbeit mit der Gemeinschaft in Santa Barbara vom Emerson Theological Institute, dem pädagogischen Zweig des Affiliated New Thought Network, gebeten worden, einen Lehrplan für bewusste Evolution aufzustellen. In ihrer Wohnung in Marin County hatte sie eine riesige Evolutionsspirale gezeichnet. Dann hatte sie alle Bücher, die sie je inspiriert hatten, versammelt und sie entsprechend der Informationen, die sie zu jeder Spiralwindung beisteuerten, platziert: Kosmologie, Biologie, Geschichte, gegenwärtige Ereignisse – die Evolution eines jeden Sektors der Gesellschaft. Dies war die Basis für ihren Lehrplan.

Nachdem sie ihn in Santa Barbara fertiggestellt hatte, erblickte ein persönlichen Projekt das Licht der Welt, das Barbara »The Gateway to Conscious Evolution« (Das Tor zu Bewusster Evolution) nannte. Das Tor war eine Adresse im Internet, zu der jedermann auf der Welt Zugang haben konnte, um gemeinsam und im Austausch mit anderen das zu tun, was die bestehende Gemeinschaft in Kalifornien schon zu tun versuchte: den individuellen GEIST und die kollektive Energie simultan zu entwickeln.

Die Wahrheit ist, dass Barbara mit ihrer Arbeit in der Welt nicht aufhören konnte, selbst wenn sie gewollt hätte. Ihre inneren Prozesse waren schon immer zutiefst mit ihrer Außenwelt verbunden – wie auch ihre Erfahrungen in der Außenwelt schon immer zutiefst mit ihrer inneren Welt verknüpft waren. Doch in den letzten Jahren von 1998 bis 2010 hat sie ihre Konzentration in zunehmendem Maße für die Ziele der Seele geschärft und trainiert. Sie war von der Arbeit im Außen für die gesellschaftliche Evolution und Geburt der universellen Menschheit als eine Kultur zu ihrer inneren Arbeit der Selbst-Evolution als Universeller Mensch übergegangen. Alles davor war eine wunderbare Vorbereitung, eine Art »Training vor Ort« gewesen – so wie es das für uns alle ist.

17

Episode 13: Eine Zeit der Vorbereitung
Sommer 1995

Vier Jahre vor dem Umzug nach Santa Barbara ...

Barbara lebt in Marin County, Kalifornien. Sie ist sechsundsechzig und ruhelos. Im Augenblick weiß sie nicht genau, was an ihr nagt, aber sie ist sich bewusst, dass sie nicht alles erreicht hat, was zu tun sie hergekommen ist. Der Gipfelpunkt ihres Werkes (das Tag-Eins-Event im Dezember 2012) wird sich *erst siebzehn Jahre* später ereignen, aber davon weiß sie jetzt noch nichts. Sie bereitet sich darauf vor, ohne zu wissen, ohne gewahr zu sein, was vor ihr liegt – oder wie lange es dauern wird, ihr Ziel zu erreichen.

(Nur wenige Menschen Mitte sechzig stellen sich vor, dass ihr Lebenswerk *siebzehn Jahre später* seinen Höhepunkt erreichen wird. Man kann es Barbara also nachsehen, wenn sie ein bisschen nervös wird.)

Sie hat den Großteil ihres Daseins damit zugebracht, die tiefsten Fragen zu erforschen. *Wer sind wir wirklich? Warum sind wir hier? Was ist die Bedeutung all der Macht, die uns als fühlenden Wesen in einer materiellen Welt gegeben ist? Worin bestehen unser Sinn und Zweck und unsere Zukunft? Spielen wir eine Rolle bei ihrer Erschaffung oder sind wir nur Publikum, das dabei zusieht, wie sich seine eigene Geschichte entfaltet, ohne irgendwelchen Einfluss darauf nehmen zu können?*

Ein paar Antworten hat Barbara erstaunlicherweise. Antworten, die für sie – und eine Menge anderer Leute – Sinn ergeben. Aber würde die Welt im Allgemeinen in der Lage sein, sie zu hören – oder würde sie überhaupt auch nur daran interessiert sein?

Schon zwei Jahre davor redete Barbara in einem bemerkenswerten Interview mit Dr. Jeffrey Mishlove in seiner Fernsehserie *Thinking Allowed* über ihre Frustration:

»Ich war wie eine winzige Person, die eine Fahne schwenkte – ›Hey! Schaut her!‹ Die Nachrichten, die ich zu verkünden hatte, waren so gut, dass es für die Leute fast zu viel war. Ich war eine positiv prophezeiende Kassandra. Ich schrieb einen Brief, den ich an tausend Leute verschickte. Ich begann mit dem Vernetzen. Aber ich wusste nicht, was für eine gewaltige Aufgabe es ist, Bewusstsein zu verändern.«

Wie gewaltig diese Aufgabe ist, ist ihr jetzt im Jahr 1995 noch bewusster geworden.

Nicht mehr viel Zeit

In diesem Interview mit Dr. Mishlove äußerte sie auch: »Umweltschützer sagen uns, dass wir bestenfalls noch dreißig Jahre haben, um unser Verhalten radikal zu ändern, oder wir zerstören unser Lebenserhaltungssystem und durchlaufen eine wirklich devolutionäre Spirale. Nun, wie lässt sich etwas derart schnell, innerhalb von dreißig Jahren, verändern? Wenn ich mir anschaue, wie langsam wir sind, ist das sehr schwer vorstellbar.

Wäre es jedoch möglich, dass in Anbetracht des ungeheuren Tempos unserer Vernetzung, unserer komplexen Kommunikationssysteme und der Tatsache, dass uns unsere wechselseitige Verbundenheit ständig und zumeist auf schmerzhafte Weise zu Bewusstsein gebracht wird – durch Kriege, Hunger oder Umweltkatastrophen –, die Krise selbst ein ›Bewusstseinsauslöser‹ ist? Und wenn sich ausreichend viele von uns zu einem ›Bewusstseinswandel‹ auf kollektiver Ebene entscheiden, und sei es auch nur von unserer *Intention* her, dann könnte dies meines Erachtens eine außergewöhnliche Auswirkung auf das kollektive Bewusstsein auf der Erde haben.«

Genau das versucht Barbara Mitte der neunziger Jahre herzustellen. Sie möchte »auf das kollektive Bewusstsein auf Erden« *Einfluss nehmen*, möchte einen *Effekt bewirken*. Und so setzt sie sich 1995 hin und schreibt, was ihr bis dato ehrgeizigstes Buch werden soll: *Conscious Evolution: Awakening the Power of Our Social Potential*.

Darin legt sie die neue Weltsicht von einer bewussten Evolution dar und die Möglichkeiten, wie die Menschheit einen auf den GEIST gegründeten Handlungsplan entwickeln könnte, um die Welt durch das Kultivieren gesellschaftlicher Synergie zu transformieren und damit auch bei der Umstrukturierung und Neuordnung des menschlichen Lebens zu helfen.

Im gleichen Jahr schreibt Barbara auch *The Cosmic Family Reunion*, eine Allegorie, die letztlich (ohne dass sie es wissen konnte) als ein Magnet fungierte, der Darrell Laham zu ihrem Peace-Room-Projekt hinzog (das später in *Synergy Engine* umbenannt werden sollte). Diese Geschichte stellt wieder einmal die Vision vom nächsten evolutionären Entwicklungsschritt der Menschheit in den Kontext einer »Geburt« – das Eintreten unserer Spezies in die Gemeinschaft Universeller Wesen, die voll und ganz wissen, wer sie sind, und ihre wunderbaren schöpferischen Kräfte in vollkommenem Maße als Manifestationen des Göttlichen ausüben.

Wie sie erklärt, ist es diesem Geburtsvorgang nicht vorherbestimmt, ein wundervolles Ergebnis hervorzubringen – und das ist das Fesselnde an ihrer so häufig verwendeten Analogie. Barbara Marx Hubbard ist keine dieser unverbesserlichen Optimistinnen, die ständig Luftschlösser bauen und für unsere Zukunft nur sonnige Tage vorhersehen.

Der Vorgang der »Geburt«

Wie sie in ihrem Interview von 1993 (und auch 2010 in meiner Küche) sagte: »Eine Geburt ist etwas Gefährliches, und es gibt keine Garantien. Du kannst ein sehr krankes Baby bekommen, ein totes Baby, ein Baby, das mit seiner Geburt das Leben der Mutter beendet, oder ein gesundes Baby.

Nun, nach meinem Verständnis haben wir es dann mit einer planetarischen Geburt zu tun, wenn die Technologie des Planeten alles vernetzt, wenn der Planet seine Wachstums-

grenzen erkennt, wenn er im Mutterschoß nicht mehr weiterwachsen kann, wenn er sein Bevölkerungswachstum reduzieren muss, wenn er mit seinem eigenen Abfall klarkommen
und aufhören muss, sich nicht erneuerbarer Ressourcen zu
bedienen .... wenn du geboren wirst, besteht alles in deiner
Umwelt aus natürlichen Stoffen.

Und wenn, sagen wir mal, ein faschistischer Gedanke um
sich greift, könnten wir eine grauenhafte Geburt und eine globale Katastrophe erleben. Wenn es andererseits bei den Menschen, deren Bewusstsein sich ganz natürlich zu einem ganzheitlich orientierten Gewahrsein verlagert, das liebevoller und
ökologisch feinfühlig ist ... wenn es hier auf dem ganzen Planeten zu einer Übereinstimmung, zu einem Einklang käme,
dann würde es nach meiner Vision einen planetarischen Geburtsvorgang geben, bei dem sich die kollektive Masse frei
und spontan eins fühlen würde.

Dieselben Punkte legte Barbara in ihrem Buch *The Revelation: Our Crisis Is a Birth* dar.

Wenn wir noch weiter in das Interview hineinhören, das Dr.
Mishlove mit Barbara führte, finden wir eine Verbindung zwischen der Geburt der Menschheit und dem »Elternteil« des neugeborenen Kindes ... den manche von uns »Gott« nennen.

Die Verbindung zum Göttlichen

BARBARA: Wir haben eine Geschichte von vierzehn Milliarden
Jahren, und ich persönlich glaube, dass sich, wenn wir auf die
planetarische Geburt zusteuern, alle Menschen als einzigartigen

Aspekt des Ganzen verstehen werden. Sie werden ihre kulturellen Wurzeln als Geschenk an die Zukunft ansehen. Aber unsere wahren Wurzeln reichen nach meinem jetzigen Verständnis nicht nur bis zum großen Urknall zurück, der die physische Manifestation war, sondern bis zur *Universellen Intelligenz*.

MISHLOVE: Die Universelle Intelligenz, das ist meiner Ansicht nach ein wichtiges Konzept. Wenn wir uns die gewaltigen Probleme ansehen, die wir zu lösen haben – uns von den gesellschaftsübergreifenden, tief verwurzelten Mustern der Unterdrückung, der Vergeudung, der Kriegsführung und der Gewalt zu befreien –, dann wird dies einer Art Quantentransformation des Bewusstseins bedürfen. Und es muss noch zu unseren Lebzeiten geschehen.

BARBARA: Das ist das Erstaunliche. Hier liegen meine wesentlichen Gründe für die Hoffnung – und eine Menge Leute sehen das nicht; doch ich begreife eigentlich nicht, wie ihnen das entgehen kann. Wenn man sich die Geschichte ansieht, dann handelt es sich um einen stetigen Anstieg des Bewusstseins und der Freiheit … ich meine vom Molekül zur Zelle zum Tier zum Mensch bis hin zu uns. Es gibt keinen Grund, warum die Entwicklung hier, mit einer Gruppe von haarigen Zweibeinern, stoppen sollte.

Als Homo sapiens sind wir nur fünfzigtausend Jahre alt. Ist Ihnen klar, dass die Wale *Millionen* Jahre alt sind? Als Spezies sind wir also sehr jung – und so sehen wir auch aus und so handeln wir … wir sind die reine Katastrophe. Wir entwachsen gerade erst dem Säugetierstadium. Aber wenn du unserem animalischen Erbe, und sogar unserem spirituellen Erbe, unser Denksystem, unser Bewusstsein und unser technologisches soziales System hinzufügst, kannst du tatsächlich allmählich die Möglichkeit der Geburt einer universellen Menschheit erkennen. Das ist mein spezieller Begriff dafür.

MISHLOVE: Sie nennen es auch *Homo Universalis*.

BARBARA: Richtig. Und ich sage, dass wir vom Homo sapiens herkommend einen Geburtsprozess durchlaufen, bei dem wir vom selbstzentrierten Bewusstsein zur ganzheitlichen Zentriertheit übergehen: zum kosmischen, Buddha-, Christus-, *Gott-zentrierten Bewusstsein* …

Im Grunde besitzt jede Kultur ein Erfahrungsmuster von einem höheren Seinszustand, und jedermann hat auf die eine oder andere Weise davon gehört. Nehmen Sie zum Beispiel die Pyramiden in Ägypten. Sie waren der Beginn der Vorstellung, dass der Mensch zu einem sich erneuernden Gott wird. In Indien transzendierten die Menschen durch die großen Yogis das Ich-Bewusstsein durch Yoga, durch die Vereinigung mit Dem Allem. Die alten Griechen durchdrangen die sichtbare Welt und erforschten die Welt des unsichtbaren Atoms; im alten Israel schlossen Abraham und Gott den Bund zwischen Mensch und Gott zur Transformation der physischen Welt – für das Neue Jerusalem, den neuen Himmel, die neue Erde. Könnte es sein, dass alle diese Religionsvertreter uralte Futuristen sind?

MISHLOVIE: Uralte Futuristen?

BARBARA: Ja. Und dann kam mit Buddha die konkrete Geschichte eines großen Individuums, eine Geschichte, die für die menschliche Erleuchtung steht. Als dann Jesus kam, stand er meiner Überzeugung nach für eine »Landkarte« der totalen physischen und psychischen Transformation des Menschen zum Mit-Schöpfer mit Gott.

MISHLOVE: Mit anderen Worten, Jesus kam nicht so sehr, um von uns für etwas verehrt zu werden, das weit über uns steht und unerreichbar ist, sondern als einer, der den Weg zeigt und sagt: »Kommt, folgt mir nach.«

BARBARA: Der Hautgrund für sein Sein besteht darin aufzuzeigen, was wir zu tun vermögen. Und wenn er sagt: »Wer an mich glaubt, wird die Werke, die ich vollbringe, auch vollbringen, und er wird noch größere vollbringen«, so sagt er meiner Erfahrung nach die Wahrheit.

Ein Blick auf unsere aktuelle Situation könnte uns zeigen, dass wir die Werke vollbringen, die er vollbrachte, und noch größere, jedoch oft ohne das Bewusstsein. Ob nun im Bereich unseres Heilwesens oder unserer Technologien, wir können sogar jetzt Christi Werke tun. Aber als Kollektiv befinden wir uns noch nicht im Christus-Bewusstsein.

Und wenn ich Christus-Bewusstsein sage, dann spreche ich nicht von einer Religion. Ich spreche vom Bewusstsein darüber, dass die Quelle und die Person eins sind: »Der Vater und ich sind eins, von mir selbst aus tue ich nichts.« *Das* ist es, was Jesus sagte.

Wenn jemand von uns erkennt, dass wir eins sind mit der Quelle, mit dem GEIST, mit Gott – und wenn uns Das durchströmt –, dann haben auch wir diese Kräfte. Das ist das, was ich glaube.

(Dieser Text entstammt der »Planetary Birth«-Episode aus der Fernsehreihe *Thinking Allowed*. Siehe www.thinkingallowed. com/2bhubbard.html)

Das Fundament wird gelegt

Wenn wir jetzt zurückblicken, können wir sehen, dass all dies in Barbaras Bewusstsein zusammenkam: die ganze Geburts-Geschichte, die gesamte Idee hinter der *Synergy Engine*, die vollständige Vision von einer neuen Zukunft für eine neue Art von Mensch, die sich nach dem 2012-Event zu finden und zu erschaffen beginnt, und auch unsere ewig währende Verbindung mit Gott. Ein Wissen, das sie in der Zeit von 1989 bis zu jenem Augustmorgen 2002, als Barbara den »Kontakt« herstellte, in ihren Schriften, Vorträgen und konkreten Projekten Ausdruck fand.

Es ist kein Zufall, dass diese Phase frischer Energie – die einer Zeit folgte, die Barbara als ihre »verlorenen Jahre« bezeichnete – begann, als ein äußerst ungewöhnlicher Mann in ihr Leben trat … ein Mann, der alles wieder mit neuer Energie auflud.

18

Episode 12:
Aufs Neue entfachte Lebensmission
1989

Sechs Jahre vor
»Eine Zeit der Vorbereitung« ...

Hochgewachsen, gut aussehend, schlank und elegant, schloh-
weißes Haar, das Profil eines römischen Kaisers und eine kulti-
vierte Stimme, in der die in Jahren des Studiums und der Lebenserfahrung gewonnene »Erkenntnis« mitschwang. Sidney
Lanier war Geistlicher der Episkopalkirche gewesen, hatte in
New York das Kirchentheater The American Place Theatre gegründet und führte nun mit seiner Frau Jean den New American Place Salon in San Francisco. Er arbeitete auch für Laurance Rockefellers Fund for the Enhancement of the Human
Spirit und verteilte Millionen Dollar an Führungspersonen, die
Transformationsarbeit leisteten.

Sidney, derzeit fünfundsechzig Jahre alt, befand sich auf
dem Flug nach Jackson Hole, Wyoming, um eine Frau zu treffen, von der er gehört hatte und die ihn faszinierte.

Barbara Marx Hubbards Kampagne für das Amt der Vizepräsidentschaft war mittlerweile fünf Jahre her. In Greystone, wo sie während ihrer Zeit in Washington, D.C. residiert hatte, lebte wieder ihre Schwester. Diese hatte ihr das Anwesen zwölf Jahre lang überlassen, in denen es als Basis für ein großes, der gesellschaftlichen Transformation gewidmetes Projekt diente.

Barbaras Lebensgefährte, John Whiteside, mit dem sie in Greystone gelebt und 1970 The Committee for the Future gegründet hatte, war vor sieben Jahren an Krebs gestorben. Ihre Kinder waren alle erwachsen und aus dem Haus. Sie war unabhängig und driftete seit nunmehr fünf Jahren von Ort zu Ort, hielt sich bei Freunden auf, die sich mit ihrer Arbeit verbunden fühlten und sie in ihrer Unternehmung unterstützen wollten.

Barbara hatte bei ihrer lieben Freundin, der bekannten Wirtschaftswissenschaftlerin und Autorin Hazel Henderson, in Florida gewohnt, danach bei anderen Freunden in Orange County und in Nordkalifornien. Schließlich siedelte sie nach Boulder, Colorado, über, wo sie in der Parterrewohnung im Haus ihrer Freunde Glenn und Marian Head wohnen konnte. Mit ihnen hatte sie ein Designcenter gegründet, um SYNCON zu vermarkten und Ideen zu entwickeln, wie gesellschaftliche Synergie herzustellen sei. (SYNCONS – ein Akronym für *Synergistic Convergence* – sind Treffen, bei denen alle wesentlichen Elemente einer Gesellschaft zusammenkamen, um ihre funktionalen Beziehungen untereinander und zum Ganzen zu ergründen).

»Es war eine schwere Zeit für mich«, erzählte Barbara mir später, und deshalb bezeichnete sie diese Phase auch als ihre »verlorenen Jahre«. Nichts »fühlte sich wirklich richtig an«.

Diese Zeit ist gegen Ende ihrer Autobiografie *The Hunger of Eve* ausführlich beschrieben.

(*Anmerkung des Autors*: Barbara beschreibt in diesem Buch auch andere Augenblicke ihres Lebens, und mit ihrer Erlaubnis zitiere ich gelegentlich aus dieser Quelle.)

Über jene Tage nach ihrer Vizepräsidentschafts-Kampagne schrieb sie: »Ich hatte keine Heimat, keinen festen Standort ... ich konnte fühlen, wie sich jedes noch so kleine Stückchen von Selbstgefälligkeit in mir auflöste. Ich grübelte fortwährend über die ›verpassten‹ Gelegenheiten nach, eine Möglichkeit aufzubauen, mir in der Welt Gehör zu verschaffen ... es hatte sich nichts Beständiges manifestiert. Ich empfand tiefen Schmerz. Mir kam es so vor, als hätte ich mich auf einer mythischen Reise mit sehr großen Visionen und Zielen befunden. Ich fühlte mich als komplette Versagerin.«

Sich mit neuen Augen sehen

1989 änderten sich die Dinge sehr rasch.

Barbara wurde von der Together Foundation zu einer Konferenz in Jackson Hole eingeladen.

Sidney Lanier hatte Barbaras Buch *The Evolutionary Journey* gelesen, in dem sie etwas beschrieb, das sie das »Theater for the Future« (Theater für die Zukunft) nannte, und er war davon begeistert. Darin beschrieb sie die ganze Schöpfungsgeschichte, unsere Krise als Geburtsvorgang, und sie gab einen Ausblick darauf, wie es sein wird, »wenn alles, was wir unseres Wissens nach tun können, funktioniert«. Barbara nannte das eine »Vorschau auf kommende Attraktionen«.

Völlig fasziniert hielt Sidney Ausschau nach allem, was von Barbara kam und er in die Hände kriegen konnte. Er studierte eingehend jeden Satz. Dann hörte er ihre Stimme auf einer Audiokassette von irgendeinem Vortrag, und das war's dann. Er entschied, dass er sie irgendwie ausfindig machen musste; dass er eine Verbindung herstellen musste.

Sidney war seit dreißig Jahren mit Jean verheiratet. Er hatte sich von seiner ersten Frau Nan scheiden lassen, hatte seine Rolle in der Kirche aufgegeben und eine drei Jahrzehnte während Reise mit Jean, einer reichen Witwe, begonnen. Gemeinsam hatten sie viele aufregende Projekte auf die Beine gestellt, darunter ein Zentrum für persönliches Wachstum in Spanien und den New American Place Salon, ein Diskussionsforum, das sich regelmäßig in ihrem wunderschönen Zuhause in San Francisco traf. Inzwischen lebten sie wie Schwester und Bruder zusammen. In Jeans Leben gab es noch eine andere »Liebe«, und die beiden hatten sich auf ein »Arrangement« verständigt.

Sidney war frei. Und jetzt wollte er Barbara Marx Hubbard finden, diese Frau, deren Intellekt, spirituelles Gewahrsein und Lebendigkeit ihn so sehr faszinierten.

Das Universum machte es ihm leicht.

Ein weiterer »Nichtzufall« in Barbaras Leben wollte es, dass Sidneys Arbeitgeber, der schon erwähnte Laurance Rockefeller, eine Ranch in Jackson Hole besaß, dem Ort der Konferenz, an der Barbara teilnahm. Sidney sah das Programm, erfuhr, dass Barbara zu den Eingeladenen gehörte, und setzte sich sofort ins Flugzeug.

Er brauchte nicht lange, um sie zu finden. Sie hielt sich in der großen Lobby des Hotels auf, in dem die Konferenz stattfand, und trug ein hellrotes Kleid. Sidney ging direkt auf sie zu und stellte sich vor. »Ich habe alle Ihre Werke studiert«, sagte er. »Wir müssen miteinander reden.« Er lud sie zum Mittagessen ein, und sie nahm die Einladung an. »Ich liebte ihn in dem Augenblick, in dem ich ihn sah«, gestand sie später.

Das Gespräch beim Mittagessen wurde rasch sehr intensiv. Er wiederholte ihr gegenüber, dass er sich in ihre Gedanken und Ideen versenkt habe, und sagte dann etwas ziemlich Unvergessliches.

»Ich habe direkten Zugang zu Ihrem Herzen.«

Das war nicht nur eine beliebige Bemerkung. Sie war ganz bewusst geäußert – Sidney wollte Barbaras Zuneigung gewinnen. Er erreichte sein Ziel, bezauberte Barbara völlig. Sidney sprach bewundernd über ihre Leitgedanken: eine ungewöhnliche Kombination von »Liebe zur Evolution, Jesus als unser potenzielles Selbst, die künftige Rolle der USA als Ort der Förderung der souveränen Person, jenseits aller Dogmen und Ideologien, und die Bedeutung des Raumfahrtprogramms«, so ihre spätere Beschreibung mir gegenüber.

Barbara sah sich mit neuen Augen, sah sich durch die Augen eines anderen und war sehr angetan. Seit John Whitesides Tod war sie ohne Gefährten gewesen und hatte ganz offen gesagt nicht erwartet, noch einmal einen Mann an ihrer Seite zu haben. Aber da saß er, ihr gegenüber am Tisch, Sidney … der gleichermaßen hingerissen war. Er erzählte ihr alles über seine offene Ehe und dass er und seine Frau nicht mehr Geliebte füreinander waren; sie lebten vielmehr als beste Freunde zusammen und blieben aus Bequemlichkeit und aufgrund ihrer langjährigen Kameradschaft verheiratet. Das kam Barbara nicht ungelegen. Es gab ihr einen Grund, es langsam anzugehen.

Und so begann eine lockere Bekanntschaft, die allerdings voller Möglichkeiten war. Schon von Anfang an, gleich bei diesem ersten Mittagessen, spürte Barbara in sich eine neue Leidenschaft für ihre Arbeit. Und nach fünf Jahren Trübsal kehrten in den folgenden Monaten ihre Lebensgeister zurück, durch Sidneys Ermunterung, seine Aufmerksamkeit, seine begeisterten und inspirierten Reflexionen über jeden ihrer Gedanken.

19

Nach dem Ende der Konferenz in Wyoming kam Barbara nach Boulder zurück und nahm ihre Arbeit mit weitaus mehr Energie wieder auf, als sie seit sehr langem in sich verspürt hatte. Im Rahmen eines amerikanischen Programms zur Verbesserung des Verhältnisses zwischen den Bürgern beider Nationen unternahm sie Reisen in die damalige Sowjetunion und war erst kürzlich in Georgien gewesen. Auch pendelte sie zwischen Boulder und Nordkalifornien hin und her, um mit Jeanne McNamara und Linda Duffy, zwei ehemaligen Nonnen, ein vom Neuen Testament inspiriertes Werk über die Evolution zu überarbeiten und zu straffen, das sie vor fast einem Jahrzehnt (unter dem Titel *The Book of Co-Creation*) verfasst hatte. Jeanne hatte ein Haus in Mendocino, nahe am Ozean.

Barbara hatte sich schon vor langer Zeit einem tiefen spirituellen Weg verschrieben. Von ihrer »Christus-Erfahrung«, wie sie es nannte, wurde sie zutiefst beeinflusst, inspiriert und angeleitet, jeden Tag die Eucharistie zu feiern. Die beiden ehemaligen Nonnen schlossen sich ihr bei ihrem täglichen Ritual an. Es unterstützte sie bei ihrer Arbeit dafür, durch die Verwirklichung und Zusammenführung der einmaligen, genialen Gaben innovativer Menschen eine beständige Kommunion von Pionierseelen auf dieser Erde herzustellen. Mit der Erfahrung der Kommunion arbeiteten sie und ihre Freunde an der Überwindung der Illusion des Getrenntseins und erlebten die »Ekstase der Synergie oder Mit-Schöpfung«.

Gleichzeitig arbeitete Barbara an einem neuen Buch, in dem sie eine evolutionäre Agenda formulierte, die zur Umwandlung des militärischen/industriellen/technologischen Komplexes führen konnte. Zusätzlich flog sie noch überall im Land herum, um Vorträge zu halten und die neue Geschichte allen zu erzählen, die zuhören wollten.

Ohne es zu beabsichtigen, hatte Sidney es sich durch all seine Ermunterung schwerer gemacht, seinem innigen Wunsch zu folgen und der Frau, in die er sich verliebt hatte, nahe zu sein. Sie war zum Wirbelwind geworden, und in ihrer Nähe zu bleiben war nicht leicht. Doch hatte er nicht die Absicht aufzugeben.

Er rief sie in all diesen Monaten regelmäßig an, und sie begrüßte die intellektuelle und emotionale Unterstützung. Sie ließ ihn immer mehr an ihren Gedanken teilhaben und las ihm sogar ein paar frisch überarbeitete Passagen aus *The Book of Co-Creation* vor. Auch besuchte er sie häufig, wenn sie sich in Mendocino aufhielt, und schloss sich Jeanne und Linda (die seine Gesellschaft ebenfalls genossen) an, wenn sie alle philosophischen Konzepte und intellektuellen Konstrukte, mit denen Barbara je aufgewartet hatte, erkundeten und überprüften. Es war ein lebhafter und stimulierender Gedankenaustausch – und die Zeit verging wie im Flug, wie es immer der Fall ist, wenn Leute in ihrem Element sind und ihre Begabungen feiern.

Aus den Monaten wurde ein Jahr und daraus wurden zwei Jahre. Die Freundschaft zwischen Sidney und Barbara wurde zu einem festen und wichtigen Bestandteil in beider Leben.

Erhöhung der Einsätze

Zum Teil als Folge ihrer inspirierenden Gespräche und zum Teil in Reaktion auf ihre eigene erneuerte Leidenschaft und Energie beschließt Barbara eines Morgens in Montecino, einer gemeinnützigen Unternehmung namens Cathedral of Action, die sie vor acht Jahren gegründet hatte (und die inzwischen eingeschlafen war) neues Leben einzuhauchen. Sie bespricht den Gedanken mit Jeanne, Linda und Sidney und schlägt vor, die Sache in Foundation for Co-Creation umzubenennen.

»Zum Ersten wird das Stiftungsziel darin bestehen, die Veröffentlichung des neu überarbeiteten *Book of Co-Creation* zu befördern«, erklärt sie. »Dann wird sie sich um dessen Verbreitung kümmern. Sidney, würdest du Mitglied in einem neu gegründeten Vorstand werden?«

Die Frage kam unerwartet, aber Sidney antwortet ohne zu zögern: »Das würde ich, wenn du das für nützlich hältst.«

»Ich sehe dich als einen Hirten der Herde von Pionierseelen«, sagt Barbara, und mit einem galanten Kopfnicken bekundet Sidney seine Einwilligung.

Barbara hat immer stärker das Gefühl, dass Sidney als jemand geschickt worden war, der wirklich mithelfen könnte, eine neue spirituelle Ordnung auf Erden ins Sein zu rufen: »Ein Kelch für die spirituelle Verbindung von Pionierseelen«, schreibt sie in ihr Tagebuch. In einem anderen Eintrag aus derselben Zeit ist zu lesen: »Ich sprach gestern Abend mit Sidney Lanier. Er macht mein Herz wirklich froh. Er sieht *The Book of Co-Creation* als ein ›Triebwerk, das der westlichen Zivilisation Führung geben kann‹.«

Barbara hatte sich danach gesehnt, dass Sidney sich ihrer Mission anschloss; dass er nicht nur ein Freund auf intellektueller und emotionaler Ebene, sondern auch ein Partner bei der Arbeit sein würde. Nun wird er das sein.

Später in diesem Jahr – übers Osterwochenende 1991 – ist Barbara wieder in Mendocino, um das Überarbeitungsprojekt endgültig zum Abschluss zu bringen. Sie sitzt in Jeannes gemütlicher Küche. Sidney ist da, und sie haben gemeinsam schon ein paar lange Spaziergänge auf den über der Küste aufragenden Steilhängen unternommen. Sie verliebt sich mehr und mehr ...

Die beiden waren nie nahe daran, eine sexuelle Beziehung einzugehen, das ist das Letzte, was Barbara im Sinn hat. »Ich hatte das Gefühl, meinen Seelengefährten gefunden zu haben«, erzählte sie mir. »Es war in jeder Hinsicht eine tiefe spirituelle Erfahrung.«

Sidney ist mit den Frauen in der Küche. Er ist ein eloquenter Redner, als Priester der Episkopalkirche in New York war er brillant. Er nahm am kulturellen wie am spirituellen Leben teil und hatte das The American Place Theatre gegründet, um Stücke amerikanischer Autoren auf die Bühne zu bringen. Tennessee Williams war sein Cousin, er besuchte häufig das berühmten Actor's Studio und verbrachte viele gesellige Abende mit Richard Burton und anderen Stars.

Sidney Lanier ist unleugbar ein faszinierender, intelligenter, gebildeter, spirituell lebendiger und glamouröser Mann. Und nun verkündet er in der Küche in Mendocino bei einer Tasse Kaffee lauthals, dass die Männer sofort die Emergenz des Weiblichen unterstützen sollten. »Nur der Aufstieg von echter weiblicher Macht und Kraft kann die Welt retten«, sagt er und fügt nachdrücklich hinzu. »Das ist ganz entscheidend.«

Barbara hat sehr aufmerksam zugehört. Und zu ihrer eigenen Überraschung hört sie sich ganz spontan und keck herausplatzen: »Sehr gut, Sidney! Wie wär's, wenn du das mal mit mir ausprobieren würdest?«

Zum ersten Mal seit langer Zeit – genau genommen seit vielen Jahren – fehlen Sidney Lanier die Worte. Er ist schlicht und einfach völlig verdattert. Dann fasst er sich wieder und lächelt.

»Meine liebe Dame, ich werde dich beim Wort nehmen«, sagt er fast so, als wäre er ein Ritter bei Hofe.

Ein Lufthauch weht durch die Küche und trägt das unbeschwerte Gelächter des Quartetts aus dem Fenster hinaus auf den Ozean, und der Augenblick zieht vorüber. Nicht so aber der Gedanke … er geht beiden nicht aus dem Kopf.

Weitere Erhöhung der Einsätze

Sidney kehrt nach San Francisco zurück, während Barbara noch eine Weile in Mendocino bleibt. Hat sie sich das alles nur eingebildet? Was würde jetzt passieren? Und etwas praktischer gesehen: Wo sollte sie leben? Sie konnte ja nicht ewig bei ihren Freunden in Boulder kampieren.

Es scheint kein Zentrum in ihrem Leben zu geben. Sie reist zwischen Boulder, Mendocino und verschiedenen Vorträgen im ganzen Land hin und her und lebt aus dem Koffer.

Sidney vergeudet inzwischen keine Zeit, um mit seinem Engagement voranzukommen, auf das er sich – leichtherzig versprochen oder nicht – eingelassen hat. Er beschließt ein Treffen mit Laurance Rockefeller zu arrangieren und um finanzielle Hilfe zu bitten, damit Barbaras Gedanke der Mit-Schöpfung als spiritueller Weg Verbreitung finden kann.

Laurance war früher Christ im traditionellen Sinn, wurde dann aber vom Gedanken des *élan vital* des Philosophen Henri Bergson inspiriert. Und nun befindet er sich an vorderster Front der spirituellen Evolution und hat bereits gemeinsam mit Sidney und Jean den Fonds for The Enhancement of the Human Spirit eingerichtet. Dieser unterstützt spirituelle und gesellschaftliche Pioniere, und Barbaras Arbeit passt äußerst elegant in dieses Modell.

Anfang Mai ruft Sidney Barbara an und berichtet ihr von seinen Plänen. »Kommst du mit mir nach New York zum Treffen mit Laurance?«, fragt er.

»Natürlich, wenn du meinst, es besteht die Chance, dass er Ja sagt.«

»Ich denke, es besteht eine sehr gute Chance.«

Es entsteht eine kleine Pause.

»Na gut, dann sollten wir hingehen«, sagt Barbara in die Pause hinein.

Wiederum Pause.

»Dachtest du an einen bestimmten Zeitpunkt?«, fragt Barbara.

Und wieder vergeht Zeit mit Schweigen. Dann rückt Sidney mit etwas heraus.

»Barbara, ich will mit dir zusammenziehen.«

Und jetzt ist es Barbara, der die Worte fehlen. Sidney wartet ... aber dann erträgt er es nicht länger. »Hast du mich gehört?«, fragt er mit sanfter Stimme.

»Ja, natürlich. Aber du bist doch noch mit Jean zusammen. Wie soll so etwas gehen?«

»Jean und ich können das zwischen uns klären. Die einzige Frage ist, ob du es tun würdest. Wärest du daran interessiert?«

Und so entwickelt sich ein Gespräch, von dem keiner der beiden gedacht hatte, dass es bei diesem Anruf darum gehen würde. Und doch erscheint alles ganz natürlich. Barbara hat Sidney bereits gebeten, sich im Vorstand der bald wiederbelebten Foundation for Co-Creation zu betätigen. Nun fangen sie an, an ein Center for Co-Creation (Zentrum für Mit-Schöpfung) zu denken, in dem es einen Tempel der Mit-Schöpfung geben könnte, ein Zentrum für die Entstehungsgeschichte des Kosmos, einen Raum des Universums, ein Modell der Modelle, eine kosmische Kapelle und ein Theater für die Zukunft. Alles das fängt an sehr spannend zu klingen.

»Wir müssen zu Jean gehen«, unterbricht Barbara den Gesprächsfluss. »Wir müssen umgehend und gemeinsam zu ihr gehen.«

Sidney erklärt sich sofort einverstanden.

Das Treffen und das Angebot

Sidneys legal angetraute Frau hat ihm bereits gesagt, dass sie seine Beziehung mit Barbara unterstützt. Sie will, dass er glücklich ist, sagt sie. Und so verläuft das Treffen von Barbara, Sidney und Jean in San Francisco gut – obschon über die Zukunft gar nicht gesprochen wird. Alle empfinden es als taktlos, dies schon bei diesem ersten Treffen zur Sprache zu bringen.

Bald darauf besucht Jean Barbara in Mendocino. Sie machen einen langen Spaziergang. Irgendwann mittendrin fragt Jean Barbara ganz ruhig: »Barbara, möchtest du eine Beziehung mit Sidney haben?«

Die beiden bleiben stehen und blicken sich an, zwei reife, schon etwas länger im Leben stehende Frauen, die weder eine besondere Erklärung noch eine Entschuldigung für dieses Gespräch brauchen.

»Du sollst wissen«, fährt Jean mit sanfter Stimme fort, »dass du sehr gut für Sidney wärst, wenn du eine solche Beziehung haben willst. Ich möchte immer seine allerbeste Freundin sein, aber mehr brauche ich nicht von ihm, und es wäre wunderbar, wenn du in diese Freundschaft einbezogen wärest. Würde sich das für dich gut anfühlen?«

Barbara geht das Herz auf. Jean Lanier ist eine brillante Frau, Theologin, Dichterin, Schülerin von evolutionären spirituellen Pionieren, Wohltäterin und enge Freundin von Laurance Rockefeller. Tatsächlich war aufgrund ihrer Freundschaft mit Laurance der Fund for The Enhancement of the Human Spiritual Helper eingerichtet worden.

Die beiden stehen nun reglos da und erleben einen dieser Augenblicke, die man wahrscheinlich nie vergisst. Dann nickt Barbara nur und eine winzige Träne entwischt ihrem Auge. Sie ist jetzt bereit für eine Beziehung, und diese bemerkenswerte Frau ermöglicht sie mit ihrer liebenswürdigen Großzügigkeit. Am 23. Mai 1991 schreibt Barbara in ihr Tagebuch:

»Erstaunliche und wunderbare Dinge sind geschehen. Sidney und ich sind ko-kreative Partner geworden. Wir sind hier im Sonoma Mission Spa und haben eine göttliche Zeit. Seine Frau Jean hat uns zu dieser Beziehung ermuntert. Er liebt mich. Unsere Beziehung ist aufgrund meines Zögerns, meiner Zaghaftigkeit oder mangelnden Interesses an Sexualität noch immer ›suprasexuell‹. Ich bin mir nicht sicher, was es ist, aber ich würde mit ihm leben.«

Das Blatt wendet sich

Nun sind Sidney und Barbara in New York, um das von Sidney arrangierte Gespräch mit Laurance Rockefeller zu führen. Überraschenderweise spricht Laurance nicht über eine finanzielle Unterstützung des Theater for the Future, des Peace Room oder der SYNCONS, sondern über den Teil von Barbaras Arbeit, der keiner Hilfe mehr bedarf, der Veröffentlichung von *The Book of Co-Creation*. Hier hat sie bereits einen Verleger, der sehr erpicht darauf ist, das Buch herauszubringen. Aber Laurance liebt den Stoff und betrachtet das Buch als Katalysator, um eine Christus-Erfahrung zur realen Möglichkeit für alle Menschen werden zu lassen. Des Weiteren sieht er

Barbara als starkes Rollenvorbild, als Modell für eine Person, die sich der spirituellen Selbstverwirklichung verschrieben hat.

Barbara und Sidney besprechen sich und haben schließlich das Gefühl, dass es besser sein könnte, den Rockefeller-Fonds in Anspruch zu nehmen, als zu einem regulären Verlag zu gehen, der dann mehr Kontrolle über das Projekt hätte. Sie widmen sich nun voller Begeisterung der Wiederbelebung der Foundation for Co-Creation und bereiten die Stiftung so vor, dass sie die Gelder in Empfang nehmen und das Buch herausbringen können.

Sie hecken auch noch weitere kreative Ideen aus. Sidney könnte eine »Planetary Pastors' Convening« (Zusammenkunft planetarisch gesinnter Pastoren) einberufen. Sie würde Zeugnis geben von unserem Potenzial, unsere Gaben an das kosmische Menschheitskind weiterzureichen. Barbara könnte der planetarischen Zukunft eine Stimme verleihen, von der Alternative sprechen, derzufolge es nicht um den »Weltuntergang«, sondern um die Erfahrung einer planetarischen Geburt geht.

Ihrer beider Kreativität fusioniert.

»Lass uns wegfahren«, schlägt Sidney vor. »Ich möchte mit dir irgendwo sein, wo wir wirklich reden können, nur wir beide.«

»Ja«, stimmt Barbara zu. »Ich glaube, wir brauchen jetzt einen solchen Ort.«

Sie fahren nach Holderness in New Hampshire, wo Sidney und Jean ein wunderschönes Bootshaus mit Blick auf einen schimmernden See besitzen.

Das nächste Kapitel hat begonnen …

20

Der Mai neigt sich dem Ende zu. Das Bootshaus ist eine rustikale, geräumige Unterkunft mit großen Fenstern und einer bequemen Fensterbank, die die ganze Länge der Fensterfront zum See hin einnimmt.

Barbara vollzieht nach wie vor ihr tägliches Kommunionsritual. »Sidney amüsierte sich ein bisschen darüber«, gestand Barbara, als sie mir für das Buch die Geschichte erzählte, »machte aber mit, weil ich darauf bestand. Ich hatte das Gefühl, dass wir die Hostie und den Wein wirklich transformierten. Wir *nahmen* den lebendigen Leib des Göttlichen *in uns auf*.

Nach diesem täglichen Ritual wollte ich stets, dass Sidney und ich noch ein kleines Weilchen Zwiesprache mit der inneren Stimme inspirierter Einsichten hielten, bevor wir uns unterhielten. So wie wir es immer mit Linda und Jean im Haus in Mendocino gemacht hatten.

Aber eines Tages geschah es, dass Sidney nicht an spirituelle Verbundenheit dachte, sondern an … nun ja, eine andere Art der ›Verbundenheit‹. Und als ich ganz unschuldig in meiner Meditation fortfuhr, verließ Sidney den Raum, zog sich aus und erschien splitterfasernackt vor mir!

Ich war geschockt. Seit Johns Tod vor zehn Jahren hatte ich keinen nackten Mann mehr gesehen. Ich war von allem Sexu-

ellem völlig abgekoppelt. Doch ich protestierte nicht. Sidney
führte mich zur wunderschönen Fensterbank, von der aus
man auf den See hinausblickte, und wir liebten uns. Es schien,
es *war,* ganz natürlich. Ich liebte ihn ja schon, weißt du.

Seit meiner Geburts-Offenbarung im Jahr 1966 hatte ich
immer eine Vision gehabt, die ich auch 1978 für The Theater
for the Future als Stück auf die Bühne brachte. Darin endet
die Evolutionsgeschichte mit einer Affirmation für die ›Geburt‹ der Menschheit. ›Wir sind eins, wir sind ganz, wir sind
gut, wir sind höheres Leben.‹ Nun erweiterte sich meine Vision, und ich hatte das Gefühl, dass Sidney und ich einmal zu
den vielen Menschen gehören könnten, die symbolisch gesprochen für das Zweite Paar beim Baum des Lebens stehen.
Dies ist der Baum der Macht und Kraft der Götter.«

Eine mystische Vereinigung

Ich verstand wieder einmal nicht ganz den Bezug und sagte
das auch. Natürlich kannte ich die Geschichte von Adam und
Eva, aber mit dem symbolischen Vergleich vom »zweiten Paar
beim Baum« konnte ich nichts anfangen.

»In der Schöpfungsgeschichte wird die Menschheit aus
dem Paradies vertrieben«, erklärte sie, »weil ›sie‹ – das heißt,
die ersten Menschen – auf dem Weg zum Baum des Lebens
waren. Gott Vater sagte, dass ›sie‹ unsterblich sein würden,
wenn sie zu diesem Baum gelangten. Mit anderen Worten, die
Menschen würden wie Götter sein.«

»Und Gott wollte das nicht?«, fragte ich.

»Gemäß dieser Geschichte, nein. Gott war laut dieser Mythologie ein eifersüchtiger Gott und wollte nicht, dass andere
die gleichen Kräfte besäßen wie er. Also wurden ›sie‹ aus dem
Paradies vertrieben und bis in alle Ewigkeit bestraft: Die
Frauen sollten unter Schmerzen gebären, die Männer im
Schweiße ihres Angesichts arbeiten, und die Schlange sollte
auf ihrem Bauch dahinkriechen.

Nun, mir war schon immer klar, dass die Menschheit tatsächlich, über die Wissenschaft und Technologie, die Kräfte
der Götter erlangte. Und weil Sidney und ich ein so gleiches
Verständnis in spirituellen Dingen hatten, weil wir beide den
Gedanken der Evolution und die ganze Vorstellung von Gott
liebten, verliebte ich mich in Sidney. Ich verliebte mich nicht
nur in den – gut aussehenden, verführerischen, charmanten
und brillanten – Mann, sondern auch in den Archetypus des
neuen Mannes.

Ich sah uns beim Baum des Lebens, sah, wie sich ein ganz-
heitliches Wesen mit einem ganzheitlichen Wesen vereinte, inmitten der vielen Mit-Begründer der neuen Familie der
Menschheit. Da waren auch andere Paare, die die Weisheit
haben würden, unsere neuen Kräfte auf ein sich immerwäh-
rend entfaltendes Leben hinzulenken, statt in Richtung Selbst-
zerstörung.

Auf einmal erlebte ich also, dass die Vereinigung mit Sidney
in diesem archetypischen Bereich stattfand. Und ich fing an,
ihn nicht nur als meinen Mann zu sehen, sondern auch als einen Neuen Mann, als Erlösten Mann. Er erfüllte diese Rolle
wirklich auf brillante Weise mit mir in diesem archetypischen
Bereich.

Im persönlichen Bereich bekamen wir wie ein paar Probleme, aber im archetypischen Bereich dieser Vision war er mein Seelengefährte; und dieser ›gemeinsamen Präsenz beim Baum des Lebens‹, widmete ich mein Leben.«

»Du hast es also als eine mystische Vereinigung, eine spirituelle Vereinigung angesehen«, sagte ich zusammenfassend.

Barbara lächelte und nickte. »Genau so habe ich es erlebt. Wir haben uns zum Ziel gesetzt, miteinander gleichberechtigte Mit-Schöpfer zu werden, ein zweites Paar, das beim Zweiten Baum, beim Baum des Lebens steht. Zusammen mit anderen, die dasselbe tun, die den neuen Seinsweg verankern und eine neue Gesellschaft aufbauen, die unseren spirituellen, sozialen und wissenschaftlich/technologischen Fähigkeiten angemessen ist.«

Als Barbara nach dem Tag ihrer ersten körperlichen Vereinigung mit Sidney in der Morgendämmerung aufsteht, schreibt sie in ihr Tagebuch: »Nun, ich habe eine Antwort auf meine Bittgebete um einen mit-schöpferischen Partner erhalten. Es ist Sidney Lanier. Sein Lebensziel und das meine werden eins. Wir erforschen mit-schöpferische Paarschaft. Ich wusste intuitiv, dass es dafür ein solches Modell geben musste. Irgendwie bringt mich Sidney voll und ganz voran und ich ihn. Er sagt, dass er meinen maskulinen ›Logos‹ liebt, und ich liebe die Art und Weise, wie er, ohne seine Männlichkeit zu verlieren, seine feminine Seite zum Ausdruck bringt.

Wir haben die physische Barriere durchbrochen. Seit John 1981 gestorben ist, habe ich zölibatär gelebt. Ich hatte buchstäblich keinerlei sexuelles Verlangen. Das Ganze kam mir abartig vor. In der ersten Zeit mit Sidney widerstand ich jeglichem sexuellen Kontakt, fürchtete mich fast davor. Aber hier in Holderness änderte sich das.«

Etwas später verfasst sie noch einen anderen Tagebucheintrag über die neue Dimension in ihrer Beziehung: »Das hat meine Reserviertheit aufgehoben. In den letzten Wochen bin ich sexuell voll und ganz erwacht. Ich bin ein sinnliches Wesen. Wenn wir uns in den Armen liegen, empfinde ich eine sanfte und alles durchdringende Ekstase. Ich spüre meinen Körper leicht werden. Er bleibt die ganze Zeit bei mir. Ich begreife, dass Sexualität nicht nur eine körperliche Begegnung ist; wenn sie erweckt ist, ist sie eine immer gegenwärtige Realität.

Das ganze Universum ist sexuell, agiert durch Anziehung, ein jedes Teilchen von jedem anderen Teilchen angezogen. Supra-Sexualität, die Vereinigung des Genius, führt zur Erregung körperlicher Sexualität und hebt sie ins Licht vollständiger ganzkörperlicher Kommunion. Ich fühle ›bewusste Freude‹. Die innere Leere ist verschwunden. Das Gefühl des Scheiterns ist weg.

Ich habe das Gefühl, mich ins Unendliche hineinzubewegen. Sidney sagt: ›Mein Daseinszweck ist Barbara.‹ Er verkündet, dass er ein Herd für meine Flamme sein will, dass er die logosorientierte Frau liebt, und dass das Göttlich Männliche – der Antrieb, die Zielbewusstheit, die Dringlichkeit der Mission – in *mir* das Göttlich Weibliche in *ihm* erweckt.«

Nicht so leicht, wie es klang

Nun beginnen die Herausforderungen. Barbara entdeckt, dass ihre komplexe Beziehung mit Sidney nicht so glatt verläuft, wie sie sich das erhofft hatte.

Jean Lanier hat beschlossen, dass sie einen »Dreiklang« bilden möchte und bittet Barbara darum, im Juni zumindest für eine gewisse Zeit zu ihnen nach San Francisco zu ziehen. Barbara tut es, obwohl sie nicht völlig davon überzeugt ist, dass das eine gute Idee ist. Doch sie möchte nicht etwas Bedeutsames mit Sidney aufgeben, noch bevor es auch nur die Chance hat, Fuß zu fassen.

Die drei sind sofort voller kreativer Ideen: ein Video von Visionären zu produzieren, einen Entwurf für die Evolution zu entwickeln, mit der sich neue Welten erbauen ließen … jemand schlägt sogar ein Gipfeltreffen der Bürger an Rios Stränden vor. Es ist eine beschwingte und aufregende Zeit. Doch Barbaras Hauptfragen bleiben unbeantwortet: *Wo soll ich meinen permanenten Wohnsitz aufschlagen? Wie kann ich eine Beziehung mit Sidney leben – wenn überhaupt?*

Jean schildert, wie glücklich sie ist, wenn sie alle in dem großen Haus beisammen sind. »Ich fühle mich einsam, wenn ihr beide weg seid«, sagt sie. Sie lädt Barbara ein, für immer bei ihnen zu leben.

Die drei lassen es eine Weile so, wie es ist. Barbara bleibt weiterhin im Haus, lässt sich aber nicht auf ein langfristiges Arrangement ein.

Im Juli wird für Barbara deutlich, dass Jean und Sidney den Stand ihrer Beziehung abklären müssen. »Wenn sie nicht

Mann und Frau sind, was sind sie dann?«, schreibt sie in ihr Tagebuch. »Sie sagen, sie sind wie Bruder und Schwester. Auch ich bin nicht Sidneys Frau. Ich bin seine Zwillingsflamme, seine kosmische Ergänzung. Wir haben uns gelobt, einander zu lieben und durch eine Fusion des Genius unser beider Lebensziel zu erfüllen.«

Jean möchte sich nicht von Sidney scheiden lassen, und Barbara möchte ihn nicht auf altherkömmliche Weise heiraten, aber …

»Jean und ich fühlen uns beide sehr merkwürdig«, enthüllt Barbaras Tagebuch. »Als ich in ihrem Haus ankam und die erste Nacht bei Sidney schlief, wanderte er zwischen uns beiden hin und her, um sicherzugehen, dass Jean sich nicht außen vor gelassen fühlte. Dann meldete sich bei Jean und mir der Urinstinkt – und beide wollten wir einfach nur noch weg.«

Mitte des Sommers kommt Barbara zum Schluss, dass nur eine Scheidung die Situation lösen würde. Jean legt keinen Widerspruch ein. Sie bietet Sidney und Barbara ein Haus in Marin County an, das ihr gehört, wo die beiden gemeinsam ihre Zelte aufschlagen können.

Und so wurden Barbara Marx Hubbard und Sidney offiziell ein Paar. Sie haben nie geheiratet, blieben aber zwanzig Jahre lang Gefährten, »auf ewig verlobt«, wie sie sagten.

Überlegungen und Erkundungen

Jedermann bringt eine Gabe ein

Wenn wir über die eben beschriebenen Zeiten nachdenken und uns Barbaras Erfahrungen genauer anschauen, um zu sehen, wie wir alle davon profitieren können, dann werden wir daran erinnert, dass ...

... eine direkte Verbindung besteht zwischen dem, was jetzt geschieht, und dem, was in der Zukunft geschehen wird.

Wenn wir diese Verbindung erkennen – oder zumindest wissen, dass sie besteht –, schauen wir tiefer hinein in jeden Augenblick des Jetzt, dann bringen wir jeder Person in unserer Gegenwart umfassendere Wertschätzung entgegen, und wir nehmen vollständiger Jedes Ereignis Von Heute als das Wahre Geschenk an, das es ist. Auch Ihre Geschichte ist eine Detektivgeschichte, die sich Hinweis um Hinweis aufdröselt. Nichts, was Jetzt geschieht, könnte passieren, wenn nicht geschehen wäre, was Damals passierte. Dies gilt für *jedes* Jetzt und *jedes* Damals. Von daher können wir tatsächlich sagen: *Von Zeit zu Zeit sehen wir die Wahrheit.*

Wäre Sidney Lanier nicht an einem entscheidenden Punkt in Barbaras Leben getreten – als sie kurz davor war, ihre Träume fallen zu lassen –, wäre die Geschichte von der Geburt der Menschheit in die Gemeinschaft Universeller Menschen vielleicht nie so weit verbreitet worden. Barbaras Lebenswerk, ihre »Aufgabe«, wenn Sie so wollen, wäre unvollendet geblieben.

Wie ich schon an früherer Stelle in einem der Kapitel der Überlegungen sagte, scheint das Leben für viele Leute keinen Sinn zu ergeben. Sie mühen sich ab, die Puzzleteilchen zusammenzusetzen, sich irgendeinen Vers auf alles zu machen. Und doch sind die Erfahrungen, die wir alle machen, irgendwie kein zufälliger Prozess.

Ich möchte das noch einmal wiederholen. Die Erfahrungen, die wir alle machen, sind irgendwie kein zufälliger Prozess.

Wir sind *nicht* Passagiere, die in einer Kutsche mit durchgehenden Pferden herumkugeln. Wir stehen aufrecht auf dem Streitwagen des Schicksals, werden von den Pferden unserer Vision gezogen und halten die Zügel unserer Erfahrungen fest in der Hand.

Ein Mann in San Francisco liest ein Buch und hört auf einer Kassette die Stimme einer Frau – einer total Fremden –, deren Leben zu ändern ihm bestimmt ist. Eine Frau mit einer Vision von Paaren, die sich, modellhafter Archetypus des Neuen Menschen, zu einem Zweiten Baum des Lebens begeben, nimmt die Einladung eines Gentleman zum gemeinsamen Mittagessen an … und macht sich zu einer neuerlichen kühnen Umarmung eines jahrzehntealten Traumes auf, was zwanzig Jahre später zum Gipfelpunkt ihres Lebenswerkes führt.

Solche unwahrscheinlichen Begebenheiten gibt es regelmäßig im Leben der Menschen. Das Faszinierende daran ist, dass die meisten dies nicht wissen. Das heißt, sie erkennen sie nicht als das, was sie sind. Wir sehen jeden Tag Wunder und *schauen direkt durch sie hindurch.*

Sidney Lanier hat Barbara Marx Hubbards Leben zutiefst beeinflusst. Er entfachte in ihr aufs Neue ihre Visionen, die sie dreißig Jahre lang aufrechterhalten hatte, die aber nun zu einem Nicht Verwirklichten Traum zu verblassen begannen.

Das war verständlich angesichts ihrer Erfahrung, dass so viele ihrer Unternehmungen, Projekte und Programme fruchtlos geendet hatten; und auch angesichts der emotionalen und physischen Belastungen, die ihre Kampagne für das Amt der Vizepräsidentin der Vereinigten Staaten mit sich gebracht hatten. Vor allem nach dieser Kampagne fühlte sich Barbara am Ende, war sie wirklich und wahrhaftig *fertig* mit all diesen Heldentaten, ungewöhnlichen Strategien und weitreichenden Experimenten, die allesamt darauf abzielten, noch zu unseren Lebzeiten einen größeren gesellschaftlichen Wandel herbeizuführen.

Sidney brachte sie wieder mit dem Teil ihrer selbst in Berührung, der wusste, dass sie aus einem bestimmten Grund, für ein konkretes Ziel, in dieses körperliche Leben gekommen war; für eine Mission, die größer war als ein »Komm so gut durchs Leben wie du nur irgend kannst«. Er ermutigte sie, zu ihrer Größe zurückzukehren und sich mit nichts weniger zufriedenzugeben. Und am allerwenigsten würde er zulassen, dass sie auf die Möglichkeiten für ein besseres Morgen verzichtete, die vielleicht durch sie zutage treten würden.

Kurzum, er war ein Segen für sie, der gerade zur rechten Zeit kam.

Die Wunder in unserem eigenen Leben sind jene, die unseren Lebenstraum unterstützen, der vor uns in Erscheinung tritt und darauf wartet, erkannt zu werden. Die Wunder umgeben uns ringsum. *Sie umgeben uns ringsum.* Und das Schöne ist: Indem wir die Wunder erkennen, *verwirklichen* wir sie.

Werfen Sie also jetzt einen Blick auf die Menschen in Ihrem Leben. Insbesondere ein oder zwei von ihnen sind vielleicht »Ihre« Wunder. Es könnten ein Lebenspartner, eine Mitarbeiterin, ein Chef oder eine Freundin sein. Denken Sie an die einzelnen Menschen in Ihrem Leben und fragen Sie sich:

- Was macht dieser Mensch hier?
- Wie kam dieser Mensch überhaupt in den Raum meines Lebens?
- War das alles nur Zufall?
- Sehe ich das Geschenk, sehe ich das Wunder?
- Mache ich es zum Wunder, indem ich es sehe?

Die Wahrheit ist, dass nichts und niemand ohne ein Geschenk für Sie in Ihr Leben tritt.

Wir werden diese Wahrheit auf den kommenden Seiten eingehend erkunden, indem wir mehr und mehr von Barbaras Geschichte erzählen.

Genießen Sie es.

21

Episode 11: Kampagne für
das Amt der Vizepräsidentschaft
1983

Sechs Jahre vor
»Aufs Neue entfachte Lebensmission« ...

Es war natürlich verrückt.

Oder doch nicht?

Vielleicht war es eine einzigartige Methode, ein paar einzigartige Ideen rüberzubringen. Vielleicht war es eine wunderbare Methode, ein paar wunderbare Dinge zu sagen und dabei endlich auf Gehör zu stoßen. Vielleicht war es eine machtvolle Methode, die Mechanismen der Macht zu nutzen, um ein paar machtvollen neuen Visionen Kraft zu verleihen, die der Welt die Macht und Kraft geben konnten, eine neue Welt zu schaffen, in der die Macht von allen geteilt und genutzt wird, um den Himmel des Traums der Menschheit zu erhellen...

Okay, dachte sich Barbara. *Ich mach's. Ich kandidiere für das Amt der Vizepräsidentschaft.*

Nicht zum ersten Mal

Barbara hatte schon früher einmal die Kandidatur für ein hohes Amt in Erwägung gezogen. Tatsache ist, dass sie zweimal daran gedacht hatte, für die Präsidentschaft der Vereinigten Staaten zu kandidieren.

Der Gedanke wurde ihr im Verlauf der Jahre mehrmals von Buckminster Fuller und anderen einflussreichen und gut positionierten Freunden nahegelegt, aber sie dachte erst 1976 ernsthaft daran.

»Ich wusste, dass den Menschen ein Potenzial innewohnt, das für den Aufbau einer humanen Gemeinschaft aktiviert werden kann«, erläuterte sie später. »Für die Präsidentschaft zu kandidieren schien mir eine heilige Handlung zu sein. Es hatte nichts mit dem Gedanken an gewöhnliche Macht, aber alles mit dem Wunsch zu tun, zu helfen, damit dieses Handeln ausgelöst wurde.«

Am Ende kam es nicht dazu. Jimmy Carter kandidierte, und ihr wurde klar, dass in der Öffentlichkeit der Eindruck entstehen würde, dass sie (und auch jeder andere, der die Nominierung durch die Demokratische Partei anstrebte) irgendwie *gegen* ihn war. Und zu verkünden, dass sie irgendwie »besser« sei als die anderen, kam für sie überhaupt nicht in Frage. Sie hatte das Gefühl, *anders,* aber nicht *besser* zu sein.

Um sich jedoch im Reich der *Ideen* statt in dem des politischen *Wettbewerbs* zu positionieren, beschloss sie, eine programmatische Wahlerklärung zusammenzustellen, auf deren Grundlage sich *jedermann* zur Wahl stellen konnte. Sie nannte es eine Plattform für die Zukunft – und Jimmy Carter wurde Präsident.

Vier Jahre später dachte Barbara erneut über eine Kandidatur nach. Wieder war sie von anderen dazu ermuntert worden, darunter von dem amerikanischen Politjournalisten, Autor, Professor und Verfechter des Weltfriedens Norman Cousins, der zu ihr sagte: »Du wärest die pragmatischste Kandidatin von allen, denn du kennst die Richtung der Zukunft.« Und weiter sagte er, dass sie der pragmatischste Mensch »auf der nächsten Stufe der Evolution« sei, den er kenne.

Und wieder entschied sich Barbara gegen eine Kandidatur. Sie hatte das Gefühl, dass es ihr an Gleichgesinnten mangelte, an Partnern auf der ideologischen Ebene, die helfen konnten, die Wahlkampagne aus dem politischen Hexenkessel heraus und im erhabeneren Rahmen eines dynamischen Gedankenaustausches zu halten. Sie hielt Ausschau nach »transformativ arbeitenden Menschen. Leute, die auf den Puls der Evolution eingestimmt waren, die die Erde einen und wiederherstellen und die menschliche Kreativität freisetzen würden«, wie sie es formulierte. Solche Leute ließen sich in der politischen Arena nur sehr schwer finden. Barbara ging nicht ins Rennen – und Ronald Reagan wurde Präsident.

Endlich – ein Ansatz, der Sinn ergab

Jetzt aber wurde an einem Winterabend des Jahres 1983 zum dritten Mal der ernsthafte Vorschlag gemacht, eine Position im Weißen Haus anzustreben. Dieses Mal wurde das Thema von Ward Phillips zur Sprache gebracht, einem reichen Immobilienmagnaten, der sehr am Studium des höheren Bewusstseins interessiert war.

Er besuchte Barbara in Greystone, dem Washingtoner Haus ihrer Schwester. (Wie Sie sich vielleicht erinnern, hatte sie Barbara, die zu diesem Zeitpunkt mit einem größeren Projekt zur gesellschaftlichen Veränderung befasst war, dieses Anwesen für ein paar Jahre überlassen.) Er fragte sie, warum sie nicht die 1984 anstehende politische Kampagne nutze, um ihre Botschaft unter die Leute zu bringen.

(Barbaras »Botschaft« war viele Jahre die gleiche geblieben: die Evolutionsgeschichte der Menschheit; die Notwendigkeit, sich mit dem zu verbinden, was funktioniert; die Leute zur Bildung kleiner Gruppen zu ermuntern, um gemeinsam zu erschaffen; dass das kreative Talent eines jeden gebraucht wird; dass unsere Krisen evolutionäre Antriebskräfte sind; dass die Menschheit als eine stärker ko-evolutionäre, ko-kreative Spezies geboren werden wird; dass wir, wenn wir Herz mit Herz, Innovation mit Innovation verbinden, feststellen werden, dass wir als eine universelle Spezies in ein von Leben erfülltes Universum »geboren« werden. Sie sagte, dass wir eine »Meta-Innovation« brauchen – eine, die uns ermächtigt, befähigt, verbindet und viele Innovationen übermittelt, die im Verbund gesehen als Elemente einer besseren Welt, einer friedlichen, gerechten und entwicklungsfähigen Welt wahrgenommen werden. Der Peace Room und das Office for the Future sind für die nächste Stufe der Demokratie von entscheidender Bedeutung.)

Ward Phillips sagte: »Warum machst du nicht das Einzige, das wirklich etwas verändern könnte? Trag diese Ideen in die politische Arena hinein. Das ist der Ort, wo deine Geschichte die größte Wirkung entfalten kann.«

Er erklärte, wenn sie kandidierte, würde er sie bis zum Schluss unterstützen. (Das bedeutete natürlich eine beträchtliche finanzielle Unterstützung.)

»Du würdest nicht für das Amt des Präsidenten kandidieren, um zu gewinnen«, erläuterte er. »Du würdest aus Prinzip kandidieren und ›um die Geschichte zu erzählen‹. Niemand auf der Welt kann tun, was du tun kannst. Diese Geschichte über das, was dieses Land tun und sein könnte, könnte unsere Zivilisation auf immer beeinflussen.«

Zum dritten Mal in ebenso vielen Wahlperioden ging Barbara dieser Idee mit vielen Freunden ernsthaft nach. Einer von ihnen, ein Mitglied der Demokratischen Partei in Kalifornien schlug eine Alternative vor, die Barbara bisher nicht in Betracht gezogen hatte. Und damit fing alles an.

Die Tür wird geöffnet

»Meiner Meinung nach solltest du für das *zweit*höchste Amt kandidieren«, sagte Jack Baldwin, einer ihrer politischen Freunde. »Dies ist schließlich das ›Jahr der Frau‹, was die Vizepräsidentschaft angeht. Ich bin sicher, dass Geraldine Ferrero nominiert werden wird, um mit Mondale (Walter Mondale, der zu vermutende Präsidentschaftskandidat der Demokraten) anzutreten. Es könnte keinen besseren Zeitpunkt geben, um auf der Parteiversammlung deinen Namen – den Namen einer weiteren Frau – ins Spiel zu bringen.«

Dies schien realistisch zu sein. Dies schien machbar. Dies schien sogar für das politische Establishment akzeptabel zu sein. Mondale und die Partei hielten tatsächlich nach einem weiteren weiblichen Kandidaten für die Vizepräsidentschaft Ausschau. Dies war das Jahr, um mutig und forsch zu sein. Dies war das Jahr 1984, auch das Jahr des »Big Brother«, wie es George Orwell in seinem Roman beschrieb. Sie konnte die ideale Kandidatin nach großer amerikanischer Tradition sein.

Barbara war dabei. Ihre Liebe zu den Vereinigten Staaten, zur Entwicklung der Demokratie an sich, kam zum Tragen. Sie wurde angetrieben von einem Gefühl der »Mission«, das sie schon immer gehabt hatte, und das nun ein weiteres Ventil fand, um ihre Ideen zum Ausdruck zu bringen.

Zunächst verkündete sie ihren Entschluss im privaten Kreis, einer Gruppe von Freunden und Kollegen bei der Geburtstagsparty einer gemeinsamen Bekannten. Dann machte sie ihn in Lawrence, Kansas, öffentlich. (Diesen Ort hatte sie ausgewählt, weil er der fiktive Schauplatz eines damals bedeutsamen Fernsehfilms war: *The Day After – Der Tag danach*, in dem die Welt nach einem nuklearen Holocaust dargestellt wird.) Willis Harris vom Standford Research Institute, die große Familientherapeutin Virginia Satir und andere führende Personen der Transformationsbewegung waren dort. Barbara begann ein umfassendes Unterstützungssystem aufzubauen.

Sie eröffnete ihre Erklärung mit der Formulierung einer Kampagne für eine positive Zukunft, dem Vorschlag, »das Spiel zu ändern«, indem man auf eine neue Realität der »wechselseitig abhängigen Welt im nuklearen Zeitalter« verwies.

Die Kandidatur für ein hohes nationales Amt schien in der Tat genau das zu sein, was Ward Phillips versprochen hatte: ein Podium, von dem aus Barbara endlich vor nationalem Publikum ihre glühend verfochtenen, gesellschaftlich fortgeschrittenen Ideen vortragen konnte. Und es fehlte ihr nicht an Worten …

»Wir sind die Kinder der Unzufriedenheit der ganzen Welt«, sagte sie an jenem Abend auf der Geburtstagsparty, bei der sie ihre Absicht zu kandidieren verkündete. »Wir setzen uns aus den Menschen aller Kulturen zusammen, die sich von der Zukunft angezogen fühlen. Die Wurzeln unserer Vision reichen zurück bis zum uralten Wissen der Menschheit. Unsere Gründerväter schenkten uns einen Traum, der nicht der Traum einer Nation, sondern die vereinte Bestrebung der Menschen dieser Welt ist.«

Es war unmöglich, nicht begeistert zu sein, wenn diese Frau sprach. Es war unmöglich, sich nicht inspiriert zu fühlen.

»Wir werden jenseits von liberaler oder konservativer Gesinnung eine Plattform für die Zukunft aufbauen«, sagte sie. »Wir setzen auf jedem Gebiet eine Kampagne für die Zukunft in Gang. Es gibt Beispiele für Lösungen und Innovationen im Bereich von Umwelt, Gesundheit, Verteidigung, Wirtschaft … in jeder Richtung, die wir anstreben. Wir werden diese Beispiele nehmen und eine pragmatische Synthese dessen herstellen, Was Funktioniert.

Wir haben es nicht mit einem Mangel an Marschflugkörpern, sondern mit einem Mangel an *Vision* zu tun! Wir geloben, diesen Mangel zu beheben!«

Die Leute waren hingerissen.

Die Krankheit der Medien

Aber leider nicht das Establishment.

Und die Medien, schon lange Teil des Establishments, waren führend darin, Barbara Marx Hubbard, Kandidatin für die Vizepräsidentschaft, zu ignorieren. Ihnen war ihre Botschaft schlichtweg zu positiv. Was die Medien anging, war alles, was nicht negativ war, keine Nachricht wert.

Barbara drückte das Jahre später in ihrem Interview mit Jeffrey Mishlove sehr treffend aus ...

MISHLOVE: ... So viele Leute sind nihilistisch, pessimistisch eingestellt. Sie haben keine positive Vision. Tatsache ist, dass die alte Vision oftmals eine des Weltuntergangs, eine der Tragödie, eine des Hitzetods ist. Es gibt viele negative Bilder.

BARBARA: Ja, so ist es, und ich denke teilweise, dass die Massenmedien von einer Krankheit befallen sind. Ich nenne sie *Disemphatitis* des Nervensystems – abgestorbenes Einfühlungsvermögen.

Wenn man sich die Medien als unser kollektives Nervensystem vorstellt, dann sieht es gute Nachrichten aus. Wenn etwas Kreatives, Innovatives oder Liebevolles passiert, sind das keine Nachrichten. Wenn etwas verbrannt, getötet oder zerstört wird, *dann* sind es Nachrichten.

So werden wir ständig mit Informationen über unseren Zusammenbruch überschwemmt, aber nicht mit unseren Innovationen, mit unserem Lieben, mit unseren positiven Gefühlen. Daher haben wir ein sehr schlechtes Selbstbild. Die Medien führen uns in einen Nervenzusammenbruch ...

MISHLOVE: Es gibt hier so eine Art weit verbreiteten kulturellen Zynismus.

BARBARA: Meinem Gefühl nach hätten wir sehr rasch eine ganz neue Situation, wenn Nachrichten über das berichten würden, was wächst, was sich entwickelt. Ich kandidierte als Vizepräsidentin mit dem Vorschlag, einen Peace Room einzurichten, der ebenso ausgeklügelt ausgestattet ist wie der War Room im Weißen Haus. Damit könnte man eine Landkarte anlegen, auf der jede Innovation und jede erfolgreiche Lösung verzeichnet ist – sie miteinander verbinden und über das Fernsehen live übertragen, bis wir die emergierende Welt erkennen können. Und ein Mensch wie ich ist auf der Suche nach der emergierenden Welt …

Die Medien übergehen die Geschichte unserer Geburt. Denken Sie an ein Baby – wenn ein Baby weint, lässt sein Nervensystem es einschlafen. Unsere Massenmedien schläfern uns ein … Vielleicht müssen wir mehr Schmerz spüren, bevor wir wirklich aufwachen.

(Diese Passage ist der »Planetary Birth«-Episode aus der Fernsehreihe *Thinking Allowed* entnommen. Siehe www.thinkingallowed.com/2bhubbard.html.)

Ein politisches Wunder

Barbara gelang mit ihrer Wahlkampagne für die Vizepräsidentschaft das Unmögliche. Sie drang ohne Geld, ohne Unterstützung der Medien und ohne offizielle Zulassung bis zur Democratic National Convention, dem nationalen Parteitag der Demokratischen Partei, vor. Sie war mit der Frau des Gouverneurs von Colorado bekannt, und sie und einige Mitglieder ihres Teams schafften es hineinzukommen. Sie sprach bei den morgendlichen Caucuses, den Versammlungen der Parteitagsdelegierten, mit einer Gruppe nach der anderen in der Hoffnung, Delegiertenstimmen zu bekommen. Sie musste zweihundert Delegierte beisammen haben, um überhaupt in den Kreis der Kandidaten aufgenommen zu werden. Es schien ein Ding der Unmöglichkeit zu sein.

Doch Barbara erhielt etwas Rückenwind. Knapp neunzig Positive Future Center hatten sich um ihre Kampagne herum gebildet. Sie waren entstanden, als Barbara Carolyn Anderson und ihren Mann Sanford Anderson bat, ihre Wahlkampfmanager zu sein. Carolyn lebte in Palo Alto und hatte eine Begabung, kleine Gruppen mit großer Resonanz aufzubauen. Die Kampagne selbst wurde von ihrem Haus aus geleitet. Sie lud zwölf herausragende, sozial intelligente und transformativ orientierte Leute ein, gemeinsam mit ihr eine machtvolle »Feuerzeremonie« abzuhalten und zu geloben, ihr Leben, ihr Vermögen und ihre heilige Ehre einzusetzen, um diese Kampagne und ihr Ziel in die politische Szene einzubringen.

Die Positive Future Center richteten ein »Telethon« ein. Alle waren über das Telefon miteinander verbunden und schufen ein Resonanzfeld dieser kleinen Gruppen, die sich dem »unmöglichen Traum« einer wenig bekannten Futuristin verschrieben hatten, die einfach so mir nichts, dir nichts auf dem Parteitag der Demokraten auftauchte und versuchte, die erforderlichen zweihundert Delegiertenstimmen zusammenzubringen … während viele berühmte Politiker dies ebenfalls versuchten, oft nur um wenigstens eine Chance zu bekommen, sich an die Nation wenden zu können. Man sagte ihr, sie könne sich glücklich schätzen, wenn sie auch nur eine einzige Delegiertenstimme bekäme, und wenn es die ihrer eigenen Mutter sei!«

Als sich ihr kleines Team darauf vorbereitete, zum Parteitag zu gehen, beschloss es, jede metaphysische Lehre und Methode anzuwenden, die es je erlernt hatte. Sie lasen alle *Ein Kurs in Wundern* und vergaben und liebten jedermann. Und am wichtigsten, sie praktizierten »strukturelle Spannung«.

Bei diesem Prozess wählen Sie ein Ziel oder eine Vision, und wenn dann Zweifel einsetzen, lehnen Sie sie nicht ab, sondern wählen einfach wieder neu, immer und immer wieder. Wenn Sie das ständig machen, erzeugt die höhere Wahl, ganz gleich, wie sehr Sie von Zweifeln überschwemmt werden, eine strukturelle Spannung. Und schließlich schnellen die Zweifel gleichsam wie ein Gummiband hoch, um sich mit der Zielvorstellung zu vereinen, und diese wird Realität.

Das besagt, dass Barbara sehr wohl wusste, wie gigantisch ihre Aufgabe war. Sie hatte politische Wissenschaften am Bryn Mawr College studiert und mit *cum laude* abgeschlossen. Sie war kein Dummkopf. Aber ihre Führung war so stark und ihre Vision so klar, und beides verband sich mit der Unterstützung Tausender lokaler Gruppen mit ihrer eigenen Schwingung zu einem einzigen Fokus, »schnellte das Gummiband hoch«. Die Vision begann sich zu materialisieren, obwohl nur wenige Delegierte je von Barbara Marx Hubbard gehört hatten. Und viele von denen, die wussten, wer sie war, rechneten sie dem Human Potential Movement (Bewegung für das menschliche Potenzial) zu, dem sie nur sehr wenig Respekt und null politische Loyalität entgegenbrachten.

Barbara musste darum betteln, bei diesen morgendlichen Caucuses wenigstens ein minimales Quäntchen Zeit zu bekommen: »Bitte! Dreißig Sekunden. Gebt mir einfach nur dreißig Sekunden.«

Die Leute, die darüber entschieden, wer sich überhaupt an Parteitagsdelegierte wenden durfte, konnten ihr das kaum abschlagen. Schließlich war dies der Nationale Parteitag der *Demokratischen* Partei. Auf welcher Grundlage hätten sie ihr eine halbe Minute Redezeit verwehren können?

Bei jedem Caucus wurde sie als Erste auf die Rednerliste gesetzt – manchmal schon um sechs Uhr morgens, wenn jeder Delegierte, der es überhaupt schaffte, um diese Zeit aufzukreuzen, noch kaum aus den Augen schauen konnte.

Barbara lernte, ihre Botschaft in eine halbe Minute zu packen: »Ich heiße Barbara Marx Hubbard. Ich bitte Sie, mich für das Amt der Vizepräsidentschaft zu nominieren, so dass ich die Einrichtung eines Office for the Future und eines Peace Room im Weißen Haus unter der Leitung der Vizepräsidentin vorschlagen kann. Diese werden Innovationen, Durchbrüche und Projekte verfolgen, die so funktionieren, dass wir Strategien entwickeln können, um den Sieg über Hunger, Krankheit, Ungerechtigkeit und Krieg davontragen zu können; und damit wir herausfinden können, was in Amerika und in der Welt funktioniert.

Es funktionierte.

Es funktionierte tatsächlich.

Sie sprach mit solcher Authentizität, dass der offensichtliche Vorteil und Nutzen ihrer Ideen in dreißig Sekunden unzweifelhaft klar wurde. Schließlich hatte sie *mehr als die zweihundert erforderlichen* Delegierten beisammen, die ihre Nominierung unterstützen würden.

Die politischen »Profis« hinter der Bühne waren perplex und wussten nicht, was sie tun sollten. Walter Mondale hatte Geraldine Ferraro als seine Vizepräsidentin auserkoren. Das wussten alle. Wo kam denn *diese Hubbard* her? *Und was versuchte sie zu beweisen?*

Völlig überrumpelt steckten die Jungs im Hinterzimmer die Köpfe zusammen. Ich kann mir ihre hitzigen Diskussionen gut vorstellen. »Wir könnten die Stimmen ihrer Delegierten für ungültig erklären!«, hat bestimmt einer von ihnen vorgeschlagen. »Sie braucht zweihundert gültige Unterschriften. Wir könnten sicher bei genügend von ihnen irgendwas finden, was nicht stimmt, und sie so unter die zweihundert drücken.«

»Nein, nein«, hat sich wahrscheinlich eine etwas klügere Stimme vernehmen lassen. »Sie hat mehr als zweihundert. Wir können niemand davon überzeugen, dass über ein Drittel der Unterschriften ungültig ist. Sie hat jetzt ein ganzes Kontingent da draußen.«

»Na gut, hast du eine bessere Idee?«

»Schafft sie hier rein. *Sprecht mit ihr.* Sagt ihr, dass sie absolut keine Chance hat, zusammen mit Walter Mondale nominiert zu werden. Eine Frau ohne jeden politischen Hintergrund? Das wird nie passieren. Sie wird alles ruinieren. *Sagt ihr das!* Sagt ihr, dass wir, wenn sie ihre Delegiertenstimmen auf die Ferraro überträgt, dafür sorgen werden, dass ihr Name auf die Kandidatenliste kommt. Sie wird Geschichte schreiben. Und sie kann ihre Rede vor allen halten. Mehr wollen ihre Leute doch ohnehin nicht.«

»Worüber redet sie denn?«

»Irgendwas über ein ›Peace Room‹ im Weißen Haus unter der Leitung der Vizepräsidentin. Irgendwas über ein ›Office for the Future‹. Und du brauchst gar nicht so mit den Augen zu rollen. *Sie kriegt Delegierte.*«

»Na gut. Jemand soll mit ihr reden und ihr sagen, wenn sie zurücktritt und Ferraro Platz macht, schaffen wir für sie Platz, damit sie für ihre Ideen eintreten kann.«

Diesen Dialog habe ich soeben erfunden. Aber wissen Sie was? Ich wette, dass ich einigen der Dinge, die da gesprochen wurden, ziemlich nahe kam. Denn was meinen Sie? Genau das ist passiert.

Es wurde verkündet, dass zwei Frauen als Kandidatinnen für das Amt der Vizepräsidentschaft nominiert würden: Geraldine Ferraro und Barbara Marx Hubbard. Das war ein Schock für das gesamte Team um Barbara. Sie befanden sich zu dem Zeitpunkt noch nicht mal im Convention Center!

Die Parteifunktionäre änderten die Tagesordnung und sagten Barbara, dass sie ein paar Stunden früher reden würde. Sie wusste, was das bedeutete. Sie würde ihre Rede halten, bevor die nationalen Fernsehsender mit ihrer Übertragung begannen. Sie versuchten sie zu verstecken. Aber sie war offiziell als Kandidatin nominiert. Sie und ihr Team fuhren wie die Verrückten von Marin, wo sie logierten, los. Barbara schrieb ihre Rede im Auto. Trotz allem war es nicht wirklich als möglich erschienen. Und doch war es so gekommen. Ihrer Rede gab sie den Titel »To Fulfill the Dream«.

Als sie zu dem riesigen Podium geleitet wurde, nahm ein Sicherheitsbeamter sie beim Arm. »Schätzchen«, sagte er, »die werden gar nicht auf Sie achten. Das tun sie nie. Sie sprechen zum Universum!« Und das tat sie.

Was ihr grundlegendes Thema anging, so erweiterte sie die Vision Thomas Jeffersons:

Wir halten diese Wahrheiten für selbstverständlich,
dass alle Menschen schöpferisch zur Welt kommen;
dass sie vom Schöpfer mit dem unveräußerlichen Recht und der Verantwortung ausgestattet sind,
ihre Kreativität zum Ausdruck zu bringen
zum Wohle ihrer selbst, ihrer Familien und der ganzen Gemeinschaft.

Die Ideen, für die sie stand

Barbara Marx Hubbard kam politisch gesehen »aus dem Nichts«, als sie auf dem nationalen Parteitag einer der beiden großen politischen Parteien als eine der Kandidatinnen für die Vizepräsidentschaft der Vereinigten Staaten nominiert wurde. Sie hielt auf dem Großen Podium vor dem Parteitag ihre Rede.

Wissen Sie, wie viele Menschen die Gelegenheit erhalten, als Kandidatin für die Vizepräsidentschaft beim Parteitag einer der großen politischen Parteien vom Großen Podium herab eine Rede zu halten? Wissen Sie, wie viele *Frauen* die Gelegenheit dazu erhalten? Wissen Sie, wie viele Frauen dies vor fünfundzwanzig Jahren tun konnten? Wissen Sie, wie streng diese spezielle Redezeit reglementiert ist?

Viele Menschen im Land müssen gedacht haben, dass ihre Kampagne bestenfalls eine Donquichotterie war – um dann völlig verdattert dazusitzen, als sie schließlich vor der Versammlung einiger der mächtigsten politischen Funktionäre stand, um ihnen ihre funkelnden Ideen zu vermitteln, wie sich eine bemerkenswerte Zukunft schaffen ließ.

Und was für Ideen trug Barbara vor? Dieselben, für die sie schon bei ihrer Kampagne eingetreten war – als die Medien nicht zuhören wollten.

»Ich stehe heute vor Ihnen, um eine neue gesellschaftliche Funktion vorzuschlagen«, hatte sie monatelang verkündet. »Eine, die die menschliche Kreativität freisetzen kann, die uns in Richtung eines neuen Prozesses *des* Ganzen *durch* das Ganze *für* das Ganze führt. Diese neue Funktion erfährt ihre Anleitung im Office for the Future und im Peace Room im Weißen Haus unter der Aufsicht der Vizepräsidentin der Vereinigten Staaten.

Der Peace Room wird schließlich so ausgeklügelt und effizient ausgestattet sein wie der War Room, in dem wir jetzt permanent damit beschäftigt sind, jeder möglichen Gefahr nachzugehen und Strategien zu entwickeln, wie wir sie besiegen können.

In unserem Peace Room werden wir jeder Innovation, jeder Lösung und jedem Durchbruch nachgehen. Wir werden uns jede Idee anschauen, die irgendwo ausprobiert wird, um zu sehen, Was Funktioniert. Wir werden Landkarten erstellen, wie wir von da, wo wir sind, dahin kommen, wo wir unserer

Entscheidung nach hingelangen wollen. Und wir werden das, was wir in Erfahrung bringen, mit allen teilen, die sich uns anschließen wollen, um auf ein gemeinsames Ziel hinzuarbeiten: eine nachhaltige und reichhaltige Zukunft für das Leben auf Erden.

Ich werde den Vorschlag machen, dass solche Peace Rooms in allen Ländern eingerichtet werden, mit denen wir diplomatische Beziehungen unterhalten. Dies werden dann Orte sein, wo das, was in unserem Land aufkommt, zusammenkommen, kooperieren und Bestärkung erfahren kann. Im Peace Room werden wir Strategien gegen unsere gemeinsamen Feinde entwickeln: Hunger, Krankheit, Ungerechtigkeit und Krieg. In den Peace Rooms *werden wir die Welt verändern.*«

Barbara schien klar zu sein, dass *Holismus* der neue politische Ausdruck sein würde. Damals schrieb sie in ihr Tagebuch: »Wir stehen am Anfang des Zeitalters der Gesamtheit und der Ganzheitlichkeit. Wir werden eine eng verflochtene, wechselseitig abhängige Welt. Was geboren wird, ist der Gedanke des Holismus. Die ganze Person, die ganze Gemeinschaft, die ganze Welt. Was für das 18. Jahrhundert der Gedanke der ›Freiheit‹ war, ist für das 20. Jahrhundert der ›Holismus‹. Es ist ein neues Konzept. Wenn es zu seinem politischen Ausdruck gelangt, wird dies ein so großer Schritt nach vorne sein, wie es die Institutionalisierung des Freiheitsgedankens war.«

So die bemerkenswerten Gedanken dieser bemerkenswerten Frau zu einem bemerkenswerten Zeitpunkt in der Geschichte der Menschheit.

War es das alles wert?

Hatten die monatelangen, energieraubenden Bemühungen und Anstrengungen das gebracht, was Barbara sich erhofft hatte? Nein. Das Mondale/Ferrero-Gespann schien nicht allzu sehr daran interessiert, auf öffentlicher (oder privater) Ebene die Einrichtung eines Peace Room oder Office for the Future im Weißen Haus zu propagieren. Und ein paar Monate später verloren die beiden ohnehin die Wahl.

Hatten die Bemühungen überhaupt irgendwelche nennenswerten Resultate? Ja. Die Botschaft von gesellschaftlichem Wandel, gemeinschaftlicher Schöpfung und Erweckung des Bewusstseins war von viel mehr Menschen gehört worden als je zuvor. Allein durch den Bekanntheitsgrad, den Barbara durch ihre Nominierung als Kandidatin für das zweithöchste politische Amt in den USA erlangte, kauften Tausende neue Leser ihre Bücher, kamen Hunderte neue Zuhörer zu ihren Vorträgen und meldeten sich überall im Land Dutzende neue freiwillige Helfer, die darauf warteten, ihre Ideen umzusetzen.

Ein unerwarteter Aspekt ihrer Kampagne, die spontane Bildung der Positive Future Center im ganzen Land, war ein wichtiger Effekt: »Hier verband sich die innere Arbeit an der persönlichen Weiterentwicklung mit der äußeren Arbeit gesellschaftlichen Handelns«, sagte Barbara in der Rückschau. »Sie markierten die Emergenz einer neuen gesellschaftlichen Form – einer Einheit, die ihre Mitglieder in einem Wandlungsprozess von der Selbstzentriertheit zu ganzheitlichem Bewusstsein und Handeln brachte.«

Das war natürlich von Anfang an Barbaras Lebensziel gewesen. Seit über dreißig Jahren war sie dafür eingetreten, eine »neue gesellschaftliche Architektur« zu schaffen, die die Welt verändern könnte. Und obschon die Positive Future Center nach dem Ende der Kampagne wieder verschwanden, war der von ihnen ausgehende Impuls doch wahrgenommen, war der Samen gesät worden. Viele Tausende Menschen bekamen eine neue Vorstellung von der Rolle, die sie bei der nach vorne gerichteten Bewegung ihrer eigenen Spezies und der Mitschöpfung ihrer Zukunft spielen konnten.

Wie Barbara es rückblickend formulierte: »Die Kampagne wirkte sich nicht auf die gegenwärtige politische Realität aus, sondern auf die Realität von uns, die sich für die Kampagne einsetzten. Wir wissen, dass eine kleine Gruppe politische Wunder bewirken kann, wenn sich ihre Mitglieder auf eine Vision ausrichten und alles geben.«

Kein nächster Schritt

Auf die hektische politische Kampagne (die sie später als »das Abenteuer meines Lebens« bezeichnen sollte; ein Abenteuer, das sie monatelang von einer Stadt in die nächste geführt hatte), folgte naturgemäß eine Phase der Niedergeschlagenheit. Barbara hatte keine Ahnung, was sie als Nächstes tun würde. Es enttäuschte sie, nicht zu wissen, wie sie die Positive Future Center am Leben erhalten konnte. Viele versuchten zu helfen, aber es fehlten die Organisationsstrukturen und finanziellen Mittel. Sie hatte Schulden. Sie würde einige Jahre mit

Vorträgen und Seminaren Geld verdienen müssen, um ihre Schulden zurückzahlen zu können. *Was nun?*, fragte sie sich immer und immer wieder.

Eines Tages hatte sie sich zu ihrem Lieblingskloster begeben, Mt. Calvary in Santa Barbara. Sie war in der Morgendämmerung aufgestanden und saß nun in dem wunderschönen Garten, während sich die Sonne über den Dächern erhob und die Kolibris in ihrer Nähe herumschwirrten. Sie schrieb in ihr Tagebuch: »Schaff eine Aura der Stille um dich herum, bis du mich jederzeit hören kannst. Wenn die Stunde unserer Geburt kommt, werden alle auf ihre Posten gerufen werden.« Die innere Arbeit begann.

Doch sie setzte ihre gesellschaftliche Mission fort. Ihre Freundin Rama Vernon, eine der großen Yogalehrerinnen in den Vereinigten Staaten, suchte sie auf und sagte: »Barbara, du wirst deine Bestimmung in der Sowjetunion finden. Ich möchte, dass du als Leiterin einer Gruppe dort hinreist, um Ängste zu überwinden und neue Beziehungen aufzubauen.«

Barbara sagte Ja. Sie wurde zu einer der vielen Bürger-Diplomatinnen und -Diplomaten, die kurz vor Perestroika und Glasnost Hunderte Amerikaner in die Sowjetunion führten – Delegationen, die in kleinen Gruppen diskutierten und für Bürger der Sowjetunion und USA informelle Besuche in dem jeweils anderen Staat organisierte.

Der Gedanke war, ganz unten anzufangen und die Beziehungen zwischen den beiden Nationen zu verbessern, und Barbara war vom Center for Soviet-American Dialogue eingeladen worden, das gemeinsam mit dem Sowjetischen Friedenskomitee in der Sowjetunion die Reise arrangiert hatte.

Wie sich herausstellen sollte, war dies die erste von einigen solcher Reisen, die sie im Verlauf der nächsten paar Jahre unternehmen sollte.

Trotz allem fühlte Barbara sich unvollständig, aus dem Gleis geworfen – und erfolglos. Ihre »verlorenen Jahre« hatten begonnen. Sie konnte kein spezielles Vorhaben oder Projekt vollständig zur Entfaltung bringen, ihre finanziellen Bedingungen waren nicht stabil, und sie konnte keine realen langfristigen Resultate erzielen.

Sie verlor allmählich ihre Motivation. Sie mietete ein kleines Haus im kalifornischen Irvine, das sie mit Freunden teilte, die an ihrer Kampagne teilgenommen hatten und mit ihr und ihrer Arbeit weitermachen wollten. Aber im Grunde irrte sie durch einen inneren Dschungel ohne ein Zuhause; ihre Kinder waren erwachsen und ihren Lebensgefährten hatte sie an einen allzu frühen Tod verloren …

22

Episode 10: Verlust eines Gefährten
Ende 1981

Zwei Jahre vor der Kampagne für
das Amt der Vizepräsidentschaft ...

Die wunderschöne Melodie von »Stille Nacht«, gespielt von einem überwiegend mit Streichern besetzten Orchester und gesungen mit engelsgleichen Stimmen, schwebt durch den Raum.

Jemand muss, sehr leise, in einem anderen Zimmer ein Radio laufen haben, oder vielleicht ist es die krankenhauseigene Lautsprecheranlage.

John Whiteside ist die zweite langjährige Beziehung in Barbaras Leben. Jetzt sitzt sie an seinem Krankenhausbett, hält seine Hand und beobachtet ihn genau.

Es ist Weihnachtsabend und der Mann, mit dem Barbara SYNCONS entwickelt hat; der Mann, mit dem sie das Theater for the Future (die Grundlage für das Tag-Eins-Event über dreißig Jahre später) gegründet hat; der Mann, der sie praktisch bei jeder Idee, die sie in den letzten zwölf Jahren gehabt hatte, in emotionaler, administrativer, logistischer und sogar produzierender Hinsicht unterstützt hat … ihr Lebensgefährte und Liebster liegt im Sterben.

Es ist Lungenkrebs.

Der Mann rauchte drei Päckchen am Tag. Als er vor zwanzig Monaten die Diagnose bekam, wollte er es nicht glauben und akzeptierte sie nicht. Aber mit der Zeit wurde klar: Er hatte nur noch kurze Zeit zu leben.

Barbara pflegte ihn in den letzten Monaten in Greystone, wo sie über ein Jahrzehnt gelebt hatten. Eines Tages lag er im Bett und lächelte.

»Worüber lächelst du?«, fragte Barbara, die sich bei dem Gedanken daran, dass er sein Leben, dass sie seine Partnerschaft, seine Freundschaft verlieren würde, zutiefst traurig und verlassen fühlte.

»Sonnenschein«, sagte er, »ich weiß, dass du es schaffen wirst. Die Menschheit wird ins Universum hineingeboren, und du wirst deinen Teil dazu tun.«

Er musste tief in seinem Innern gefühlt haben, dass er getan hatte, was er auf dieser Erde hatte tun können. Die von ihnen gemeinsam unternommene Arbeit finanziell rentabel zu machen, war strapaziös und fast unmöglich. Er wollte nicht scheitern, aber die Strukturen der modernen Gesellschaft ließen keine Unterstützung zu.

Jetzt, am Weihnachtsabend, verlässt Barbara erschöpft das Krankenhaus für die Nacht und plant, früh am Morgen wieder zu kommen. John bewegt sich nicht und sagt auch nichts. Eine kleine, ausgezehrte Version seiner selbst liegt er in embryonaler Haltung in seinem Bett. Nicht lange, nachdem sie gegangen ist, stirbt er.

Sie weint, nachdem man sie angerufen hat, aber da ist nichts, was sie im Krankenhaus hätte tun können. Die Krankenschwester am Telefon schlägt ihr mit sanfter Stimme vor, sie solle versuchen etwas zu schlafen und dann gleich frühmorgens ins Krankenhaus kommen. Barbara versucht es, wacht aber immer wieder schluchzend auf. Ruhelos steht sie schließlich noch vor der Morgendämmerung auf und kehrt ins Krankenhaus zurück.

Barbara hat bis dahin noch nie eine Leiche gesehen. Später sagte sie, es sei so unglaublich wie eine Geburt. *Wo bist du?*, fragt sie sich jetzt. Sie berührt ihn und ist für einen Augenblick geschockt festzustellen, dass sein Körper kalt ist und steif wird.

Sie steht an seinem Bett, Tränen verschleiern ihren Blick.

»Oh John ... John ...«, flüstert sie weinend. »Warum bist du gestorben?«

Verdattert hört sie seine Antwort mit so klarer Stimme, dass sie hätte schwören können, er befinde sich direkt neben ihr (und so war es natürlich auch).

Ich bin gestorben, um dir die Freiheit zu geben. Ich habe Arbeit zu leisten in Vorbereitung auf das, was kommt. Wir werden uns wiedersehen.

»Wohin bist du gegangen?«, fragt sie ihn.

Um das große SYCON im Himmel zu erschaffen! In seiner Stimme scheint fast ein Lächeln über seinen kleinen Scherz mitzuschwingen. Dann ...

Ich werde bereit sein, wenn du mich brauchst.

Und das war's.

In seiner gewohnten Air-Force-Manier sagt er: *Over and out.*

Wie es anfing

Barbara und John begegneten sich im Herbst 1969: Sie war Hausfrau und Mutter von fünf Kindern, die in der New Yorker Vorstadt Lakeville, Connecticut, lebte; er war Oberstleutnant der Luftwaffe, der als Medienbeauftragter in New York stationiert war. Ihre Beziehung erwuchs aus ihrer Leidenschaft, ihre »neue Geschichte« über die Zukunft der Menschheit zu erzählen, und aus ihrem Gedanken, dass das amerikanische Raumfahrtprogramm ein wichtiger Bestandteil dieser Geschichte war.

Aus ihrer anfänglichen Bekanntschaft wurde Freundschaft, die sich dann zu einer tiefen, wichtigen Beziehung entwickelte. (Darüber wird später mehr zu hören sein, weil sie die Ausrichtung von Barbaras ganzem Leben änderte. Nicht nur im Sinne dessen, was sie tat, sondern auch in dem, *wer sie war*.)

Als Barbara während einer ihrer wichtigsten Lebensphasen – im Februar 1980, im zehnten Jahr ihrer Partnerschaft – einige Monate von John weg war, um ein Buch zu schreiben, telefonierten sie täglich. In dieser Zeit widerfuhr ihr ihre zweite erstaunliche spirituelle Begegnung ... eine Erweckung, die sie danach immer als »Die Christus-Erfahrung« bezeichnete.

Sie konnte nicht wissen, dass Johns Energie dahinzuschwinden begann, während sie von mehr Energie und Inspiration als je zuvor erfüllt war.

Als sie ihm, gleich nachdem sie sich ereignet hatte, ihre Christus-Erfahrung am Telefon schilderte, war er sprachlos.

»Barbara ...«, war alles, was er für einen Moment sagen konnte. »Barbara ...« Dann fasste er sich. »Ich bin erstaunt. Dies ist zutiefst erstaunlich.«

»Ja, aber was hältst du davon?«, fragte Barbara am anderen Ende der Leitung.

John zögerte keinen Augenblick. »Ich würde mein Leben darauf verwetten, dass es die Wahrheit ist.«

Als Barbara die Arbeit an ihrem Buch vollendet hatte, war sie voller Überschwang nach Greystone zurückgekommen. Sie zeigte John ihr Manuskript. Es war umfangreich. Sehr umfangreich. »Wie nennst du es?«, fragte er.

»*The Book of Co-Creation* (Das Buch der Mit-Schöpfung). Es ist alles da – alles.«

John blätterte die Seiten durch. »Mein Gott, es ist die Bibel, neu geschrieben!«, sagte er völlig überrascht.

»Nun, nicht ganz«, erwiderte Barbara kichernd. »Nur das Neue Testament ...«

»Oh, nur das Neue Testament.« Sie lachten beide.

Es herausfinden – und nicht glauben

Ein paar Wochen später, bei einem Abendessen in New York, schien John zerstreut, unkonzentriert.

»John?«

Barbara sagte es fragend, und in diesem einzigen Wort schwang ihre ganze Besorgnis um ihn mit. Also schaute er sie jetzt an ... abwägend. Dann sanken seine Schultern hinab, und seine Stimme wurde tiefer.

»Barbara, mit mir stimmt etwas nicht, und ich weiß nicht, was es ist.«

Sie sah, wie sich eine Emotion in sein Gesicht schlich – ein Ausdruck, den sie noch nie an ihm gesehen hatte. Es war nicht Besorgnis, auch nicht Frustration oder Ärger. Wenn sie es hätte benennen müssen, hätte sie *Angst* gesagt, aber das lag absolut nicht in der Natur dieses Mannes, wie sie wusste. Vielleicht traf *unerklärliche Beklommenheit* es besser.

John beobachtete, wie sie ihn beobachtete etc., und er versicherte ihr rasch, dass er ihr wie üblich nichts verheimlichte. Sie merkte, und er konnte sehen, dass sie es merkte, dass er das Geschehen zum ersten Mal seit dem Tag ihrer ersten Begegnung nicht »im Griff« hatte. Also entschloss er sich, ihr alles zu sagen.

»Ich bin deprimiert. Ich habe meine Energie, meine Antriebskraft verloren«, sagte er. »Und …«

Er machte eine Pause. Sollte er sie beunruhigen? Sollte er es ihr sagen?

»Was, John? ›Und‹ was?«

»Und … ich habe diesen Schmerz in der Brust.«

Nun fehlten Barbara erst einmal die Worte. Dann fragte sie mit weicher Stimme: »Liebling, und was sagt der Arzt?«

»Ich war nicht beim Arzt.«

»Du warst noch nicht beim Arzt? John, du musst dich durchchecken lassen!«

»Ich weiß. Ich meine, ich nehme an, ich sollte …«

»Da gibt es nichts anzunehmen, John. Du gehst!«

Der Soldat hatte seine Marschbefehl bekommen, und er wusste, dass er seinen »Kommandanten« keinesfalls ignorieren konnte. Er ging.

Der Arzt fand eine Schädigung der Lunge – das Resultat von Johns Jahren als Bergarbeiter vermutete er. Die Schmerzen wurden schlimmer. Dann merkte Barbara eines Tages, dass John Probleme hatte, die Manschetten seines Hemdes zuzuknöpfen.

»Hier, lass mich das machen«, erbot sie sich, und er ließ es zu, aber nicht ohne gequälten Gesichtsausdruck. Barbara wusste, wie sehr es ihm gegen den Strich ging, sich bei einer so einfachen Sache helfen zu lassen. »John?«, fragte sie wiederum nur mit einem Wort.

Ihre Blicke trafen sich, und er blinzelte ein klein wenig, den Kopf etwas geneigt, so wie er es schon viele Male getan hatte. Dies war seine Art, mit ihr Blickkontakt aufzunehmen, wenn ihm etwas Fröhliches, Lustiges, Aufregendes, Stimulierendes, Inspirierendes, oder … der Gedanke an Sex … in den Sinn kam.

Dieses Mal aber war es nichts von alledem.

»Scheinbar funktionieren meine Hände nicht richtig«, murmelte er. »Ich kann meine Manschetten nicht zuknöpfen, meinen Kragen nicht schließen …«

»Oh, John …«

»Und der Schmerz hat sich in den Rücken verlagert.«

»Mein Gott, John, wie lange …« Sie unterbrach sich selbst. »Das ist egal. Wir müssen sofort wieder zum Arzt.«

Die zweite Diagnose war sehr viel eindeutiger, und der Arzt äußerte sich ganz direkt. Barbara erinnert sich nur noch an eine Reihe von Wortfetzen: »Lungenkrebs … Metastasen im Gehirn … ein paar Monate zu leben … bringen Sie Ihre Angelegenheiten in Ordnung …«

Das Schweigen im Auto auf dem Weg zurück nach Greystone war erdrückend. Dann brach es aus John heraus. »Ich akzeptiere das nicht, und ich glaube es auch nicht!« Er hämmerte auf das Lenkrad ein. »Noch vor Weihnachten habe ich das besiegt.«

Zu Hause öffnete er ein Fenster, um die Juniluft hereinzulassen, zündete sich die dritte Zigarette seit dem Verlassen der Arztpraxis an und goss sich einen Drink ein.

Sechs Monate später

Die wunderschöne Melodie von »Stille Nacht«, gespielt von einem vorwiegend mit Streichern besetzten Orchester und gesungen mit engelsgleichen Stimmen, schwebt durch den Raum.

Jemand muss, sehr leise, in einem anderen Zimmer das Radio laufen haben. Oder vielleicht ist es die krankenhauseigene Lautsprecheranlage …

23

Episode 9: Die Christus-Erfahrung
1980

Zwei Jahre vor dem Verlust eines Gefährten ...

Ich habe nun schon ein paar Mal gesagt, dass es in Barbaras Leben im Verlauf ihrer über achtzig Jahre drei bemerkenswerte spirituelle Begegnungen gab. Wir haben uns entschieden, die – dem Schreiben dieses Buches zeitlich nächststehende – dritte Begegnung »Der Kontakt« zu nennen. Sie ereignete sich im Jahr 2002, und Sie haben in Episode 15 schon darüber gelesen. Die erste Begegnung nannten wir »Die Offenbarung von der Geburt«. Sie ereignete sich im Jahr 1966 und darüber werden Sie später in der Episode 6 etwas lesen. Bleibt noch »Die Christus-Erfahrung« – die uns wie die anderen beiden Begegnungen hilft, die prägenden Faktoren in Barbara Marx Hubbards Leben zu verstehen.

Tatsächlich ist sie so entscheidend, dass ich beschlossen habe, *nicht* darüber zu schreiben. Diese Erfahrung ist so subjektiv, so einzigartig und persönlich, dass sie niemand besser schildern kann als Barbara selbst. Also lasse ich sie das auch tun. Ich werde einfach alle Aufzeichnungen, Quellen und früheren Manuskripte, die sie mir zur Verfügung stellte, heraussuchen und Barbara diese Erfahrung selbst beschreiben lassen.

Abgesehen von der Tatsache, dass niemand dies besser schildern kann als sie, gibt es noch einen anderen Grund, warum ich Barbara im nächsten Abschnitt selbst zu Wort kommen lassen möchte. Sie erhielt in ihrer »Christus-Erfahrung« eine Lehre, eine Botschaft und eine Offenbarung, die meiner Ansicht nach genau so, wie sie übermittelt wurde, in dieses Buch aufgenommen werden soll, ohne dass ich versuche, hier irgendetwas zu deuten, zu übersetzen oder zu berichten.

Ich werde mich hier also als Autor kurz verabschieden und Sie Barbaras gesammelten Aufzeichnungen überlassen – mit einer Ausnahme: Ab und zu habe ich zur besseren Strukturierung ein paar Überschriften eingefügt.

Es folgt nun Barbaras eigene Beschreibung von der Christus-Erfahrung, gefolgt von der Offenbarung über Was Es Alles Bedeutet, die sie erhielt …

**In Barbaras eigenen Worten,
ihren Aufzeichnungen und Tagebüchern entnommen …**

Es war 1980. Ich war fünfzig geworden und befand mich in der Menopause.

Eines Tages war ich im Untergeschoss von Greystone beim Putzen, als ich eine innere Stimme hörte: *Barbara, würdest du gerne sterben wollen?* Ich erschrak. Die Stimme klang verlockend, verführerisch. *Nun*, dachte ich, *es könnte ganz schön sein … aber ich bin noch nicht mit allem fertig.*

Die innere Stimme fuhr fort: *Würdest du gerne Krebs kriegen oder würdest du dich gerne verjüngen? Krebs ist das panische Bemühen des Körpers, ohne Plan weiter zu wachsen. Die Verjüngung setzt ein, wenn du den tieferen Plan für dein Leben entdeckst und Ja dazu sagst.*

Ich dachte darüber nach, nickte der inneren Stimme zu und sagte zu mir selbst: *Ich entscheide mich für die Verjüngung. Ich entscheide mich dafür, den tieferen Plan für mein Leben zu entdecken ...*

Wenn wir aufhören Kinder zu gebären, so wurde mir klar, sind wir bereit, uns selbst zu gebären.

Ja zum Plan zu sagen heißt, die Geburt des Selbst willkommen zu heißen. Für die Mit-Schöpferin ist dies das nächste Stadium in ihrem Leben. Sein Ende ist offen. Wir wissen noch nicht, wohin es führen wird. Da ich mich dazu entschied, in diesem Leben den ganzen Weg zu gehen, wusste ich, dass mein *Ja* zu dieser Stimme mir meine größere Bestimmung enthüllen würde.

Ich plante ein Buch zu schreiben, in dessen Mittelpunkt die Zukunft der Menschheit stehen sollte (nunmehr unter dem Titel *The Evolutionary Journey* erhältlich). In Greystone konnte ich es nicht schreiben, da war immer viel zu viel los. Ich sagte zu John: »Ich muss aus Washington raus und ein ruhiges Plätzchen zum Schreiben finden.« Also mietete ich für drei Monate ein kleines Haus in Santa Barbara und begab mich dorthin. Jeden Tag rief ich John an, um ihm zu erzählen, wie es mit dem Schreiben voranging.

Es waren keine guten Nachrichten. Mit dem Schreiben ging es überhaupt nicht voran. Tatsache ist, dass ich eine ganz gewaltige Schreibblockade hatte. Eines Tages gab ich auf und lud meine Schwester Jacqueline ein, mich zu besuchen. Ich hatte das Gefühl, ich sollte einfach mal eine Weile überhaupt nicht mehr daran denken. Jacqueline nahm einen Flug von Stanford aus, wo ihr Mann an der Universität Rechtswissenschaft lehrte.

Ich hatte dem Universum eine Frage gestellt: »Was für eine Art von Mensch kann all diese neue Macht, die die Menschen haben, handhaben?« Ich konnte erkennen, dass wir, wenn wir alle Kräfte, die uns neuerdings zur Verfügung stehen, gut nutzten, die gegenwärtigen menschlichen Bedingungen – ja sogar den animalisch-menschlichen Lebenskreislauf – vollständig transzendieren würden.

Mir wurde klar, dass wir ebenso, wie wir kein Bild von unserer kollektiven Zukunft haben, auch keine positiven Bilder von uns selbst in dieser Zukunft haben. Wir würden nicht Jesus Christus oder Buddha werden. Futuristen boten Vorstellungen von bionischen Frauen, Hightech-Monstern und Weltraumwesen an ... *Wer werden wir?*

Es muss mehr sein als Maslows sich selbst verwirklichender Mensch. Die Menschen werden in die neue Kultur der Hochtechnologie mit den Kräften von Göttern hineingeboren; diese neue Phase menschlicher Existenz birgt das Potenzial in sich, alles Leben zu verändern.

Mit dieser Frage und der Frustration über meine Schreibblockade unternahm ich mit meiner Schwester eine Fahrt durch die prachtvoll leuchtenden Hügel von Santa Barbara. Es war Februar und perfektes Wetter in Südkalifornien.

Wir verirrten uns. Da entdeckte ich einen kleinen Wegweiser mit der Aufschrift: MT. CALVARY MONASTERY.

Ich hatte plötzlich ein Déjà-vu-Erlebnis und sagte zu meiner Schwester: »Jacqueline, hier war ich schon mal!« Tränen traten mir in die Augen, und ein Gefühl großer Erwartung ergriff von mir Besitz, als wir die gewundene Straße hochfuhren.

Gewahrsein auf dem Berg

Wir gelangten zu einem kleinen Kloster mit Blick über die Berge und das Meer. Aus irgendeinem Grund blickte ich hoch und sah dort wundersamerweise menschengleiche Schmetterlinge erscheinen, die in ekstatischer Freude und Freiheit an einem Kreuz vorbeischwebten!

Wie sich herausstellte, handelte es sich um einen ganzen Club von Gleitschirmsportlern, so an die fünfzig Leute, die auf einem höheren Berg starteten und mit ihren Gleitschirmen über dem Mount Calvary schwebten. Wie ein greller Blitz durchzuckte ein Gedanke meinen Geist: Massenmetamorphose. Wir werden alle eine Wandlung erfahren. Wir alle *sind dabei*, eine Wandlung durchzumachen.

Dann hatte ich eine innere Erfahrung von Christus – nicht nur als Jesus von Nazareth, sondern als allwissende, allgegenwärtige Essenz, die uns vorwärtszog, hin zur totalen und radikalen Erfüllung unseres göttlichen menschlichen Potenzials. Und ich hörte die Worte …

Meine Auferstehung war real. Sie ist eine Vorschau auf das, was die Menschheit kollektiv tun wird, wenn ihr Gott über

*alles andere, euren Nächsten wie euch selbst und euch selbst,
in Verbindung mit Wissenschaft und Technologie, als gottglei-
che Wesen liebt. Ihr werdet alle eine Wandlung erfahren.*

Ich dachte: *Oh mein Gott, die westliche Zivilisation wurde
auf einer Geschichte der radikalen Umwandlung der Person
zum ewigen Leben aufgebaut. Im Glauben, dass wir umge-
wandelt werden, haben wir die Technologien entwickelt, die
uns eine tatsächliche Umwandlung erlauben. Über die Wissenschaft, Demokratie, Technologie und Industrie lernen wir,
unsere Lebensspanne zu verlängern. Wir lernen, Körperteile
neu herzustellen. Wir lernen, im Weltraum zu leben. Aber wir
haben vergessen, dass die Gestalt, zu der wir werden, die eines
christusgleichen Wesens ist. Nicht Jesus Christus, sondern
Mit-Schöpfer.*

Ein weiterer elektrisierender Gedanke schoss mir durch den
Kopf: *Deshalb wird uns die Macht von Göttern gegeben. Damit wir uns in universellem Maße radikal und total in mit-
schöpferische Wesen umwandeln.*

Ich war von dem Bewusstsein erfüllt, dass unsere Hoch-
technologien in einem geschlossenen System der Erde voller
egozentrischer Menschen, die sich gegenseitig bekämpfen und
alles verschmutzen, eine Gefahr darstellen. Doch wenn die
Zeit kommt, könnten sie *natürliche Fähigkeiten* einer universellen Spezies darstellen. Wir üben jetzt für unser künftiges
Leben, sowohl auf der Erde wie auch im Weltraum, wenn wir
ins nächste Stadium unserer Evolution überwechseln und zu
einer universellen Spezies werden. *Jesus war der Prototyp des
künftigen Menschen.*

Die planetarische Geburt ist genau genommen der Augenblick, in dem diese Art von Mensch zum ersten Mal auf Erden *en masse* in Erscheinung tritt. Frauen weisen den Weg. Das ist die tiefere Bedeutung des weiblichen Mit-Schöpfers.

Die Offenbarungen setzen sich fort

In der nächsten Woche begab ich mich zu einem Schweigeretreat in dieses Kloster und begann eine christusgleiche Stimme zu hören. So »erhielt« ich einen Strom von Worten ...

Ihr, ihr alle, die ihr danach verlangt und bereit seid, seid der Weg. Seid euch selbst ein leuchtender Leitstern. Diese winzige Gruppe – diese tapfere Versammlung von Seelen, die von der Zukunft der Welt angezogen werden – ist meine Avantgarde. Es sind Seelen, die sich selbst dazu auserwählt haben und hier sind, um das Wunder der Wiederauferstehung in die Tat umzusetzen als die Verwandlung der Menschheit vom Homo sapiens in den Homo Universalis.

Oh, Menschheit, was eure Augen erblicken werden, wird euer brechendes Herz mit Freude erfüllen.

Ihr, die ihr von Trauer erfüllt seid über den infantilen Zustand der Menschheit, passt auf. Erhebt euer Herz, richtet den Blick nach oben, werft den Kopf zurück und lobpreist den Tag, der da kommt ...

Die Stimme fuhr jeden Tag fort. Ich nahm mir wieder das Neue Testament vor und erlebte es als verschlüsselten Ausblick auf die Evolution. Wenn wir es aus der Sicht dessen lesen, was wir werden, können wir erkennen, dass Jesus unsere Zukunft vorwegnahm. Die jungfräuliche Geburt, die Wunder, der Tod seines Körpers, das Auftauchen eines neuen, für Gedanken empfänglichen Körpers – ist es nicht das, was möglich sein könnte, wenn wir unsere Fähigkeiten vollständig zusammenbringen und vereinen?

Nur aus der Sicht der evolutionären Zukunft können wir den Kode der Heiligen Schrift voll und ganz verstehen. Sie ist nicht metaphysisch, allegorisch, mystisch oder für sich allein stehend. Sie ist evolutionär.

Das bedeutet, wir werden den Wandel in der realen Zeit erleben, im Verlauf der Geschichte, so wie es auch heißt, dass sich das Leben Christi historisch ereignet hat. Das ist der Punkt. Die ganze Geschichte könnte *durch uns wahr werden*, wenn wir in die Periode *bewusster Evolution* eintreten.

Die Schreibblockade hat ein Ende

Ich ging die Evangelien, die Apostelgeschichte, die Briefe und die Offenbarung Vers um Vers durch und schrieb sechs Monate lang ohne Unterbrechung und ohne im herkömmlichen Sinn zu »denken«. Ich fragte einfach: »Was bedeutet das?«, und die Gedanken strömten durch einen Geist, der bereit war. Es war die wunderbarste Zeit meines Lebens. Ich produzierte eine umfangreiche Abhandlung, der ich den Titel *The Book of Co-Creation* gab.

(Der letzte, von der *Offenbarung des Johannes* inspirierte, Abschnitt wurde unter dem Titel *The Revelation: A Message of Hope for the New Millenium* veröffentlicht.)

Ich war durchdrungen vom Geist des evolutionären Christus und hatte das Gefühl, dies sei es, was wir werden können, wenn wir alle dem Wandel unterworfen werden.

Die Magie des Ja ...

Ich bekam zwei grundlegende Weisungen. Die erste war: *Sei Ich ... ganz und gar. Ich möchte jetzt Demonstrationen, Barbara.*

Ich antwortete: »Ich habe mich dazu entschieden, aber ich weiß nicht, wie ich es machen soll.«

Die Antwort darauf war: *Wusstest du, wie du deine Geburt bewerkstelligst? Wusstest du, wie du die Pubertät »machst«? Du entscheidest dich; ich mache es.*

Ich entschied mich, so wie ich auch zur Frage nach der Verjüngung *Ja* gesagt hatte. Alle diese *Ja*-Antworten begannen sich meiner Überzeugung nach auf meine DNS auszuwirken. Das ist die tiefste Bedeutung von *Selbst-Evolution*. Wir entwickeln unser Selbst, wenn wir zu unserem ruhenden Potenzial *Ja* sagen und entsprechend handeln. Jedes *Ja* schließt einen weiteren Kode auf.

Die zweite entscheidende Weisung war: Die Alternative zur Apokalypse ist ein planetarisches Pfingsten. Dies wird eine Zeit sein, in der eine kritische Masse der Menschen aus ihrem Innern – in ihrer jeweils eigenen Stimme und Sprache – die inneren Worte Gottes vernehmen wird.

Ich erkannte, dass dies eine frühe Vorbereitung auf das Potenzial der planetarischen Geburtserfahrung war, die eine allgemeine, allumfassende Version der gleichen vorangegangenen Inspirationserfahrung ist. Mir wurde gesagt, dass wir in unserer Lebenszeit gemeinsam für das *planetarische* Pfingsten arbeiten sollen, nicht im Sinne von Religion, sondern als Erfahrung einer sich entwickelnden Menschheit, so dass wir alle unsere innere Stimme in unserer eigenen Sprache hören können. Es wäre die Stimme des GEISTES, die von einer kritischen Masse der Menschheit vernommen werden würde, wodurch wir uns selbst weiterentwickeln und die Welt verändern würden.

Wir sollten »evolutionäre Zirkel« mit zwei oder mehr Personen bilden, um uns selbst als Universelle Menschen zu gebären. Denn in diesem Resonanzfeld werden wir alle eine Wandlung erfahren.

Die Kirche der Zukunft ist die entwickelte Person. Die Erfüllung der jüdisch-christlichen Geschichte ist die Geschichte, wie wir alle, jeder und jede von uns, zu Mit-Schöpfern mit dem Göttlichen werden.

Ich hatte die Worte gehört: *Verlass nicht meine Kirche – entwickle sie. Erweitere meine Kirche zu einem neuen Vehikel für neue Wesen und die Wiederauferstehung des Gemeinwesens.*

Was ist »die Wiederauferstehung des Gemeinwesens« anderes als die radikale Transformation aller unserer Systeme und die Anwendung unserer neuen Technologien und Fähigkeiten in Übereinstimmung mit der Natur und dem GEIST?

Wenn wir das volle Ausmaß unseres wissenschaftlichen und gesellschaftlichen Potenzials mit unserer emergierenden

Spiritualität verbinden, werden wir uns selbst enthüllt sehen. *Das ist die Bedeutung unserer neuen Kräfte* – die Antwort auf eine Frage, die ich vor so vielen Jahren gestellt hatte.

Ich begann einen kleinen Eindruck von uns selbst in der Zukunft zu gewinnen, von uns als Universellen Menschen, die über das Herz mit dem Leben als Ganzem verbunden sind, die neue Technologien für die Wiederherstellung der Erde nutzen, die die Menschen befreien und den Kosmos im Innern und über ihn hinaus erforschen. Ich war total, zutiefst begeistert. Die hormonelle Energie der Transformation aktivierte meine Zellen. Es war wahrlich eine Form von Verjüngung.

Ich rief John jeden Tag an, um ihm vorzulesen, was ich geschrieben hatte.

Ich trug ihm meine These vor, dass der Schleier während des Übergangs (in den wir 1945 eintraten, als wir die neue Macht gewannen, zu zerstören oder gemeinsam zu erschaffen) dünner wird. Die Seele inkarniert sich und bereitet Individuen auf die Selbst-Evolution vor, was zur »Wiederauferstehung« führt – das heißt, Transformation und tatsächliche Transsubstantiation oder Metamorphose, Vergöttlichung des Körpers oder ein universell verkörpertes Selbst. Als alter Soldat und von den Südstaaten geprägter Baptist war John überrascht. Und er liebte es. Er sagte, er würde sein Leben darauf verwetten, dass es die Wahrheit ist.

(ENDE VON BARBARAS AUFZEICHNUNGEN UND TAGE-BUCHEINTRÄGEN ÜBER DIE CHRISTUS-ERFAHRUNG)

Ich möchte an dieser Stelle dankbar erwähnen, wie mutig es von Barbara war, mir zu erlauben, viele Auszüge aus ihren ganz privaten Tagebüchern zu veröffentlichen, die sie mir ursprünglich als Hintergrund- und Recherchematerial für dieses Buch überlassen hatte. Ohne diesen Zugang würden wir nie wissen, welche spirituellen Fragen und mystischen Einsichten sie angetrieben haben. Wir hätten viel über die äußeren, aber nichts über die inneren Aspekte ihres Lebens in Erfahrung gebracht. Doch die wahren Schätze eines Menschen liegen im Innenleben. Hier haben Sinn und Bedeutung ihren Sitz, hier existiert der echte Reichtum – und hier findet sich die Chance, dass wir alle etwas lernen können.

So schreibt Barbara zum Beispiel in ihr Tagebuch, sie habe Christus so erfahren, dass »er uns vorwärtszieht hin zur totalen und radikalen Erfüllung unseres göttlichen menschlichen Potenzials«. Wir mögen dieser Interpretation seines Lebens zustimmen oder nicht, aber ich muss sie Ihnen übermitteln, wenn ich Barbaras Geschichte in aller Vollständigkeit erzählen soll. Und deshalb danke ich ihr dafür, dass sie uns den Blick auf sie in so völliger Transparenz gestattet.

Barbara Marx Hubbards ganzes Leben hat zu den drei spirituellen Begegnungen geführt, die ihre Reise kennzeichnen: Die Offenbarung von der Geburt, Die Christus-Erfahrung und Der Kontakt. Wäre ihr Leben nicht so eindeutig darauf angelegt gewesen, sie sowohl dazu zu motivieren wie auch Jahre darauf verwenden zu lassen, nach der Geschichte der gegenwärtigen Realität der Menschheit zu suchen und sie dann zu erzählen, dann hätte sie diese drei spirituellen Begegnungen vielleicht einfach als *zusammenhangslose und bedeu-*

tungslose Bilder, die sich vor ihrem inneren Auge abspielten, missverstehen können.

Die Tatsache, dass sie auf diese Bilder *vorbereitet* war – dass sie schon bei ihrem Eintreffen Sinn ergaben –, ist das, was ihre Wirkung ausmacht.

Und ohne diese spirituellen Begegnungen hätte ihr Leben vermutlich *nie im Tag-Eins-Event von 2012 seinen Höhepunkt erreicht* – das gemeinsam mitzuerschaffen wir nun alle insofern die Gelegenheit haben, als wir unsere Begegnung *mit diesem Buch* hatten.

Sehen Sie, wie das alles funktioniert?

Überlegungen und Erkundungen

Klarheit und Visionskraft kommen uns allen zu

Wenn wir über die eben beschriebene Zeit nachdenken und uns Barbaras Erfahrung genauer anschauen, um zu sehen, wie wir alle davon profitieren können, werden wir daran erinnert, dass …

> **… mystische Erfahrungen ein Geschenk des Lebens an uns alle sind. Es gibt niemanden unter uns, der sie nicht schon gemacht hätte. Keine einzige davon ist bedeutungslos. Und wie bei den Schneeflocken gibt es keine, die einer anderen genau gleicht.**

Mag sein, dass wir unsere Erfahrungen irgendwie anders benennen, dass wir sie nicht als das erkennen, was sie sind, oder als Phantasieprodukte abtun, wenn sie sich ereignen. Aber wir alle werden in vielen Formen vom Leben selbst beschenkt mit Mitteilungen *aus* dem Leben selbst.

Barbara nannte ihre Begegnung im Jahr 1980 eine »Christus- Erfahrung«. Diese Benennung war vielleicht ein Ergebnis ihrer westlichen Kultur, des speziellen Umfeldes, in dem sie stattfand (schließlich hielt sie sich auf dem Gelände eines katholischen Klosters auf), ihres eigenen Verständnisses von Jesus Christus als spirituell revolutionär wie auch spirituell evolutionär, oder einiger anderer Faktoren. Es spielt keine Rolle.

Wie immer man es nennt, für alle beinhaltet ein solcher Moment in seinem Wesenskern dasselbe: ein Sich Öffnen für inneren Frieden, Klarheit und Liebe, das die normale menschliche Erfahrung übersteigt; ein Erfülltwerden mit Gedanken, die uns bis dahin nie gekommen sind; eine Erweiterung des Gewahrseins und der Bewusstheit über alle vorherigen Grenzen hinaus. Und oft einen flüchtigen Einblick in eine Zukunft oder eine Vision davon, wie sie sich die meisten Menschen nicht vorstellen können – und von der man anderen besser nichts erzählt, es sei denn, man ist darauf vorbereitet, schief angesehen zu werden.

Barbara wurde, zumindest von so manchen, ein halbes Jahrhundert lang schief angesehen. Denn sie hatte schon lange vor ihrer Christus-Erfahrung und ihrer »Kontakt«-Erfahrung im August 2002 innere Führung von etwas erhalten, das sie verschiedentlich als eine »innere Stimme« bezeichnete. Und sie hatte alle Einblicke in eine Mögliche Zukunft, die sie aus diesen Momenten bezogen hatte, mit anderen geteilt.

Während die einen die Stirn runzelten und laut fragten, worüber Barbara da eigentlich sprach, meinten andere, sie habe eine seherische Gabe. Buckminster Fuller nannte sie »den in Sachen Futurismus am besten informierten derzeit lebenden Menschen«. Jonas Salk sagte, sie sei einer der wenigen Menschen auf der Welt, die seine weitreichenden Visionen in Bezug auf das Morgen komplett verstehen. Und sie brachte mächtige Menschen – wie etwa Präsident Eisenhower – mit ihren Fra-

gen in Verlegenheit, während sie andere einflussreiche Persön-
lichkeiten – darunter Abraham Maslow, Thomas Merton und
Lewis Mumford – zutiefst beeindruckte, auch wenn diese mit
ihrem Denken und ihren Einsichten nicht immer völlig auf der
gleichen Linie waren.

Natürlich sind Klarheit und Visionskraft uns allen zugänglich. Darum geht es hier. Das ist der Grund für dieses Buch.
Barbara Marx Hubbard ist ein ganz normaler Mensch. Sie hat
geheiratet und wurde geschieden, sie hat fünf Kinder zur Welt
gebracht und aufgezogen, sie hatte außereheliche Liebhaber,
sie hatte mehrere Berufungen und einige »Minikarrieren«.
Stimmt schon, einige ihrer Abenteuer in der Außenwelt ent-
sprachen nicht ganz den im kleinstädtischen Amerika gängigen Versionen, aber alle befanden sich im Rahmen normaler
menschlicher Begegnungen und Begebenheiten.

Schließlich ist Barbara nicht die Einzige, die sich um das
Amt der Vizepräsidentschaft bewarb, nicht einmal die einzige
Frau. Auch ist sie nicht der einzige Mensch, der einem Präsidenten eine Frage stellte, auf die er keine Antwort wusste. Sie
ist nicht die Einzige, die Projekte zur Verbesserung des Lebens
der Menschheit insgesamt initiierte, und auch nicht die Einzige, die tief über die innersten Angelegenheiten der Seele
nachsinnt.

Nichts, was Barbara Marx Hubbard getan hat, hebt sie so
weit vom Rest von uns ab, dass wir uns nicht mit ihr identifi-
zieren oder uns nicht vorstellen könnten, so wie sie zu sein.
Und ich hoffe, dieses Buch wird uns allen ermöglichen uns
vorzustellen, *wie Barbara* zu sein: die Stimme der Weisheit
und Klarheit zu hören wie Barbara; das Göttliche im Innern

zu erfahren wie Barbara; die Essenz von Wer Wir Sind zum Ausdruck zu bringen wie Barbara; und vom Essentiellen Selbst zum Universellen Selbst überzugehen ... wie Barbara.

Wir *können* das – und somit die Welt verändern. Denn wenn wir es *alle* tun, kann das Leben auf Erden unmöglich so bleiben, wie es ist. Aber dafür werden wir uns von vielen unserer vormaligen Vorstellungen darüber, wer wir sind, warum wir hier sind und worum es im Leben geht, lösen müssen. Wir werden uns der Legion der Mutigen anschließen müssen; denen, die sich dazu entschieden haben, sich ein *Leben* zu schaffen statt nur einen Lebensunterhalt.

Wir können anfangen, indem wir uns morgen früh beim Aufstehen fragen: *Mache ich mich in den heutigen Tag auf, um Dinge zu tun, die meine Seele zum Singen bringen? Sind meine Aktivitäten am heutigen Tag so geartet, dass sie mein Herz weiten, meinen Geist beleben und ein Segen für meine Welt sind?*

Wenn Ihre Antwort darauf *Nein* ist, dann fragen Sie sich: *Warum mache ich es dann?*

Ich werde nie vergessen, was die verstorbene Dr. Elisabeth Kübler-Ross, Psychiaterin und weltberühmte Autorin von Büchern über das Sterben und den Tod, zu mir sagte, als ich Ende dreißig war. Ich begegnete ihr bei einem Vortrag und erzählte ihr, dass ich die Arbeit, die ich machte, so sinnlos fand, dass ich sie hasste.

»Warum machen Sie so etwas?«, fragte sie mich.

»Ich muss es machen, um zu überleben.«

»Sie überleben nicht, Sie gehören zu den wandelnden Toten«, sprach sie.

Binnen eines Monats hatte ich meinen Job gekündigt.

Um dergleichen tun zu können, müssen wir wissen, dass uns allen die größte Gelegenheit, die uns das Leben bietet, die Einladung zur bewussten Evolution, wirklich offensteht. Das Leben selbst spricht ständig diese Einladung an uns aus.

Wir werden diese Wahrheit auf den kommenden Seiten eingehend erkunden, indem wir mehr und mehr von Barbaras Geschichte erzählen.

Genießen Sie es.

24

Episode 8: Das Erzählen der neuen Geschichte
1979

Ein Jahr vor der Christus-Erfahrung ...

Ist es nicht interessant, wie wir »heute« Dinge in Vorbereitung auf »morgen« tun können, ohne je darum zu wissen? Nur wenn wir auf unser Leben zurückblicken, erkennen wir, dass so vieles von dem, was wir getan haben (ich möchte sagen, *alles*, was wir getan haben) eine »Probe« für das war, was im Moment vonstattengeht ...

Barbara kreierte *dreiunddreißig Jahre vor* dem künftigen Tag-Eins-Event einen Vorläufer davon. Sie hatte die Geschichte dessen, was sie als »Geburt der Menschheit« ansah, fast ihr ganzes bisheriges Erwachsenendasein anderen übermittelt – doch jetzt, im letzten Jahr dieses Jahrzehnts, entdeckte sie eine aufregende *neue* Möglichkeit, dies zu tun. Und genau das brauchte sie auch, um ihr eigenes Interesse daran wach zu halten.

Es mag merkwürdig sein, so etwas zu sagen, es sei denn, Sie haben die »halbes Jahrhundert«-Marke erreicht und schon hundert Mal oder öfter die gleiche Rede gehalten, das gleiche Interview gegeben oder den gleichen Zeitschriftenartikel verfasst.

Politiker kennen das. Sie haben eine fertige »parteipolitische Rede« im Gepäck, die sie dann mit kleineren Abweichungen je nach den lokalen Gegebenheiten immer wieder halten. Geistliche kennen das. Sie halten jedes Jahr die gleichen Predigten, die sie je nach Jahreszeit ein wenig abwandeln. Autoren kennen das. Sie schreiben die gleichen drei Bücher immer und immer wieder, und ändern nur geringfügig den Handlungsablauf oder die Herangehensweise.

Schließlich haben alle es satt, immer wieder dasselbe auf dieselbe alte Art zu sagen, vor allem wenn nach einer Weile die Variationen zum Thema auszugehen drohen.

Aber jetzt, 1979, haben Barbara und John Whiteside eine neue Möglichkeit gefunden zu sagen, was Barbara, seit sie sechsunddreißig war, anderen mitteilte. Sie hatten ihre Botschaft in ein Bühnenstück samt Originalmusik, Ton- und speziellen Lichteffekten gepackt. Sie nannten es:

DAS THEATER FÜR DIE ZUKUNFT
Eine Vorschau auf kommende Attraktionen

Beide können unmöglich wissen, dass diese kleine Produktion – die sie in einem riesigen Laster verstaut haben und mit der sie wie kaum bekannte Musiker durch die Lande ziehen – zum Großteil die Basis bilden wird für ein riesiges Bühnenspektakel, das an die *dreiunddreißig Jahre später* für ein weltweites Publikum im Internet übertragen werden wird. Dies ist, wie sich herausstellt, die Mutter aller Testtouren durch die Provinz.

Wenn die Neue Geschichte (wie Barbara sie seit 1966 nennt) nicht so gestaltet wird, dass die Leute sie leicht »kapieren« und *gerne* kapieren, dann wird sie überhaupt niemand kapieren. Jedenfalls nicht mehr als eine Handvoll Leute. Dies ist Barbara und John klar geworden. Und Barbara braucht mehr als eine Handvoll – sie will, dass die *ganze Menschheit* dies hört!

Der Vorläufer des Tag-Eins-Events

Und jetzt sind sie wieder in einer anderen Stadt, an einem anderen Veranstaltungsort, und der Raum wird dunkel. Plötzlich erscheint ein Lichtkreis und mittendrin steht Barbara. Sie beschreibt die Suche nach dem Sinn des Daseins und lädt dann die Leute ein, das Leben auf neue Art zu sehen.

»Stellen Sie sich das Universum vor, Milliarden um Milliarden Galaxien, Unmengen Sonnensysteme … manche weisen vielleicht Leben auf, das dem unseren vergleichbar ist«, so beginnt sie.

Dann nimmt sie das Publikum mit durch die evolutionäre Spirale und gibt einen Ausblick darauf, wie es sein könnte, wenn alles, was wir unserem Wissen nach tun können, funktioniert. Bilder von uns, wie wir zu einer universellen Menschheit werden, überfluten die Leinwand hinter ihr. Wir sehen uns selbst in kosmischem Bewusstsein. Wir leben in einer Umwelt von Erde und Weltraum. Wir erweitern unser Leben, unsere Intelligenz und unsere Fähigkeiten.

»Mutter Erde«, verkündet Barbara, »gebiert eine universelle Menschheit. Wir treten in einen neuen Paradiesgarten der Mit-Schöpfung ein, wo sich der Baum des Lebens befindet.

Im ersten Paradiesgarten waren wir eingebettet in die Natur und den GEIST. Dann verließen wir ihn. Den Grund dafür werden wir vielleicht nie kennen. Doch Folgendes wissen wir: Fünfzigtausend Jahre lang haben wir die große Heldenreise der Trennung und Individuation erduldet, bis wir nun in unserem Zeitalter die Materie selbst durchdrungen und die unsichtbaren Prozesse der Schöpfung entdeckt haben – das Atom, die Gene, das Gehirn.

Wir erlangen die Macht von Göttern. Aber wenn wir voneinander, von der Natur und von den tieferen Mustern der Schöpfung getrennt und abgespalten bleiben, werden wir ganz gewiss unsere Macht missbrauchen und unser Leben zerstören.

Hier im Theater für die Zukunft übertreten wir die Schwelle vom Land des getrennten Menschen hinein in einen neuen Paradiesgarten der Mit-Schöpfung. Dies ist der Achte Tag der Schöpfung. Am Siebten Tag ruhte Gott und sah, dass es gut war. Am Achten Tag erwachte die Menschheit, und wir erkannten, dass wir für unseren Anteil an der Schöpfung verantwortlich sind.«

(*Anmerkung des Autors*: Dreiunddreißig Jahre später sollte dieses Szenarium des »Achten Tages« zum Tag-Eins-Szenarium im Dezember 2012 werden.)

»Dies ist der Plan der Schöpfung. Wir sollen lernen, gemeinsam mit dem Göttlichen Mit-Schöpfer zu sein. Unsere Probleme – all die Herausforderungen, vor die sich die

Menschheit gestellt sieht – sind evolutionäre Antriebskräfte, die uns um des Überlebens willen aufwecken. Sie bringen uns dazu, dass wir uns unserer Kreativität zuwenden. Sie zwingen uns dazu, uns zusammenzutun (ob uns das nun gefällt oder nicht). Sie lassen uns vom Äon der maximalen Fortpflanzung (*procreation*) zum nächsten Äon der Mit-Schöpfung (*co-creation*) übergehen.

Wir sind dabei zu entdecken, was es bedeutet, voll und ganz Mensch zu sein … oder aber uns selbst zu zerstören. Im Paradiesgarten der Mit-Schöpfung lernen wir, uns wieder mit der Göttlichkeit im Innern, mit der Natur, mit*einander* und mit dem ganzen Schöpfungsprozess zu verbinden. Es ist der neue Raum im Bewusstsein, in dem wir die Erfahrung des Aufbaus einer neuen Welt machen, die unserem vollen Potenzial entspricht. Es ist ein Kindergarten für kleine angehende Götter.«

Das Programm endet mit einer liebevollen Beschreibung der planetarischen Geburt. Pachelbels Kanon in D-Dur bildet den musikalischen Hintergrund, ein auf die Leinwand projiziertes Bild von der sich »im Synergieprozess befindlichen Erde« zeigt Lichter, die sich über den ganzen Planeten hinweg miteinander verbinden, bis die ganze Welt erstrahlt. Zum Ausklang der Vorstellung sagt Barbara …

»Wir sind ein Leib. Wir sind universell. Wir sind höheres Leben. Wir lernen mehr über Gott in dem Maße, wie wir die Schöpfungsprozesse verstehen und zu Mit-Schöpfern werden. Wir werden zu den Zweiten Paaren, die am Baum des Leben stehen – ein ganzes Wesen vereint sich mit einem ganzen Wesen.«

Im Raum gehen die Lichter wieder an. Es fühlt sich an, als sei die Erde zu einem lebendigen Körper geworden, von Leben umgeben, und als hätten die Leute ihr kollektives Auge geöffnet und lächelten gemeinsam ist erstes planetarisches Lächeln.

Die Auswirkungen des Programms ... auf Barbara selbst

Wenn Barbara dieses Programm präsentiert, mit der wundervollen Hilfe von John, der die ganze technische Seite entwickelt hat, steigt nach und nach etwas in ihr auf.

Sie beschreibt John diese Erfahrung.

»Es geht über ›Supra-Sex‹, über den Sinn und Zweck des Lebens hinaus. Es ist GEIST an sich. Es ist der Schöpfer im Innern. Ich tauche in den Prozess der Schöpfung ein und bestätige ihn für unsere Spezies in ihrer Gesamtheit.«

John lächelt und nickt verstehend.

»Mein eigenes biochemisches System nimmt dies ernst! Wie wir glauben, so *geschieht* uns. John, als ich die Worte im Feld der Empathie und Resonanz sprach, das wir in diesem Raum hergestellt haben, haben sich meine medialen Fähigkeiten eingeschaltet. Ich war durch diese Ideen und das Publikum mit der Gesamtheit des Lebens verbunden. Einen Augenblick lang hatte ich das Gefühl, ich werde tatsächlich hellsichtig und telepathisch. Ich glaube, dass wir alle diese so genannten paranormalen Fähigkeiten in uns haben, die auf eine Zeit der tiefen Resonanz mit der Bewussten Kraft selbst warten, um uns in Fahrt zu bringen.

Ich hatte einen Vorgeschmack auf die Sättigung von ›Evas Hunger‹. Es ist der Hunger nach der Vereinigung mit Gott und allem Leben als Teil des Schöpfungsprozesses. Es ist der Hunger danach, Mit-Schöpfer zu werden. Dies ist der neue weibliche Archetypus, der in uns geboren wird. Der Hunger Evas war meine Triebkraft: vom Leben als jüdisches agnostisches Kind hin zur Suchenden, Ehefrau und Mutter und Futuristin bis zur Entdeckung der neuen Geschichte, der neuen Person, des neuen Lebens, der Welt … einer neuen Art, zu sein, die von den Heiligen und Sehern der Menschheit vorgelebt wurde und nun zu einer neuen Norm in uns wird.«

Später sollte Barbara in ihr Tagebuch schreiben:

»Zweifle nie an deiner höheren Führung. Teste sie, hege und pflege sie, habe Vertrauen in sie. Das Timing liegt nicht in unserer Hand! Aber hier ist das Geheimnis: Das Universum reagiert auf Bitten.

Nichts in unserem Leben wird vergeudet. Kein Haar, keine Feder geht verloren, solange wir weitermachen und dem tiefsten Verlangen unseres Herzens folgen. Allen von uns ist es gegeben, zuzuhören, Führung zu erhalten, zu handeln und mehr zu werden, als wir uns je erträumt haben.

Das ist der Kern der Geschichte, die wir erzählen müssen.«

Dies ist in der Tat der Kern der Geschichte, die Barbara mit mehr Elan als je zuvor die nächsten drei Jahrzehnte erzählen wird. Aber sie hätte nie auch nur anfangen können sie zu erzählen – sei es in diesem Theater für die Zukunft oder sonst irgendwie –, hätte es nicht in ihrem Leben eine einschneidende Wende gegeben. Die Detektivgeschichte von Barbaras Leben entwirrt sich weiter und zeigt uns: Was in jedem Hier-und-Jetzt geschieht, hätte nie ohne ein Dann und Dort, das all die Teilchen an ihre Plätze bringt, geschehen können.

25

Episode 7: Wechsel der Identitäten
1969 bis 1970

Die Jahre, die zum »Erzählen
einer Neuen Geschichte« führen ...

Was macht man, wenn Wer Du Bist nicht mehr das ist Wer Du Warst?

Mir sind in einer solchen Situation nur zwei Optionen bekannt:

1. So tun, als seiest du immer noch Wer Du Warst. Zum Schauspieler in einem kleinen »Stück« zu werden, das jeden Tag auf einer winzigen Bühne für ein Publikum von ein, zwei oder drei Personen aufgeführt wird. Oder ...
2. Ehrlich sein, einen Strich ziehen, in Wer Du Jetzt Bist eintreten und mit dem Ergebnis mit so viel Liebe, Geduld, Mut und Verständnis umgehen, wie du nur aufbringen kannst.

Im ersten Jahr des siebten Jahrzehnts des 20. Jahrhunderts entschied sich Barbara Marx Hubbard für die zweite Option.

Die schwierigste Entscheidung ihres Lebens

Barbara war einfach nicht glücklich. Und das Problem war nicht, dass sie und ihre Mann Earl nicht miteinander auskamen oder sie ihn nicht mehr liebte. Das Problem war, dass sie nicht damit zufrieden war, Hausfrau und Mutter zu sein. Ich sollte besser sagen, *nur* Hausfrau und Mutter zu sein. Doch das schienen die einzigen Optionen zu sein, die ihr im Zusammenleben mit Earl offenstanden.

Earl Hubbard war ein Genie – ein aufregender, wagemutiger Künstler und ein kenntnisreicher, scharfsinniger Beobachter des Lebens. Er war unleugbar brillant. Er konnte stundenlang reden, ohne je langweilig zu werden. Er folgte seinen Gefühlen, und seine Gefühle für das Leben an sich waren immer intensiv, voll umfassend und reich an Nuancen und Gewahrsein.

Die Schwierigkeit lag darin, dass auch Barbara brillant war. Und im Hubbardschen Haushalt schien es nur Platz für eine Quelle der Brillanz zu geben … zumindest was die *Öffentlichkeit* anging.

Zu Hause genoss Earl mit Sicherheit Barbaras Intellekt. Er liebte ihre Unterhaltungen beim Frühstück, wenn die Kinder in die Schule gegangen waren. Dann saßen sie stundenlang beisammen und redeten über den Zustand der Welt, die tiefere Bedeutung des Lebens, die Implikationen der täglichen Ereignisse, die Zukunft der Menschheit und den mit-schöpferischen Prozess, durch den alle Menschen allüberall sich gemeinsam dem Erschaffen dieser Zukunft widmen konnten. Er mochte es, dass sie immer wunderbare, intelligente Vorschläge zu allem, was er tat, auf Lager hatte – sei es seine Malerei oder seine öffentlichen Diskurse und Vorträge.

Durch scharfsinniges Nachfragen im Verlauf dieser Frühstücksgespräche hatte sie sogar ein ganzes Buch aus ihm herausgequetscht, das neben Earls anfänglichem Standpunkt zu den Gedanken, denen sie beide nachgingen, auch ihre eigenen Schlussfolgerungen enthielt. Sie wurde zu seiner Redakteurin, ging sämtliche Gedankengänge durch, die sie aufgeschrieben hatten, arbeitete die Themen heraus und ließ aus den Worten ein Buch entstehen.

Barbara hatte schon immer eine Unmenge Ideen, einen ganzen Berg von Fragen, jede Menge Beobachtungen und viele wirklich originelle Einsichten. Das war schon so, als sie noch ein Teenager war, und verstärkte sich, als sie erwachsen wurde. Aber … sie hatte keinen Ort, wo sie sich Gehör verschaffen konnte.

Earl hörte natürlich zu, und sie war dankbar dafür. Er schenkte ihr Aufmerksamkeit, er benutzte sie als Resonanzboden für seine eigenen Gedanken, und er pflegte mit ihr einen spontanen, lebhaften und munteren Gedankenaustausch, der zeigte, dass er ihre Ansichten schätzte und respektierte. Tatsächlich flossen viele ihrer Ideen in die seinen ein und umgekehrt, was unter den gegebenen Umständen ganz natürlich war.

Barbara beschrieb die Tage ihrer Frühstücksgespräche als die glücklichste Zeit ihrer Ehe. Doch als die Monate und Jahre vergingen, reichte es ihr nicht mehr zuzusehen, wie ihre Ideen über Toast und Kaffee hinwegflogen und von ihrem Gegenüber begeistert aufgenommen wurden, dann aber nicht weiter gelangten ... es sei denn, dass etwas davon vielleicht später mal in einer von Earls Reden, in einer Unterhaltung auf einer Cocktailparty oder in einem Interview, das er gab, auftauchte.

Was hat es mit diesem Gefühl auf sich?

Das machte ihr allmählich zu schaffen, diese Beschneidung ihrer eigenen Fähigkeit, sich persönlich in Auseinandersetzungen einzubringen, bei denen Gedanken ausgetauscht, Lösungen für Probleme vorgetragen, Ideen für eine bessere Zukunft geboren wurden. Earl befand sich immer mittendrin in der Arena, während Barbara am Rande stand und stets als perfekte Ehefrau, ideale Stütze, beschäftigte Mutter und wunderbare Gastgeberin agierte – eine gute Figur machte und den Mund hielt.

Zunächst wusste Barbara nicht, wie sie diese Gefühle, die in ihr hochkamen, einordnen sollte. War sie einfach eifersüchtig auf ihren Mann? Nein, natürlich nicht. Dazu war sie zu erwachsen. War es Frustration darüber, dass ihre eigenen Gedanken außerhalb des Hauses nicht gewürdigt, ja nicht einmal gehört wurden? Das kam der Sache schon näher, aber ihre Emotion schien etwas Stärkeres zu sein als bloße Frustration.

War es *Wut*? Wurde sie wegen ihrer »Stimmlosigkeit« allmählich *wütend*?

Ja. Aber mehr noch war es Depression. Etwas in ihr wollte zum *Ausdruck* gebracht werden, und sie wusste nicht, was es war. Sie hatte angenommen, es sei nur ihr Ehemann, der Ideen hatte und auch eine Stimme, um ihnen Ausdruck zu verleihen;

und sie tat alles in ihrer Macht Stehende, um sicherzugehen, dass er gehört wurde.

An einem Abend im Oktober 1970 erkannte Barbara deutlich, dass sie nicht länger so tun konnte, als sei sie immer noch die stille Frau eines brillanten Kunstschaffenden und Philosophen, seine Redakteurin, Förderin und Vollzeitmama von fünf wundervollen Kindern, die sie einst gewesen war.

Earl war eingeladen worden, einen ganztägigen Vortrag vor einer Gruppe von Bürgern in South Carolina zu halten und seine Vorstellung von neuen Welten darzulegen. Ein größerer öffentlich-rechtlicher Fernsehsender wollte basierend auf dem Vortrag eine einstündige Dokumentation produzieren. Und nun lasse ich wieder Barbara die Geschichte mit ihren eigenen – schon früher veröffentlichten – Worten erzählen:

»Als Earl sich auf seinen Vortrag vorbereitete, merkte ich, wie sich meine Stimmung verschlechterte. Tagsüber begaben sich die Fernsehleute und Earl von einem Drehort zum anderen. Ohne Earl zu stören, ging ich in unser Zimmer und fing an zu weinen. Ich konnte diese lodernde Wut nicht bändigen.

Schockiert stellte ich fest, dass etwas in mir sprechen und nicht länger schweigen wollte. Ein Gefühl, das mich schier zerriss. Als Earl nach einem langen Tag, an dem er gut aufgenommen worden war, zurückkkam, fand er mich mit verweintem Gesicht und völlig erschöpft vor.

›Barbara, um Himmels willen, was ist los?‹ Er versuchte mich zu umarmen.

Ich konnte es nicht über mich bringen, ihm die Wahrheit zu sagen. ›Ich weiß nicht, ich weiß nicht‹, sagte ich. Er hatte so hart gearbeitet, und ich hatte das Gefühl, ihm gegenüber ausgesprochen unfair zu sein.

Er führte mich zum Essen aus, wir saßen da, und er hielt etwas verwirrt meine Hand. ›Earl, du hast es so gut gemacht, so gut‹, platzte ich heraus und fing an zu weinen.

Schließlich begriff er. Er seufzte tief auf und sagte: ›Ich weiß, was es ist. Du willst es selber machen. Je mehr Erfolg ich habe, desto schlechter wirst du dich fühlen.‹ Er war wirklich zutiefst erschüttert. Sehen Sie, ich war sein einziger Kontakt zur Welt. Er hatte ansonsten keinen einzigen anderen männlichen oder weiblichen Freund.«

Anfänglich widersprach Barbara Earl. »Das ist nicht wahr, das stimmt nicht«, erwiderte sie. »Es ist Platz für uns beide … aber ich kann nicht mehr an zweiter Stelle stehen.« Und dann sprudelte es aus ihr heraus:

»Ich muss für mich selbst sprechen.«

Die Veränderung erweist sich als zu viel

Die Beziehung konnte die Veränderung, die sich in Barbara vollzogen hatte, nicht verkraften. Earl fühlte sich verstoßen und abgelehnt. »Ich mache das alles für *dich*«, sagte er wieder. »Ich bin das Genie, du bist die Redakteurin!«

Aber beiden war klar, dass niemand einen anderen Menschen glücklich machen kann. Barbara musste es selbst für sich tun.

Der Wandel führte schließlich zur Trennung und Beendigung ihrer Ehe. Die Scheidung war für Earl und die Kinder schmerzlich.

Im Zusammenhang mit diesem Buch merkte Barbara an: »Ich bedaure es, dass es mir nicht möglich war, meine Rolle als Ehefrau, Mutter, Redakteurin und Helferin einfach zu erweitern. Jetzt, dreißig Jahre später, ist es für die jungen Paare etwas einfacher geworden ist. Viele Männer erkennen, dass Frauen ihnen ebenbürtig sind und die gleichen Rechte haben. Und die besten unter ihnen heißen die aufsteigende Macht der Frauen willkommen. Sie wissen, dass der Planet uns braucht. Sie wissen, dass die Männer die Probleme der Welt nicht allein lösen können, sondern die ausbalancierende Kraft und die Aktivierung der weiblichen Energie brauchen.

Und jetzt, nach dem Erfolg der Frauenbewegung, vor allem in den hoch entwickelten Ländern, werden Frauen nicht mehr so sehr vom Zorn oder vom Verlangen nach Gleichheit motiviert, sondern mehr von der Sehnsucht, ihre Kreativität zum Wohl der Welt einzubringen.

Das ist der neue weibliche Archetypus der Mit-Schöpferin. Ihre Sehnsucht gilt der Mit-Schöpfung gemeinsam mit der von ihr geliebten Person, gilt der gleichrangigen Partnerschaft. Ihr Verlangen gilt der tieferen Vereinigung – ganzes Wesen mit ganzem Wesen. Sie vollzieht den schicksalhaften Wechsel von der Selbst-Reproduktion zur Selbst-Evolution, zum Lebensziel, zur gewählten Arbeit und zu gewählten Kindern.

Ihre Rolle erweitert sich von der Fortpflanzung hin zur Mit-Schöpfung. Das heißt, dass wir von innen heraus vom schöpferischen Impuls motiviert werden, unsere einzigartigen Gaben für andere zum Wohle des Selbst und der Welt einzusetzen.

Ohne mir darüber im Klaren zu sein, war ich Teil der steigenden Flut weiblicher Ko-Kreativität, die genau zur Zeit der

›planetarischen Geburt‹ hervorgerufen wird, wenn diese Energie für das Überleben der Spezies von entscheidender Bedeutung sein wird. Ich kann jetzt sehen, dass nun, da wir weniger Kinder haben und länger leben, die weibliche Energie befreit wird.

Es ist das Zeitalter der Frau. Und auch das Zeitalter der Geburt des mit-schöpferischen Mannes. Die Befreiung der Mit-Schöpferin bahnt den Weg für die Befreiung der Männer von der überwältigenden Bürde des Patriarchats. Sie müssen nicht länger der Jäger, der Beschützer, der alleinige Ernährer sein und können sich selbst befreien, um aus ihrer tieferen Kreativität zu schöpfen und ihre einzigartigen Gaben auf noch einzigartigere Weise in die Welt einzubringen. Dadurch werden diese Gaben weitaus effektivere Resultate erbringen, als es das simple Werkzeug der rohen Gewalt zu tun vermag.

Es sind die mit-schöpferischen *Paare*, die zum Fundament der heute emergierenden evolutionären Gesellschaft werden.«

Ich halte Barbaras Einschätzung für korrekt. Wir können das heute überall in der Gesellschaft beobachten. Aber in den frühen Tagen ihrer eigenen Emergenz lagen die Dinge noch anders. Sie war eine der frühen Befreierinnen dieser weiblichen Energie und bleibt bis auf den heutigen Tag eines der Vorbilder für deren volle Ausdruckskraft.

Weiterhin glaube ich, dass ihr Leben mit all seinen Ereignissen speziell dafür gestaltet wurde, die Möglichkeit zu schaffen, dass sie zu einem dieser Vorbilder *werden* konnte.

Wäre denn zum Beispiel Barbara Marx Hubbards Ehe auch gescheitert, wenn der Geschichte machende Flug des amerikanischen Astronauten John Glenn nicht erfolgreich gewesen wäre? Wäre Barbaras Freundschaft mit einem Oberst der Luftwaffe, der aus dem Nichts in ihr Leben getreten war, auch aufgeblüht, wenn die erste Erdumkreisung der *Friendship 7* ein Fehlschlag geworden wäre?

Das sind sehr gute Fragen.

26

An jenem Tag im Februar 1962, an dem sich John Glenn in dem auf einer Trägerrakete montierten Raumschiff *Friendship 7* in den Weltraum aufmachte, fühlte Barbara sich auf tiefe Weise berührt. Er war der erste Amerikaner, der die Erde umrundete. Sie schrieb in ihr Tagebuch: »Es geschieht selten, dass man eine Spezies genau im Moment der Veränderung, der Evolution beobachten kann ... der ja zumeist im unmerklichen Dahinkriechen vergangener Zeit begraben liegt.«

Sie war entsetzt darüber, dass praktisch niemand ihre Auffassung teilte. Sie schrieb: »Viele Intellektuelle nehmen das Abenteuer der Raumfahrt nicht wichtig. Sie sagen, dass es nichts an den Bedingungen der Menschheit ändern wird, aber dann könnten wir ebenso gut sagen, dass die Entdeckung des Feuers keine Auswirkungen hatte – natürlich wird es unsere Bedingungen ändern. Die Tatsache, dass sie das erreicht hat, wird die ganze Menschheit verändern. Wodurch sonst werden wir verändert, wenn nicht durch das, was wir tun und wo wir es tun?«

Diese Gedanken behielt sie bei sich, wo sie wie Samenkörner in einem Garten keimten und wuchsen. Vier Jahre lang sagte sie zu kaum jemandem etwas. Aber 1966 hatte sie eine Offenbarung, die ihre Auffassung vom Raumfahrtprogramm und seinem Stellenwert in der Evolution der Menschheit verstärkte. Es war eine mystische Erfahrung auf einem Hügel – die erste große spirituelle Begegnung in ihrem Leben –, bei der sie eine Vision hatte, die sich auf ihr ganzes restliches Leben auswirken sollte.

Für sie schien nun klar zu sein, dass der Aufbruch der Menschheit in den Weltraum ein bedeutsamer Bestandteil eines sehr viel umfassenderen Prozesses war, die Momentaufnahme eines evolutionären Impulses. Barbara sah alles, was rund um die Welt passierte, als Teil eines normalen evolutionären Prozesses an. Diesen erlebte sie als unsere *Geburt* als eine lebendige planetarische Spezies, die sich gerade ihrer selbst als ein Ganzes bewusst wurde; und dies, während sie in ein Universum von Trillionen planetarischer Systeme hineingeboren wurde, von denen möglicherweise manche ein Leben aufweisen, das mit dem unseren vergleichbar ist.

Eines Tages sprach sie mit ihrer Freundin Natalie darüber – Lady Malcolm Douglas-Hamilton, eine Witwe, die während des Zweiten Weltkriegs »Bundles for Britain« organisiert hatte und nun das Center of American Living zur Unterstützung von kultureller Exzellenz in den Vereinigten Staaten einrichtete. Barbara erzählte Natalie, sie verspüre den tiefen Drang in sich, die Leute wachzurütteln für die ungeheure Bedeutung der menschlichen Bemühungen, sich in den Weltraum vorzuwagen; und für das bemerkenswerte Potenzial des Raumfahrtprogramms, die Menschheit auf eine neue Evolutionsebene zu katapultieren.

Ihr Dasein als Hausfrau und Mutter bot ihr nicht viel Plattform, um irgendetwas zu bewirken, wie sie sehr wohl wusste, aber sie konnte nicht umhin sich zu wünschen …

»Warum veranstalten wir kein Weltraum-Treffen?«, schlug Natalie fröhlich vor.

»Ein was?«

»Ein Weltraum-Treffen. Wir könnten führende Personen aus der Gesellschaft und aus dem Raumfahrtprogramm gleich hier in New York zu einer Konferenz einladen und schauen, ob wir sie dazu bringen, sich mal das Gesamtbild anzusehen und dann zusammenzuarbeiten.«

»Ja!«, rief Barbara. »Sie könnten gemeinsam daran arbeiten, ein *bürgergestütztes global kooperatives Raumfahrtprogramm* zu entwickeln, um den Genius des militärisch-industriellen Komplexes vom Krieg wegzulenken, hin zu neuen Welten auf Erden und neuen Welten im Weltraum.«

Barbara war wie elektrisiert.

Sie machte sich daran, an alle Leute im Raumfahrtprogramm, von denen sie je gehört hatte, Einladungen zu verschicken. Natalie lud unterdessen Menschen aus dem ganzen Land ein, die Führungspositionen innehatten.

»Koinzidenz« spielt eine Rolle … wieder einmal

Die Einladungen von Barbara und Natalie gingen herum, und Lieutenant Colonel John Whiteside, Informations-Stabsoffizier der Air Force in New York wurde gebeten herauszufinden, was die beiden Frauen planten und »ob da irgendwas für die Air Force drin war«.

Er reichte die Aufgabe an seinen Assistenten Air Force Captain William Knowlton weiter – und dabei hätte es bleiben können, wenn die »Vorsehung« nicht wieder eingegriffen hätte. Schließlich schien es sich hier nur um zwei Damen der New Yorker Society zu handeln, die wichtige Leute dazu kriegen wollten, sich miteinander hinzusetzen und zu reden – über *was*, das wussten sie selber nicht ...

Aber als Colonel Whiteside den Einladungsbrief über den Schreibtisch Captain Knowlton zuschob und ihn bat, die Sache zu überprüfen, stutzte sein Assistent.

»Moment mal, ich kenne diese Frau. Sie wohnt *in derselben Straße wie ich*«, berichtete er seinem Chef. »Ich kenne sie nicht gut, aber ich bin ihr schon begegnet, und sie ist keine, die ›völlig abgehoben‹ ist. Sie würden vielleicht gerne mit ihr sprechen wollen.«

»Okay, dann gehen Sie zu ihr und schauen, was Sie herausfinden können.«

Und das tat Knowlton. An diesem Wochenende klingelte er an der Tür des Hubbard'schen Heims im vorstädtischen Lakeville, Connecticut, und fragte, ob er zu einem Besuch hereinkommen und mit ihnen über das Vorhaben von Mrs. Hubbard sprechen könne. Barbara bat ihn herein und Earl gesellte sich im Wohnzimmer dazu. Sie sprachen über eine Stunde über die Bedeutung der Raumfahrt und die Zukunft der Menschheit.

Ihre Frühstücksgespräche hatten Barbara und Earl klargemacht, dass sie beide zutiefst davon überzeugt waren, dass die Erforschung »neuer Welten« ein unverzichtbarer Aspekt der evolutionären Reise der Menschheit war. Somit fühlte Earl sich sehr wohl damit, in die Diskussion einbezogen zu werden. Auch Knowlton fühlte sich sehr wohl und schien wirklich beeindruckt. Als er am Montagmorgen wieder im Büro erschien, sagte er zu Colonel Whiteside: »Sie werden diese Leute mit Sicherheit treffen wollen.« Sein Chef willigte ein.

Irre Lady oder großartige Frau?

Zu jenem Zeitpunkt hatte Barbara ein kleines Apartment in New York, und als Colonel Whiteside anrief, luden sie und Earl ihn dorthin zum Lunch ein.

Und da sitzt er nun, geschniegelt und gebügelt und ganz *offiziell* in seiner schicken Uniform und seinen blank gewienerten Schuhen, und hört zwei Zivilisten zu, die rein gar nichts mit der NASA oder Regierung zu tun haben und ihm erklären, wie wichtig das Raumfahrtprogramm ist.

Tatsächlich spricht zumeist Earl, aber Barbara schafft es, auch ab und zu ein Wort einzuwerfen – und ein Ding, das sie sagt, macht der ganzen Show beinahe ein Ende.

»Es ist wie eine Geburt – dem ähnelt es wirklich«, sagt sie voller Enthusiasmus. »Die Menschheit wird universell werden.«

Colonel Whiteside, der neben ihr auf der Couch sitzt, wirft ihr einen raschen Blick zu, zwinkert einmal und sieht sie dann auf eine Art leicht schräg an, die ihr eines Tages sehr vertraut sein wird. Jetzt aber zuckt sie doch etwas zusammen. War sie zu vorschnell mit dieser Geburt-Analogie herausgerückt? Denkt dieser hohe Offizier nun, dass er die Irre von Lakeville vor sich hat?

»Es ist ein natürlicher evolutionärer Schritt bei der Emergenz einer universellen Spezies«, erklärt sie etwas ruhiger.

»*Genau das* ist es,« bricht es aus Whiteside hervor, und sein Gesichtsausdruck signalisiert sein offensichtliches Entzücken darüber, jemanden gefunden zu haben, der die Dinge so sieht wie er. »Deshalb bestand ich so sehr darauf, dass alle Starts live übertragen werden.« Dann fährt er fort. »Sie wollten es nicht machen. Nicht die Oberen von der NASA, nicht die beim Militär und auch nicht die Jungs bei den Nachrichtensendern.«

Barbara hört auf sich Sorgen zu machen. Sie greift nach dem, was er ihr da vor die Nase hält. »Aber sie werden doch live übertragen, oder?«

»*Jetzt* schon. Aber am Anfang wurde über das Raumfahrtprogramm so berichtet, als ginge es um irgendeine Geschichte über *technologische* Entwicklung, eine Menge Standfotos, Geplapper und einen Haufen Fakten und Daten. Es war, als berichte man über die Geburt Christi und konzentriere sich auf sein Körpergewicht und die Anzahl der Tiere im Stall. Ich wusste, dass diese Geschichte von größerer, von *weitaus* größerer Bedeutung ist als das. Ich habe nicht aufgehört die Nachrichtensender und die Air Force dazu zu drängen, dass über jeden Start live berichtet wird.«

Whiteside erklärt, dass die hochrangigen Militärs und die Leute von der NASA von der Idee nicht sehr erbaut waren, denn wenn etwas schiefging, wollten sie es ganz bestimmt nicht live übertragen haben. Und die Nachrichtensender waren nicht allzu scharf darauf, weil solche Übertragungen sehr viel kosten. Schließlich aber gelang es ihm, beide Seiten zu überzeugen. Sein Argument war, dass diese Raumfahrtunternehmungen der Menschheit nicht nur wundervolle technologi-

sche Leistungen, sondern auch Ereignisse von enormer gesellschaftlicher, historischer und evolutionärer Bedeutung waren.

Beim Reden entgeht dem Colonel nicht, dass dies genau der
Punkt ist, auf den es den beiden Zivilisten ankommt – wobei
Barbaras Geburt-Analogie ihn besonders beeindruckt.

»Sie wissen ja nicht einmal, wo bei einer Rakete hinten und
vorne ist. Wie sind Sie denn dazu gekommen?«, fragt Colonel
Whiteside lächelnd.

»Ich habe es durch meine Suche nach Sinn und Bedeutung
entdeckt«, erwidert Barbara mit sanfter Stimme.

Die beeindrucken,
die sich nicht so leicht beeindrucken lassen

»Sie haben nach dem Sinn des Raumfahrtprogramms gesucht?«

»Nein. Ich habe nach dem Sinn und der Bedeutung all dieser *Macht*, die wir haben, gesucht; all dieser *Technologie*, die
wir haben, und all dieser *Fähigkeiten* des Menschen, die das
Raumfahrtprogramm *repräsentiert*.«

Sie gibt ihm einen kurzen Abriss dessen, was sie die Neue
Geschichte nennt – natürlich ohne zu erwähnen, dass ihr das
alles als Bestandteil einer spirituellen Begegnung zugekommen war. Sie endet damit, dass sie das Raumfahrtprogramm
als ersten wirklich signifikanten und sehr sichtbaren Akt der
Evolution der Menschheit bewertet.

Barbaras Sicht, dass der Start der Trägerraketen als Aufbruch einer neuen universellen Spezies zu begreifen ist, und

Earls geradezu vortragsreifen Ausführungen darüber, warum das Finden Neuer Welten der nächste evolutionäre Schritt der Menschheit ist, haben den Colonel fasziniert.

»Und nun weiß ich, dass es nicht reicht, darüber zu reden«, sagt Barbara. »Leute wie wir, die wir nicht am Raumfahrtprogramm beteiligt sind – außenstehende Bürger –, müssen *handeln*. Bei jeder Krankheit, jedem Bedürfnis gibt es Leute, die sich für die Sache einsetzen, nur bei der *Zukunft der Menschheit* gibt es niemanden.«

Wieder erregt sie seine Aufmerksamkeit. Die Art, wie sie *argumentiert*, wie sie die Dinge formuliert, macht tiefen Eindruck auf ihn. Und er ist ein Mann von Welt, jemand, der herumgekommen ist und sich nicht leicht beeindrucken lässt. Whiteside betrachtet Barbara jetzt fast mit analysierendem Blick. *Was will diese Lady wirklich?*, fragt er sich. *Was ist ihre Wahrheit?*

»Wir müssen lernen, wie wir das, was für die Zukunft Bedeutung hat, übermitteln können«, sagt sie abschließend, als lese sie seine Gedanken. Colonel Whiteside schüttelt traurig den Kopf. »Ich bin für die Information zuständiger Luftwaffenoffizier« sagt er, »und wissen Sie, worüber ich jetzt etwas zu vermitteln versuche? Die C-5!« Er lacht verächtlich. »Die F-111. Und den *Vietnamkrieg*.« Sein Lachen verebbt, und die Falten in seinem Gesicht werden tiefer.

Da ist etwas. John Whiteside schaut Barbara in die Augen. Blickt sie auf seltsam persönlich wirkende Weise an. *Oha*, sagt sich Barbara. *Was ist das?*

(Jahre später wird sie zugeben, dass sie sich bei diesem ersten Lunch auf überraschende Weise von ihm angezogen fühlte.

»Er war männlich und sexy«, schrieb sie. »Anders kann man es nicht ausdrücken. Er war ein Mann, der es mit den Frauen leicht hatte. Sein Selbstvertrauen, seine Intelligenz, sein Überschwang und sein natürliches Führungstalent bezauberten mich.«)

Die Auswirkungen all dessen

Johns Eintritt in Barbaras Leben hatte einen katalytischen Effekt auf ihren dramatischen Identitätswechsel von der Redakteurin ihres Mannes, der Hausfrau und Mutter von fünf Kindern zur landesweit anerkannten Futuristin und Sprecherin für das Potenzial von Morgen.

Mit John Whiteside hatte Barbara wieder einen sehr machtvollen und brillanten Mann getroffen – der sich allerdings in einem einzigen und sehr wesentlichen Punkt von ihrem machtvollen und brillanten Ehemann unterschied. John Whiteside besaß die Fähigkeit, die Bühne des Lebens zu teilen, Raum zu schaffen für Mit-Schöpfung, die Erfahrung der *Partnerschaft* der Brillanz zu machen. Er wollte nicht als Einziger im Rampenlicht stehen.

Vielleicht lag es daran, dass er schon jahrelang auf dem größten Medienmarktplatz der Welt im Mittelpunkt der Aufmerksamkeit stand. Earl Hubbard hingegen versuchte immer noch Land zu gewinnen, nachdem die Medien und die allgemeine Öffentlichkeit seinen Ideen und seiner Kunst gegenüber gleichgültig geblieben waren. Das war nur recht und billig. Was immer die Gründe auch sein mochten, Johns Ermunterung und Unterstützung, die er Barbara zukommen ließ, standen im Widerspruch zur einzigen Rolle, die in ihrer Ehe mit Earl diesem gefiel: Ehefrau, Mutter und stetige Unterstützerin seiner Arbeit – und nur seiner Arbeit.

Barbara versuchte unterdessen mit einer Vision zurechtzukommen, die sie 1966 auf einem Hügel gehabt und die ihr zwei Dinge gebracht hatte: eine neue Geschichte über die Menschheit, ebenso fesselnd wie jede andere Geschichte, die sich unsere Spezies je *über* sich selbst erzählt hat; *und* ... eine Einladung, ja ihrem Gefühl nach das *Gebot*, diese Geschichte der Welt zu *erzählen*. Damit sollte sie die Welt für ihren eigenen Prozess erwecken und damit dem Prozess selbst förderlich sein; und das sollte sicherstellen, dass unsere Spezies weiß, dass ihre Krise eine Geburt ist. Es geht hier um ein planetarisches System, das dazu befähigt ist, sich als ein Ganzes zu koordinieren, das zu seinem Eintritt in das Universum erwacht, vielleicht in eine kosmische Gemeinschaft Universeller Wesen. Obwohl Barbara selbst, was diese Möglichkeit anging, keine Erfahrungen gemacht hatte.

Earl verstand dies alles einfach nicht. Er begriff nicht die Ebene der Dringlichkeit, die seine Frau im Innern verspürte. Diesen Drang, ihre Stimme zu finden und über die Frühstücksgespräche hinaus, die beide so sehr genossen, Gebrauch von ihr zu machen. Er konnte ums Verrecken nicht herausfinden, warum die Frau, die er geheiratet und mit der er fünf Kinder hatte, nicht damit zufrieden sein konnte, einfach zu Hause zu bleiben und eine gute Ehefrau und aufmerksame Mutter ... sowie seine Inspiration, Redakteurin, Förderin und Muse zu sein.

Das war in den 1950er Jahren die Vorstellung vom »Frauen-
dasein« und von der Ehe; und für Earl nahm sich das alles vollkommen vernünftig aus. Und weil Barbara ihren Mann ungeheuer liebte und achtete, machte sie sich dieses Modell zu eigen.
Er *war* ein Genie (das redete sie sich nicht bloß ein, weil er ihr
Mann war), und er *brauchte* Unterstützung, um Erfolg zu haben. Seine Bilder waren ernst zu nehmende Kunst, Porträts von
Menschen als Gesichter, die vor einem Hintergrund der kosmischen Schwärze im weißen Licht des Gewahrseins leuchteten. Er
hatte auch von Barbara ein solches Bild angefertigt, und das
nicht grundlos. Er sah sie als sehr bewusste und einsichtsreiche
Frau. Ihre allmorgendlichen Gespräche bewiesen das. Trotzdem
wollte er, dass sie für ihn eine Frau à la »hinter jedem großen
Mann steht eine große Frau« war. Und nun – plötzlich, abrupt,
überraschenderweise – war ihr das nicht mehr genug.

Frische Luft atmen

Barbara versuchte – sie versuchte es wirklich fast achtzehn
Jahre lang – sich den gesellschaftlichen Konventionen der
1950er Jahre zu unterwerfen: Elternabende, League of Wo-
men Voters, französische Küche, Hausputz, mit den Kinder
spazieren gehen, den Kindern vorlesen und vorsingen und all
die wundervollen Dinge, die Mütter eben so machen … vierundzwanzig Stunden am Tag, sieben Tage die Woche. Aber
Mitte der 1960er Jahre merkte sie, dass sie innerlich abstarb.
Im Grunde wusste sie es schon vorher, aber zu diesem Zeitpunkt gestand sie es sich zum ersten Mal ein. Sie hatte zu viel

zu bieten, zu viel zu sagen, zu viel, das ihrem Gefühl nach gesagt werden musste. Und nun war da John Whiteside, ein Mann, der offensichtlich die merkwürdige Vorstellung hegte, dass Barbara Marx Hubbard diese Dinge auch sagen *sollte* und nicht nur dasitzen und lächeln.

Der erste Hinweis kam kurz nach seinem ersten Besuch. Captain Knowlton rief an und sagte, Colonel Whiteside lasse fragen, ob er wohl ein Dutzend Exemplare des Buches *The Search Is On* haben könnte, das Barbara auf der Grundlage ihrer Frühstücksgespräche mit Earl herausgebracht hatte. Barbara, die daraus ein weiteres Interesse an ihren und Earls Gedanken ablesen konnte, rief den Colonel an und bat ihn, ihr bei dem »Raumfahrt-Treffen« zu helfen.

Anders als Earl, der Barbaras Versuch, ihren Gedanken Taten folgen zu lassen, statt sie einfach nur durch ihn zu übermitteln, kritisch und verächtlich gegenüberstand, reagierte John sofort mit einem: »Lass uns das machen, Barbara!« Diese so ganz andere Energie war erfrischend.

»Ich wusste, dass ich die Person gefunden hatte, die ich brauchte«, sollte sie später schreiben. »Wir fingen an zusammenzuarbeiten. Er übernahm die Organisation des Treffens, die Einladungen und die Kontakte mit den Medien.«

Barbara beließ es nicht dabei. Sie wollte die Hilfe des Colonel bei einem sehr viel größeren Vorhaben: bei ihrer Lebensaufgabe, die Geschichte der Geburt der Menschheit zu erzählen – sie *selbst* zu erzählen und nicht durch jemand anderen erzählen zu lassen. Sie sah Johns Organisationstalent und Produktionsfähigkeiten und fragte ihn, ob er ihr bei der Umsetzung ihrer Berufung helfen würde.

Barbara wusste, dass John mit ihrer Vision, mit ihrer Charakterisierung des Raumfahrtprogramms und *all* dem gegenwärtigen Geschehen auf der Welt als Bestandteil des Evolutionsprozesses der Menschheit übereinstimmte. Seine Bemerkungen hatten sie zudem erkennen lassen, dass seine gegenwärtige Arbeit, der Versuch, den Medien die Kriegswaffen und den Vietnamkonflikt zu »verkaufen«, ihn nicht erfüllten.

Und so kam sie dazu ihn zu fragen, ob er sich ihr anschließen würde bei dem Unterfangen, dieses neue Verständnis vom größeren Sinn und Zweck der Menschheit und ihrer möglichen Zukunft in die Öffentlichkeit zu bringen. Ein Verständnis, das das Beste im Menschen aufrief, das die Seele ansprach und den Menschen *aus* der Seele sprach – eine Geschichte, die sich ereignen und über die die nicht nur geredet werden sollte …

John schreckte zunächst vor dem Gedanken zurück. Dafür müsste er noch einmal aus der Luftwaffe ausscheiden (das hatte er schon einmal getan, um seine eigene erfolgreiche Werbefirma aufzubauen; aber er wurde zurückgerufen, als der Koreakrieg ausbrach). Jedoch hatte dieses anfängliche Widerstreben mehr mit seiner Sicht auf seinen persönlichen Charakter zu tun. Er glaubte, er würde nicht über die nötigen hohen moralischen Maßstäbe verfügen, wie sie für die Arbeit an einem so spirituellen Projekt wie Barbaras Vision von der Geburt der Menschheit erforderlich waren. Er war Baptist südstaatlicher Prägung und sagte zu ihr, er sei ein »Sünder«.

In dieser Hinsicht gab sich Barbara keinerlei Illusionen hin. Sie konnte sehen, dass John das Leben intensiv genoss, dass er dem Alkohol und den Frauen sehr zugetan war. (Die Tatsache, dass er verheiratet war, hielt ihn nicht davon ab.) Aber eben weil er so der Welt und den irdischen Dingen zugewandt war, hatte sie das Gefühl, dass er eine neue Geschichte *über* die Welt effektiver *in* die Welt hineintragen konnte. An John Whiteside war nichts Selbstgerechtes oder »Vollkommenes«. Und das machte ihn ironischerweise zur perfekten Person, die die Botschaft rüberbringen konnte, wie diese unvollkommene Welt umkehren und ihre Macht zumindest dazu benutzen konnte, einen idealeren Planeten zu schaffen. Sie versuchte ihn davon zu überzeugen.

John dachte ein paar Wochen darüber nach. Sobald er seinen Entschluss gefasst hatte, rief er seine neue Freundin an: »Barbara«, sage er, »ich habe mich entschieden, es zu machen. Ich werde mein Leben dieser Sache vollkommen widmen.« Er machte diesen Anruf unmittelbar nachdem er diese Entscheidung gefällt hatte, wahrscheinlich um es sich nicht doch noch anders zu überlegen. Und so geschah es, dass dieser Anruf am 24. Dezember 1969 stattfand.

Es liegt also eine gewisse Symmetrie darin, dass John an einem Weihnachtsabend seinem Impuls folgte, alles fallen zu lassen und in Barbaras Leben zu treten, und er ein Dutzend Jahre später an einem Weihnachtsabend alles fallen ließ und ganz davon ging.

Überlegungen und Erkundungen

Die beiden wichtigsten Fragen
in einer Beziehung

Wenn wir über die eben beschriebenen Zeiten nachdenken und uns Barbaras Erfahrungen genauer anschauen, um zu sehen, wie wir alle davon profitieren können, dann werden wir daran erinnert …

> … dass es in jeder Beziehung nur zwei Fragen zu stellen gibt: *Wohin gehe ich?* und *Wer geht mit mir?* Wichtig ist, *die Reihenfolge dieser Fragen nie umzukehren.*

Das ist die wichtigste und äußerst »präzise« Information, die ich je über das Aufbauen lebenslanger Partnerschaften erhalten habe.

Viele Menschen lernen jemanden kennen, verlieben sich und malen sich dann in ihrer Phantasie aus, wie die Beziehung in eine langfristige Kameradschaft und sogar Ehe mündet. Doch dann verabsäumen sie es, sich diese beiden Fragen zu stellen. Oder schlimmer noch, sie stellen sie in der falschen Reihenfolge.

Wenn wir die Fragen in umgekehrter Reihenfolge stellen, endet das häufig damit, dass wir uns in den nächsten Jahren das, was die *erste* Frage hätte sein *sollen*, immer und immer wieder fragen – bis uns klar wird, dass wir schlicht und einfach nicht glücklich sind. Es ist nicht okay für uns, in welche Richtung sich unser Leben bewegt (vielleicht *ganz und gar* nicht okay) – obwohl wir die Person, mit der wir zusammen sind, vielleicht immer noch sehr lieben.

Irgendwie sind wir von der Spur abgekommen. Und irgendwann, zwei oder drei Jahre später, schauen wir in den Spiegel und fragen uns, was mit unserem Selbst passiert ist. Wohin sind all die Träume, die wir für uns hatten, verschwunden?

Das Schwierige daran ist, dass Sie – wenn Ihnen einmal klar geworden ist, dass Sie nicht das Leben leben, das Sie leben wollten – vielleicht unwirsch, gereizt und launisch werden. Und Ihr Partner oder Ihre Partnerin wird sich natürlich fragen, was los ist, und Sie danach fragen. Doch Sie können nicht sagen, dass irgendetwas Konkretes »nicht stimmt« – Sie wissen nur, dass sich irgendetwas »nicht ganz richtig« anfühlt.

Bald wird Ihre Beziehung von diesem Gefühl durchdrungen, und wenn Sie Glück haben, verändert sie sich in ihrer Form, oder sie ist in ihrer gegenwärtigen Form vorbei. (Keine Beziehung endet je wirklich; sie verändert mit der Zeit nur einfach die Form. Das gilt für Trennungen wie auch für Beziehungen, bei denen die Menschen weiterhin zusammenleben. Mit etwas Glück können Sie die Form ihrer Beziehung entweder aus eigener Kraft oder mit Hilfe einer guten Beratung ändern.)

Wenn Sie weniger Glück haben, setzt sich die Beziehung in ihrer gegenwärtigen unseligen und unbefriedigenden Form lange Zeit fort – und Sie führen ein Leben in stiller Verzweiflung. Mehr Ehen, als Sie vermuten würden, fallen in diese Kategorie.

Wie kann dieser Kreislauf durchbrochen werden? Indem Sie sich diese beiden Fragen stellen, ganz gleich, *an welchem Punkt in der Beziehung Sie sich befinden.* Es sind also nicht nur Fragen, die man sich am Anfang stellt, wenn man daran denkt, eine neue Partnerschaft einzugehen. Diese Fragen lassen sich *jederzeit* stellen. Hier sind sie also noch einmal:

1. Wohin gehe ich?
2. Wer geht mit mir?

Nun ist es so, dass sich die meisten Menschen diese Fragen dann und wann stellen, viele machen aber den Fehler und stellen sie in *umgekehrter Reihenfolge.* Deshalb reite ich so sehr auf diesem Punkt herum. Sie stellen die zweite Frage zuerst; oder sie stellen sie in der richtigen Reihenfolge, wenn sie jemanden zum ersten Mal treffen, drehen dann aber die Reihenfolge um, um eine »angenehmere« Antwort zu erhalten!

Wenn Sie eines von diesen beiden Dingen tun, könnten Sie in Ihren Beziehungen auf große Schwierigkeiten stoßen.

Barbaras Leben lehrt uns, dass bei der Wahl unseres Lebensgefährten sein Lebensziel entscheidend wichtig ist. Das scheint vielleicht eine geradezu lächerlich offensichtliche und vereinfachte Beobachtung zu sein. Doch so offensichtlich und vereinfacht sie auch sein mag: Fakt ist, dass nur ein winziger Prozentsatz der Leute, die sich »verliebt« haben, diese Tatsache beherzigt – bis es dann viel zu spät ist.

Richtig ist auch, dass die Menschen sich verändern. Ihre Träume ändern sich, ihre Wünsche ändern sich, ihr Verständnis vom Leben verändert sich, ihre Bewusstseinsebene verändert sich, ihr Ziel ändert sich, und es kann sich sogar (wie in Barbaras Fall) der Grund für ihre ganze Existenz verändern. Was uns zur zweiten großen Lehre über das Leben bringt. Für uns alle ist es sehr wichtig zu verstehen, dass …

… es so etwas wie eine dauerhafte Antwort auf irgendetwas nicht gibt.

Wenn wir meinen, dass die Antwort, die wir heute erhalten, die Antwort ist, die wir auch in der Zukunft immer erhalten werden, dann haben wir keine Ahnung, wie das Leben funktioniert. Alles ändert sich. Die Natur des Lebens ist Veränderung. Auch unsere eigenen Antworten – die wir uns auf Fragen geben, die wir uns selbst gestellt haben – ändern sich mit der Zeit. Wir müssen auf Veränderung vorbereitet sein, und auch darauf, sie würdevoll zu akzeptieren. Diese Fähigkeit hat Barbara im Verlauf ihres eigenen Lebens entwickelt. Und ihre Geschichte hier zeigt, dass sie in den letzten fünfzig Jahren immer leichtfüßig unterwegs war.

Du musst leichtfüßig sein, wenn du mit Engeln tanzen willst …

Wir werden diese Wahrheit auf den kommenden Seiten eingehend erkunden, indem wir mehr und mehr von Barbaras Geschichte erzählen.

Genießen Sie es.

27

Kaum sechs Monate nach ihrer ersten Begegnung war John Whiteside »ein wichtiger Faktor in meinem Leben« geworden, wie Barbara es formulierte. Sie und Earl begannen mit ihm im Land herumzureisen und den Gedanken der »neuen Welten« in Lions Clubs, Kiwanis Clubs, Exchange Clubs – in jedweder Gruppe, die ihnen ein Publikum verschaffte – vorzustellen.

Earl war der Sprecher. Barbara arbeitete auf der Grundlage ihrer Frühstücksgespräche Reden aus, und John übernahm die ganze Vorarbeit und die Organisation vor Ort sowie die Medienkontakte und Pressekonferenzen. Aber diese Vorgehensweise funktionierte nicht besonders gut. Earls Neigung, das Thema auf absolutistische Weise anzugehen, war nicht sehr effektiv – und kam vor allem bei Generälen und Nachrichtenmedien nicht gut an. (Seine ganze Energie vermittelte die Botschaft, dies sei *natürlich* die Antwort der Menschheit auf die Frage nach einer vernünftigen Zukunft … und man müsse *natürlich* Geld und andere Ressourcen einsetzen, um andere bewohnbare Himmelskörper zu finden. Das stand ja wohl außer Frage, und es konnte hier wohl kaum irgendwer anderer Ansicht sein, oder?)

Es dauerte nicht lange, bis John sich an Barbara wandte und die Sache unter vier Augen ansprach. »Wir können Earl nicht länger als unseren Sprecher da draußen lassen«, sagte er. »Er macht die Energie kaputt. Er verletzt die Gefühle der Leute, und wenn sie auch nur eine harmlose Frage stellen oder einen Einwand gegen irgendetwas vorbringen, wiegelt er sie ab. Er verhält sich dem Publikum gegenüber reizbar und kalt, und das funktioniert nicht.«

»Nun, John, er ist eloquent, was das Thema angeht. Wer sonst kann all das in dieser Weise formulieren?«

»*Du* kannst es, Barbara, und du weißt es. Und mehr noch, du kannst es mit Warmherzigkeit vortragen, fröhlich und mit Mitgefühl dafür, wo die Leute stehen. Deine Begeisterung ist ansteckend. Es tut mir leid, aber Earl steckt nicht an – er ist infektiös. Er ist ein erstaunlicher Denker und brillanter Mann, aber er gehört nicht vor ein Publikum.«

Die Tour wurde allerdings wie bisher fortgesetzt, bis das Trio im Spätfrühling nach Hause zurückkehrte. Dann hatten Barbara und John die Idee, The Committee for the Future zu gründen. Sie luden Freunde und Bekannte dazu ein, darunter auch einige Leute, die bei den Medien Führungspositionen innehatten. So fand sich im Juni 1970 im Haus der Hubbards in Lakeville zum Gründungstreffen des Komitees eine erlesene, aus verschiedenen Bereichen zusammengesetzte Gruppe ein. Seit ihrem ersten Treffen zum Lunch im vorangegangenen Oktober waren erst acht Monate vergangen.

Eine Ehe endet – eine neue Partnerschaft beginnt

Barbara erlebte etwas mit John, das sie noch nie erfahren hatte: Mit-Schöpfung. Sie begann sich in ihn zu verlieben. Sie liebte auch ihren Mann und kämpfte innerlich. Konnte sie beide Männer lieben, jeden auf andere Weise, ohne ihrer Ehe zu schaden?

Sie und John entwickelten weiterhin gemeinsam neue Projekte. Seine ungeheuer große Erfahrung mit den Medien, seine natürliche Begabung Probleme zu lösen und seine großartigen Kommunikationsfähigkeiten (wenn du innerhalb des *militärischen Establishments* philosophische Gedanken effektiv vermitteln kannst, schaffst du es *überall*) verbanden sich ganz wunderbar mit Barbaras Fähigkeiten, um etwas, das weitgehend eine gedankliche Vorstellung gewesen war, spektakulär *ins Werk zu setzen*.

Sie arbeiteten an etwas, das sie Harvest Moon nannten. Dahinter stand der Gedanke, ganz normale Bürger dazu zu bewegen, sich für die Raumfahrt zu engagieren, was eine gewaltige Unterstützung für ein Programm mobilisieren würde, das von vielen als sinnlose Zeitverschwendung kritisiert wurde. Und sie arbeiteten an den SYNCONS. Diese »synergetischen Konvergenz«-Treffen – die Vorläufer des Tag-Eins-Events – waren vielleicht der größte Beitrag, den John zu Barbaras außerhäuslichem Leben lieferte.

Die konzeptuelle Grundlage des SYNCON war nicht Johns Idee gewesen. Barbara sprach schon seit Jahren über die Notwendigkeit, synergetische Energie zu erzeugen, um die vielen Probleme der Welt lösen und den Herausforderungen begegnen zu können. Tatsächlich war auch ihr Antrieb dafür, normale Bürger dazu zu kriegen, sich für das Raumfahrtprogramm zu engagieren, eine Manifestation dieses Bewusstseins. Aber John war, und dies war typisch für ihn, imstande, den umfassenden Gedanken – *Synergie* herzustellen – aufzunehmen und Barbara zu helfen, ihm Form und Substanz zu verleihen.

Dieses »Form verleihen« begann, als die beiden sich mit Industriellen, Politikern, Botschaftern und anderen Menschen aus vielen Bereichen trafen, um für ein neues nationales Ziel zu werben: »Neue Welten auf der Erde, neue Welten im Weltraum: ein dreißig Jahre während globaler kooperativer Erde/Weltraum- Entwicklungsprozess der Menschen.«

Von Angehörigen der einen oder anderen Gruppe bekamen sie oft zu hören: »Ich begreife das, ich glaube es ja, aber ihr werdet nie einen Politiker (oder Wirtschaftsführer oder Studenten oder Angehörigen einer der anderen Gruppen) dahin kriegen, es zu kapieren.« Mit anderen Worten, die Leute hatten Klischeevorstellungen voneinander, die oft einfach nicht stimmten.

Eines Tages zeichnete John einen Kreis auf eine Papierserviette. »Wir könnten einen Kreis aufbauen und alle, die sich mit allen anderen uneins sind, einladen, sich in diesem Kreis zu treffen«, schlug er vor. »Unterteilen wir ihn in grundlegende Funktionen wie etwa Gesundheit, Erziehung und Bildung, Wirtschaft und Umwelt. Lass uns führende Personen aus der Wissenschaft und Psychologie einladen. Lass uns Künstler einladen, die uns helfen zu sehen, was wir werden ...« Und er zeichnete das erste SYNCON-Rad. Auf der Grundlage dieses

Modells wurden überall im Land Treffen abgehalten – die John organisierte und durchführte. Barbara stellte er dabei nach vorne, während er im Hintergrund blieb.

Barbara fühlte sich plötzlich wahrgenommen, gehört und voller Energie. Sie stellte ein Kindermädchen für ihre Kinder ein und fing an, mehr Treffen abzuhalten, an mehr und mehr Orte zu reisen und auch Interviews zu geben. Zum ersten Mal seit ihrer Eheschließung im Jahr 1951 fand sie zu ihrer eigenen Stimme.

Bei all diesen Reisen und ihrer Entwicklung zu einer Art »Sprecherin für das Morgen« lebten Barbara und Earl sich allmählich auseinander. Nach einigen Monaten hatte sich dadurch von selbst die Trennung ergeben. Auch John hatte sich inzwischen aus eigenen Gründen aus seiner Ehe zurückgezogen, und bald wurden Barbara und John ein Paar. Ein *kokreatives* Paar. Ihrer beider Talente schienen sich perfekt zu vereinen. Er war weiterhin einfach großartig darin, das auf die Beine zu stellen, was Barbara im Kopf herumtrug. Und wann immer sie eine Idee hatte, war seine zuverlässige Reaktion darauf: »Lass es uns machen!« – Worte, auf die Barbara gewartet hatte.

Die beiden fragten Barbaras Schwester Jacqueline, ob sie eine Weile in ihrem wunderschönen Herrenhaus namens Greystone wohnen könnten, das in Rock Creek Park in der Nähe von Washington, D.C. gelegen war. Schon früher hatten verschiedene Familienmitglieder dort gelebt. Es lag im Park versteckt, hatte weiße Säulen, eine Weinlaube und einen Tennisplatz. Jacqueline war einverstanden, und Barbara, ihre Kinder und John zogen nach Washington um.

»Greystone wurde zu einem Zentrum für bewusste Evolution«, erzählte mir Barbara. »Es war eine Oase der Zukunft mitten in der Hauptstadt der Nation. Wir luden Kollegen ein, uns zu besuchen, und sie kamen aus der ganzen Welt, um ihre Geschichten zu erzählen über das, was sich abzeichnet, was neu, was möglich ist.«

Was diese SYNCONS angeht ...

Bei den Gesprächen mit Barbara für dieses Buch bat ich sie, mir noch einmal zu erklären, was es mit diesen SYNCONS auf sich hatte, an denen sie und John so hart gearbeitet hatten. Ich wollte sichergehen, dass ich den ganzen Gedanken dahinter wirklich »begriff«. Denn diese SYNCONS schienen – ganz am Ende – ihre vollkommenste Entwicklung und großartigste Anwendung im *Wheel of Co-Creation* (Rad der Mit-Schöpfung) in der *Synergie Engine* zu finden, die als Bestandteil des Tag-Eins-Events am 22. Dezember 2012 enthüllt werden sollte.

»Nun, es war im Grunde eine neue Art von *Konferenz- oder Tagungsprozess*, den wir erfanden«, erklärte Barbara. »Wir nannten es halb im Scherz ›SYNCON‹ für *Synergistic Convergence* – Synergetische Konvergenz. Die Luftwaffe hat den Hang, für alles, was sie tut, mit abgekürzten Codenamen aufzuwarten, und John konnte einfach nicht anders. Der Name blieb haften, und wir brachten alle möglichen Arten von Leuten in einem von Studenten konstruierten »Rad« zusammen, um sich im Lichte des wachsenden Potenzials des gesamten Systems Ziele, Bedürfnisse und Ressourcen anzuschauen.

Das SYNCON-Rad steht für die ganze menschliche Gemeinschaft, die selbstorganisiert in *ein neues System emergiert;* dies geschieht auf der Grundlage des Verlangens der Menschen, gemeinsam zu erschaffen und synergetisch vorzugehen, um ihre eigenen Ziele zu erreichen. Botschafter, Nobelpreisträger, Hippies, Mütter, Sozialhilfeempfänger, Umweltaktivisten und Bauunternehmer – alle, die sich mit allen anderen uneins waren – erhielten eine Einladung in das SYNCON-Rad.

Hatte jede Gruppe (wie etwa Gesundheit, Erziehung und Bildung, Wirtschaft, Umwelt, Wissenschaft und Technologie, Künste und Medien) sich untereinander über ihre Ziele, Bedürfnisse und Ressourcen ausgetauscht, nahmen wir die Wände, die zwischen den einzelnen Sektionen platziert worden waren, fort. Nun befanden sich alle zusammen in einem großen Rad, und die Einzelpersonen wurden gebeten, nach gemeinsamen Zielen zu suchen und die Bedürfnisse mit den Ressourcen abzugleichen.

Jedes Mal, wenn sie das machten, so erzählte Barbara, fühlten die Leute, wie sich die Energie der Kooperation und Verbundenheit aufbaute. Dieses Gefühl entsteht immer, erklärte sie, wenn »Synergie« da ist – das Zusammenkommen von vereinzelten Teilen, um ein neues größeres Ganzes aufzubauen.

»So arbeitet die Natur. Alles interagiert in synergetischer Weise. So macht die Natur Sprünge. Und wir übertrugen quasi diese evolutionäre Form auf *gesellschaftliche Interaktionen* und schufen so für die einzelnen Gruppen und Individuen eine Möglichkeit, durch Kooperation statt durch Opposition die eigenen Ziele besser zu erreichen.«

Jedes SYNCON-Event – und Barbara und John veranstalteten sie überall im Land – beinhaltete diese »Zeremonie des Fortnehmens der Wände« in Vorbereitung darauf, dass sich die verschiedenen Gruppen als ein Ganzes versammelten. Barbara berichtete lächelnd:

»Es war wirklich phänomenal. Es war wie eine Art gesellschaftliche Liebesaffäre. Die Leute tanzten und sangen. Wir kamen im Rad als Mitglieder des Ganzen wieder zusammen, Spitzenwissenschaftler und Psychologen erzählten uns etwas über neue Potenziale, und jede Gruppe diskutierte angeregt über bessere Möglichkeiten, ihre Ziele durch größere Kooperation zu erreichen.

Wir entdeckten den Prozess einer synergetischen Demokratie. Die SYNCONS sollten jedes Individuum darin unterstützen, dass es durch die Verbindung mit anderen, die das brauchten, was die betreffende Person zu geben hatte, seine Ziele erreichen konnte.«

Barbara hatte sogar ein neues Wort dafür: *Synokratie* oder synergetische, kooperative Demokratie. »Wir schufen ein Modell, das meiner Meinung nach einen Beitrag zum nächsten Schritt auf dem Weg zur Selbstregierung leisten kann.«

Die Auswirkung, die sie hatten

Ich fragte Barbara, ob sie mir ein Beispiel dafür geben konnte, wie die SYNCONS Mauern einrissen, nicht nur in den Rädern, die für jedes Event geschaffen wurden, sondern auch im Geist und in den Herzen der Menschen.

»Oh, ich könnte dir viele geben«, erwiderte sie. »Bei einem SYNCON machte sich während der Zusammenkunft als ein Ganzes – als alle in ihrem jeweiligen Sektor saßen und sich nun ihrer wechselseitigen Verbindungen bewusst wurden – plötzlich Stille breit. Ein junger Mann, der vergeblich versucht hatte, alle davon zu überzeugen, dass Haschisch als weiche Doge legalisiert werden sollte, war in seinen zerrissenen Jeans in die Mitte des Rades getreten und sank nun auf die Knie. Dann sah er auf, blickte uns alle an, atmete tief und sagte: ›Das ist genau das, was ich meinte. Das ist es, was ich die ganze Zeit meinte …‹

Er nahm Abstand von seinem Ansinnen, Haschisch zu legalisieren, und schloss sich dem Team junger Leute an, die die Räder für die nächsten SYNCONS aufbauten.

Bei einem anderen SYNCON sagte Edgar Mitchell, der Astronaut und Gründer des Institute of Noetic Sciences, wenn wir einen spirituellen Geigerzähler gehabt hätten, hätten wir die Ausschläge nicht mehr messen können. Die Wurzel des Wortes *Religion* ist *religare*, was »zurückbinden, anbinden, festbinden« bedeutet. Die SYNCONS brachten uns alle in einem größeren Ganzen zusammen, als es die Summe unserer Teile war. Diese bindende Energie ist die gleiche, die Atom zu Atom und Molekül zu Molekel fügt.«

Wie Barbara erzählte, kam ihr bei den SYNCONS viele Male die Erkenntnis, dass wenn Gott Liebe ist, Gott die magnetische Kraft sein muss, die uns miteinander verbindet. Und die Leute waren, wenn sie sich auf den Prozess einließen, deshalb aufgeregt und begeistert, weil dadurch, dass sie sich miteinander verbanden statt gegeneinander zu kämpfen, mehr von ihrem *Potenzial freigesetzt wurde.* »Sie konnten die Möglichkeit erkennen, durch Mit-Schöpfung Frieden zu schaffen, Frieden zu schaffen durch die gemeinsame Freisetzung menschlicher Kreativität für den Selbst-Ausdruck.«

Mein Gott, dachte Barbara, *wenn dieser Prozess sich je durchsetzen und ausweiten würde, wäre er die Alternative zum Krieg!*

Eine neue Art von Leben spendender Energie?

Während der Zeit, in der sie und John die SYNCONS durchführten, entdeckte sie auch etwas, das sie schließlich als »Supra-Sex« bezeichnen sollte. Wenn Sie sich erinnern, sprach sie bei unserem ersten Interview in meiner Küche in Ashland darüber und beschrieb ihn als »eine große neue Antriebskraft in der Natur«.

Als ich später die Aufzeichnungen in ihren Tagebüchern durchging, die sie mir überlassen hatte, fand ich Folgendes:

»So wie wir die Fortpflanzung der Spezies bewerkstelligten, indem wir uns vereinten, um zu erschaffen, werden wir nun die Spezies weiterentwickeln, indem wie uns vereinen, um gemeinsam zu erschaffen.

Und da wir Überbevölkerung haben und weniger Kinder zur Welt bringen müssen, wird um des Überlebens unserer Kinder willen unser Fortpflanzungstrieb zum Verlangen erweitert, sich selbst weiterzuentwickeln ... vor allem in Frauen.

Meine Hormone kamen wieder in Schwung – dieses Mal, um durch die Verbindung mit anderen meine eigene Kreativität zu gebären. Die großen Antriebskräfte zur Selbsterhaltung und eigenen Fortpflanzung erweitern sich in eine dritte große Antriebskraft hinein: *Selbst-Evolution und die Erfüllung unseres größeren Potenzials.*

Auf diese Weise wird Evas Hunger gestillt.«

Die Familie begreift es nicht

Die supra-sexuelle Antriebskraft nahm Barbara wirklich in Besitz. Sie glühte vor Verlangen, sich auszudrücken und zu erschaffen. Sie verliebte sich in ihr eigenes und das Potenzial aller Menschen, zusammenzukommen und ihr volles Potenzial zu verwirklichen. »Mit der Durchführung der SYNCONS wurde ich zum weiblichen Mit-Schöpfer. Ich erlebte einen Vorgeschmack auf die neue Welt«, so formulierte sie es.

Ihre Familie war nicht annähernd so begeistert. Tatsache ist, sie hielten sie für verrückt. Da reise sie in der Welt herum und gab Geld aus, um überall, wo sie konnte, »Räder« zu bauen. Barbara war das egal. Nunmehr ultraenergetisiert gründete sie das New Worlds Training and Education Center und initiierte ein evolutionäres Ausbildungsprogramm. An die zehn jungen Leute zogen in Greystone ein, wo Barbara und John eine Schule, ein Konferenzzentrum und ein Team eingerichtet hatten, das daran arbeitete, auf der ganzen Welt SYNCONS abzuhalten, von Jamaika bis hin zum Stadtzentrum von Los Angeles mit seinen Bandenführern.

Ende 1970 hatte Barbara ihre Identität komplett geändert. Sie wurde als »Futuristin« angesehen und begrüßt.

»Die Leute meinen, Futuristen tragen silberne Anzüge und haben Antennen, die ihnen aus dem Kopf sprießen«, witzelte Barbara und kicherte mit den Leuten, die begonnen hatten sie anzurufen und zu interviewen. »Aber eine Futuristin ist ganz einfach ein erweiterter Elternteil. Wenn ein Paar ein Kind bekommt, schaut es mindestens zwanzig Jahre weit in die Zukunft. Jetzt sind wir alle die Eltern unserer eigenen Zukunft auf dem Planeten Erde.«

Alles, was sich in dieser turbulenten Dekade von 1969 bis 1979 ereignete, ging aus etwas hervor, das Barbara auf einem Hügel in Connecticut widerfahren war.

Nichts hopst einfach so aus dem Nichts heraus. Alles geht aus Vorangegangenem hervor.

28

Episode 6: Die Offenbarung von der Geburt
1966

Drei Jahre vor dem Identitätswechsel ...

Barbara hatte es sich angewöhnt, jeden Tag nach dem Mittagessen einen kleinen Spaziergang zu machen, egal, ob es kalt oder warm war, regnete oder die Sonne schien (nun ja, wenn es *schüttete*, ging sie nicht, aber wenn es nur ein bisschen nieselte ...). Dies bedeutete eine Pause in ihrer Betreuungsroutine der fünf Kinder und den zunehmenden außerhäuslichen Aktivitäten und Verpflichtungen. Eine Zeit, in der sie den Kopf frei kriegen, den Geist zur Ruhe bringen konnte und, nun, einfach mal *nichts tun musste*. So gestattete sie sich jeden Tag ein paar gesegnete Minuten *Zeit für ihre geistige Gesundheit*, in der die Welt nichts weiter von ihr verlangte, als dass sie gesehen wurde ... in der das Leben nichts von ihr forderte, sondern nur zur sanftesten Art von Teilnahme einlud – Teilnahme durch ungerichtete objektlose Beobachtung. Nur sein und sehen, ohne irgendetwas *tun* zu müssen, außer zu sein und zu sehen.

Einen solchen Spaziergang machte sie auch an einem Nachmittag im Februar 1966. Sie ging langsam und bedacht einen kleinen Hügel nahe bei ihrem Haus in Lakeville, Connecticut, hinauf. Wie schon bei der Christus-Erfahrung werde ich nun an Barbara übergeben, damit sie diesen Augenblick mit ihren eigenen, schon früher veröffentlichten Worten mit uns teilt.

Barbaras eigener schriftlicher Darstellung entnommen ...

Es war ein eiskalter Tag. Die Bäume hoben sich schwarz und spröde gegen den Winterhimmel ab. Nirgendwo ein Zeichen von Leben. Zum Schutz vor der bitteren Kälte wickelte ich mir mein Tuch ums Gesicht und ging mit gesenktem Kopf, um dem Wind auszuweichen.

Ich hatte gerade von Reinhold Niebuhr einen Text zum Thema Gemeinschaft gelesen. Er hatte die berühmte Aussage des heiligen Paulus zitiert: »Alle Menschen sind Glieder eines Leibes.« Ich dachte darüber nach und empfand eine tiefe nicht benennbare Frustration in meinem Körper, so als ob ein Gewahrsein knapp außerhalb der Peripherie meines Bewusstseins irrlichternd herumschwebte und Eingang in meinen Geist zu finden versuchte. Ich war neidisch auf die Autoren der Evangelien. Sie hatten eine einfache Geschichte zu erzählen: Ein Kind wurde geboren, und der ganze Rest folgte daraus. Bauern und Könige konnten das verstehen. Die westliche Zivilisation baute sich darauf auf. *Eine Geschichte!*

Die Geschichte aufspüren

Aus der Tiefe meines Seins brach unerwartet eine Frage hervor. Ich sprach sie laut aus, fast zornig, so als könnte ich nicht leben, ohne die Antwort zu kennen. Ich erhob meine Stimme zum eisig weißen Himmel und verlangte zu wissen: »Was ist unsere Geschichte? Was in unserem Zeitalter ist der Geburt Christi vergleichbar?«

Ich verfiel in einen tagtraumgleichen Zustand und wanderte ohne jegliche Gedanken um die Hügelkuppe herum. Plötzlich durchdrang mein geistiges Auge den blauen Kokon der Erde und hob mich hinauf in die totale Schwärze des Weltraums. Ein Farbfilm begann.

Ich nahm die Erde als lebendigen Organismus wahr, der um Atem rang und schwankte und sich abmühte, sich zu einem Körper zu koordinieren. *Sie war lebendig!* Ich wurde zu einer Zelle im Körper. Der Schmerz des ganzen Körpers durchzuckte die Massenmedien, das Nervensystem der Welt.

Ich fühlte die Kinder verhungern, die Soldaten sterben, die Mütter weinen, die Leute verbrennen. Die Qual der Erde war die meine. Ihre verschmutzten Wasser, ihre verpestete Luft, ihre ausgelaugten Böden, ihre dezimierten Wälder … all das geschah *mir*! Sie und ich waren eins. Da war niemand anderer, kein Außen. Wir waren ein Körper, ein Leib.

Dann wurde der Film schneller, und ich sah etwas Neues. Ein außergewöhnliches Licht, strahlender als die Sonne, leuchtete im Weltraum auf. Sofort wurden wir allesamt, kollektiv, vom Licht angezogen. Für den Augenblick vergaßen wir unseren Schmerz. Wir hörten auf zu weinen und gemeinsam sahen wir das Licht. Für einen kurzen Augenblick nahm es unsere Aufmerksamkeit gefangen.

Mit diesem *Moment gemeinschaftlicher Aufmerksamkeit* begann Einfühlungsvermögen unsere Körper zu durchströmen. Woge um Woge der Liebe durchflutete alle Menschen. Ein magnetisches *Feld* der Liebe richtete uns aufeinander aus. Wir wurden in diesem Feld des Lichts liebkost, erhoben. Freude begann rings um uns herum zu pulsieren und uns zu durchströmen.

Wir hatten das Gefühl, uns aus dem Innern heraus zu erheben. Wunder und Heilungen ereigneten sich. Die Blinden konnten sehen, die Lahmen konnten gehen, die Tauben konnten hören. Die Menschen strömten aus ihren Häusern, aus den Büros und Gebäuden, begegneten einander in immer größer werdenden Ansammlungen … umarmten sich, sangen und liebten einander. Wir sangen gemeinsam in spontaner Harmonie, ein planetarischer Chor von Stimmen, die zum ersten Mal laut sangen. Ein psalmodierender Rhythmus durchdrang die Erde und synchronisierte unser aller Herzschlag.

Keine durch Rasse, Hautfarbe, Nation oder Klassenzugehörigkeit bedingte Trennung widerstand dem Druck dieser Anziehungskraft. Die uralten menschlichen Gefühle des Getrenntseins und der Angst lösten sich auf, als Wellen der Liebe uns zueinander hinzogen. Unsere Herzen öffneten sich, unsere Gedanken verbanden sich miteinander und *wir erlebten die beeindruckende Intelligenz unserer selbst in der Gestalt eines lebendigen Körpers.*

Ich sah die Waffen zerschmelzen. Luft und Wasser wurden sauber und klar, der Boden erneuerte sich. Ich konnte wieder atmen. Nahrung durchfloss den Körper und erreichte *alle* unsere Glieder. Der Schmerz der Erde löste sich auf. Die Massenmedien pulsierten vor Licht. Während sie die Geschichten unserer Transformation übermittelten, *wurden sie selbst transformiert.*

Ich sah unsere Weltraumraketen majestätisch abheben, den blauen Himmel durchdringen, *silbrig schimmernde Schnipsel des Lebens,* die jenseits unserer irdischen Heimat dem Ort zustrebten, wo mein geistiges Auge weilte. Im Dunkel des Universums trugen sie *die Samen der Menschheit* in Frieden zu unserer kosmischen Bestimmung als Kinder der Sterne.

Als die Raketen den Weltraum durchdrangen, koordinierte sich die Erde selbst zu einem Körper. Dieser Aufbruch nach außen und das Sich Ausrichten unserer Körper war gleichsam eine *einzige Geste.* So wie das Greifen eines Babys nach einem äußeren Gegenstand dem Körper hilft sich zu koordinieren, beschleunigte unser Greifen nach dem Weltraum die Integration aller unserer Systeme auf dem Planeten. Ich konnte es in meinem eigenen Körper spüren.

Mit jeder Woge der Harmonie intensivierte sich das uns umgebende Licht. Während wir in Eins zusammenwuchsen, wurde das Licht strahlender und schien mit dem Licht in einem jeden von uns zu verschmelzen. Wir strahlten heller, während wir uns miteinander vereinten. Und als wir uns auf der Erde miteinander verbanden, wurden im Universum Millionen ferne Punkte lebensgleichen Lichts sichtbar und umringten uns. Und als wir uns harmonisierten, wurden sie noch sichtbarer. Als wir Eins wurden, wurden sie Reale Wirklichkeit.

Wir hörten einen *Ton* – eine Schwingung, die uns auf eine Richtung ausrichtete. Die ganze Menschheit wurde durch diesen Klang magnetisiert. Wir lauschten gemeinsam, um unser Erstes Wort zu hören. Das leuchtende Licht, das unseren Planeten umgab, schien intelligent, liebevoll, vertraut zu sein. Es war dabei, uns direkt anzusprechen. Wir bemühten uns zu verstehen, waren aber zu unreif, um die Bedeutung des Klangs vollkommen zu erfassen.

Dann hörte ich ganz klar diese Worte:

Unsere Geschichte ist die einer Geburt. Es ist die Geburt der Menschheit als Ein Leib. Was zu offenbaren Christus und alle anderen Avatare auf die Erde gekommen sind, ist wahr. Wir sind Ein Leib, der ins Universum hineingeboren wird.

Dann hörte ich …

Barbara, geh und erzähle die Geschichte von unserer Geburt!

Die Geschichte entfaltet sich

Bei diesen Worten öffneten Milliarden von uns kollektiv die Augen und lächelten ein *planetarisches Lächeln*! Es war wie das erste Lächeln eines Neugeborenen, wenn in seinem kleinen Nervensystem die letzten Verknüpfungen stattgefunden haben. Es öffnet seine Augen, sieht seine Mutter und lächelt dieses erstaunliche strahlende Lächeln.

Irgendwie erkennt es diese Frau als seine Mutter, obwohl es sie davor noch nie davor von Angesicht zu Angesicht gesehen hat. So wie das Neugeborene seine Mutter erkennt, erkennt die Menschheit das Licht. Obwohl wir es noch nie gemeinsam gesehen haben, hat jeder und jede von uns an einem geheimen Ort im Herzen die Erfahrung des Lichts gemacht. Jetzt sehen wir es durch unser kollektives Sehvermögen zum ersten Mal als Ein Organismus. Wellen ekstatischer Freude durchströmten den planetarischen *Leib*.

Ich war gepackt. Ich rief mir selbst auf dem Hügel zu: »Wir werden geboren! Es ist wahr! Unsere Geschichte … ist die einer *Geburt*. Ich weiß es, denn es geschieht mir gerade selbst!«

Ich war von überwältigender Dankbarkeit erfüllt. Dann entfaltete sich in mir die ganze Geschichte unserer Geburt, und ich hatte das Gefühl, durch eine Spirale der Evolution zu purzeln. Mit jeder Vorwärtsbewegung erlebte ich eine neue Windung der Spirale. Die Erschaffung des Universums, der Erde, des einzelligen Lebewesens, der vielzelligen Lebensformen, des menschlichen Lebens … und nun wir, die wir wieder eine Spiralwindung durchlaufen. All das lief blitzschnell vor meinem geistigen Auge ab.

Erst hörte ich Musik, dann eine tiefere Stille als das Schweigen. Dann ertönte der furchterregende Donnerhall der Schöpfung. Derselbe Ton, der bei unserer Geburt den Planeten durchlaufen und uns aufeinander ausgerichtet hatte, erklang zu Beginn von Raum und Zeit.

Ich nahm die Zusammenballung von Wasserstoffwolken wahr, die explosionsartig zu Supernovae wurden, riesige Sterne, die in ihrem Hitzekern miteinander verschmolzen …

die Materialien unseres Planeten, die Minerale und Metalle, aus denen sich jetzt unser Körper zusammensetzt. Ich war ein riesiges Molekül, das passiv im Meer der frühen Erde dahintrieb und sich plötzlich in einem neuen, komplexeren Lebensmuster wiederfand – in einer Zelle.

Ich konnte sehen! Ich konnte mich bewegen! Ich konnte agieren! Ich konnte mich sogar reproduzieren!

Wir teilten uns weiterhin, um uns zu reproduzieren, semiunsterbliche Geschöpfe, die nicht starben. Wir nahmen die Nährstoffe der terrestrischen Ozeane in uns auf. Wir begannen die Umwelt zu verschmutzen, zu viele zu werden und zu stagnieren. Wir gelangten an eine Wachstumsgrenze, kamen ans Ende der Vorherrschaft von einzelligem Leben.

Dann fühlte ich, wie wir als multizellulare Organismen zusammenkamen, uns miteinander verbanden, um der Krise zu begegnen. Wir verschmolzen zu neuen Körpern, wandelten uns von Einzellern zu Pflanzen, Insekten, Fischen, Tieren und Vögeln um. Wir erfanden die Photosynthese und bauten die Biosphäre auf; wir kolonisierten die einst unfruchtbare, karge Erde; wir erfüllten jede Nische und Ritze mit Leben. Und wir lernten zu sterben, damit unsere Nachkommenschaft weiterleben konnte.

Dann erschienen die ersten Menschen. Wir fühlten uns fremd in der Welt der Tiere. Wir erkannten, dass wir sterben müssen und versuchten, den Tod zu besiegen. Wir hörten die Stimmen der Götter, wir begruben Nahrung mit unseren Toten, wir griffen nach den Sternen. Dann begannen wir Menschen uns sogar noch schneller zu reproduzieren. Wir umspannten die Erde, lernten die Natur nachzuahmen und technologische Erweiterungen unserer selbst zu bauen, bis wir anfingen, die Ressourcen unserer Mutter Erde zu erschöpfen.

Unsere gegenwärtige Krise trat in Erscheinung. Wachstumsgrenzen! Seid nicht fruchtbar und mehret euch nicht! Kooperiert oder sterbt! Wir begannen uns umzustrukturieren, zu Netzwerken, Gruppierungen und verschiedenen Einheiten des gesellschaftlichen Lebens zu verbinden. Wir wagten uns in die scheinbar unfruchtbare öde Umwelt des Weltraums vor, um als ein neugeborener lebendiger Organismus neues Leben, neue Ressourcen, neue Energie und neues Wissen zu finden ...öffneten unsere Augen in einem Universum voller Licht und Leben.

So plötzlich, wie er begonnen hatte, hörte der Film von der Schöpfung wieder auf. Ich fand mich auf dem eisigen Hügel in Lakeville, Connecticut wieder – allein. Es gab keine Hinweise auf das Geschehene, aber ich wusste, dass es real gewesen war. Die Erfahrung war mir auf ewig in die Zellen eingebrannt.

(ENDE VON BARBARAS NOTIZEN, AUFZEICHNUNGEN UND TAGEBUCHEINTRÄGEN ZUR OFFENBARUNG VON DER PLANETARISCHEN GEBURT)

Barbara teilte ihre Erkenntnisse und Erfahrungen bei ihren Frühstücksgesprächen mit Earl, und in ihrem Geist begann sich eine ganz neue Philosophie, ja sogar Theologie, herauszubilden. Sie entsprang ihrer evolutionären Sichtweise, die Gott, GEIST, Bewusstsein und Das Vernetzende Muster als ein dynamisches Bewusstsein begreift. Als eine Kraft, die Atome, Moleküle, Zellen, Tiere, Menschen erschafft – und nun, da »wir zu einer neuen Windung der Spirale ansetzen«, wie Barbara es formuliert – in unserem Bewusstsein durchbricht als unsere *Motivation zu erschaffen.*

Sie fing an sich eine neue Politik vorzustellen, ein neues Wirtschaftssystem, eine neue Form von Erziehung und Ausbildung, neue Regierungs- und Managementsysteme – all das begann sich allmählich von einer erdgebundenen, egozentrischen Menschheit in Richtung einer universell, ganzheitlich, evolutionär orientierten Menschheit zu verlagern.

Barbara begriff nun besser als je zuvor, dass die alten Systeme zusammenbrachen und neue Systeme durchbrachen. »Alles das ist ein natürlicher Vorgang, aber er ist gefährlich, so wie eine Geburt«, sagte sie zu Earl.

»Der Unterschied ist der, dass wir noch nie zuvor miterlebt haben, wie ein anderer Planet im Einklang mit Natur und GEIST seinen Übergang von einer High-Tech-, Überbevölkerungs- und Umweltverschmutzungsphase zu seiner potenziell universellen Zukunft vollzogen hat. Doch der Schöpfungsplan *muss* vorsehen, dass wir in uns die Fähigkeit erwecken, sowohl innerlich als einzelner Mensch als auch gesellschaftlich als Spezies diese Wende vorzunehmen.

Ich habe in meiner Vision gespürt, dass dieser Plan in unserem Körper und Geist *kodiert* existiert. Nachahmung und Nacheifern, Gipfelerfahrungen und evolutionäre Ideen lösen ihn aus. Wenn er in uns in Gang kommt, gehen wir von der *Selbst-Entwicklung* zur *Selbst-Evolution* über, vom Versuch uns anzupassen und erfolgreich zu sein, zu einem Ort, wo wir in uns schlummernde Potenziale zu aktivieren beginnen.

Ich betrachtete mit Hochgefühl die großen Aufgaben, vor denen wir stehen, und begriff unsere Probleme als evolutionäre Antriebskräfte. Das Potenzial unserer neuen Macht besteht darin, dass wir die tiefste Bestrebung des menschlichen Herzens erfüllen, die Bestrebung nach einer höheren Lebensweise, einem größeren Bewusstsein und mehr Freiheit.«

Im Verlauf der nächsten Jahre wurde Barbara zur »Potenzialistin«, wie sie es nannte – nicht Optimistin oder Pessimistin. Sie sprach weiterhin täglich mit ihrem Mann.

»Ich sehe das Muster, das auftaucht, und fühle mich zu evolutionärem Handeln angespornt«, sagte sie eines Tages zu ihm. »Ich fühle mich wie eine frisch gebackene Mutter mit einem neugeborenen Kind. Die Vision von der bewussten Evolution unserer Spezies hat meine eigene Evolution ausgelöst.«

Bei einem anderen Frühstücksgespräch sagte sie zu Earl: »Liebling, diese Idee setzt mehr Potenzial und mehr liebevolle Energie frei als jede andere Idee, mit der ich mich je befasst habe.«

Earl lächelte. »Ich bin froh. Ich freue mich für dich.«

Er begriff es nicht.

Er bekam den Hinweis nicht mit.

Überlegungen und Erkundungen

Vom Geist zur Seele

Wenn wir über die eben beschriebenen Zeiten nachdenken und uns Barbaras Erfahrungen genauer anschauen, um zu sehen, wie wir alle davon profitieren können, dann werden wir daran erinnert, dass …

> … uns unsere Verbindung mit dem Göttlichen Erkenntnisse, Einsichten und Informationen bescheren soll, die der Geist selbst nicht zu fassen vermag, denn er hat keinen früheren Bezugspunkt, von dem aus er auf die Informationen zugreifen kann.

Nur die Seele kann wissen, was der Geist sich kaum vorzustellen vermag. Aber wie gewinnt man Zugang zur Seele. Ah, das ist die Frage … nicht wahr?

Der GEIST fungiert als Brücke zwischen Geist und Seele. Der GEIST ist die Energie Gottes in uns. Diese Energie kann den Motor unserer Erfahrungen antreiben, kann uns mitnehmen, wo immer wir uns hinbegeben wollen. Wenn wir uns auf höhere Ebenen begeben wollen, kann er uns dorthin mitnehmen. Wenn wir uns auf die höchsten Ebenen begeben wollen, kann er uns dorthin mitnehmen. Diese Energie – die das Leben selbst in seiner glorreicheren Form ist – kann uns bis zum Gipfel tragen. Oder in Barbaras Fall auf einen Hügel in Connecticut, auf einen Berggipfel in Kalifornien oder zum höchsten Ort in ihrem eigenen Bewusstsein.

Das Wort *Bewusstsein* sollte nicht im Sinne einer Räumlichkeit des Geistes verstanden werden. Unser Bewusstsein ist die *Gesamtsumme* dessen, was Herz, Geist und Seele in sich beherbergen. Und weil es in Wahrheit *alles* ist – jeder Gewahrseinsmoment, jeder Gedanke, jede Idee und jede Überzeugung, die jedes fühlende Wesen (und die Quelle des Empfindungsvermögens selbst) je hatten –, können wir auf vielen Ebenen auf das Bewusstsein zugreifen. Wir können im Parterre eintreten, die Stufen zu einer höheren Ebene erklimmen, aus dem Fenster schweben, aufsteigen wie ein Ballon und zurückgleiten in eine Öffnung auf der höchsten Ebene. Wir können auch aus einer Öffnung heraus oder die Stufen hinab auf eine tiefere Ebene fallen. Wo in unserem Bewusstsein wir residieren, das hängt davon ab, worauf wir unsere Aufmerksamkeit gerichtet halten.

Die *Aufmerksamkeit* ist es, die uns an einem bestimmten Ort im Bewusstsein festkleben lässt.

Meiner Meinung nach halten wir uns, wenn wir uns auf »unserer Verstandesebene« befinden, auf der niedrigsten Bewusstseinsebene auf, was in Ordnung ist. Das ist keine Anklage. Es ist einfach da, wo wir uns befinden. Der überwiegende Teil der Menschheit hält sich zumeist auf der Verstandesebene auf. Sogar Avatare und Meister können sich vergessen und dort verweilen. (»Vater, warum hast du mich verlassen?«) Das Kunststück besteht somit darin, sich vom »Kopf« ins »Herz« zu begeben.

Ich sage oft, dass so zu leben bedeutet, »nicht bei Verstand« zu sein.

Das Herz ist die Lagerstätte des GEISTES. Was ich GEIST nenne, ist die Energie, die von manchen anderen Liebe genannt wird. Es ist genau die Energie, die das Herz bei der Geburt belebt und beim Tod verlässt, um einer noch größeren Liebe Ausdruck zu geben. Es ist, ich sage es noch einmal, die Energie Gottes in uns.

Wir können diese Energie als Kraftstoff benutzen, um zur Seele zu reisen und dort all die Weisheit, Erkenntnis und das Gewahrsein zu erhalten, das der endliche Geist (so großartig er auch ist) nicht in sich aufnehmen kann. Eben das passiert, wenn wir eine Vision oder spirituelle Begegnung haben. Das geschieht, wenn wir einen Kanal öffnen, um den Dialog mit unserem Höheren Selbst fortzusetzen. Wir verbinden uns buchstäblich mit dem Teil in uns, der ein Universelles Selbst ist, dem Teil, der *nie* vom Dem Allem *getrennt* ist. Es ist der Teil von uns, der das ist, was wir wirklich sind.

Um uns zu Eigen zu machen, wer wir wirklich sind, müssen wir einen Identitätswechsel vornehmen. Und nun kommen wir zum Kern der »Detektivgeschichte«, von der seit Beginn des Buches die Rede ist.

Hier ist das Rätsel: Wer bin ich? Wo bin ich? Warum bin ich hier? Was kann ich in dieser Sache tun?

Wie in so vielen Detektivgeschichten haben wir es auch hier mit einem Fall der *Täuschung über die Identität* zu tun. Wie ein Mensch, der Amnesie hat, wissen wir nicht, wer wir sind, doch unser Leben ist perfekt dazu angelegt, das Rätsel zu enthüllen.

Wenn Sie nun noch weiter zurück in Barbaras Leben gehen, werden Sie erkennen, dass ihr Leben so gestaltet war, dass sich ihr das Rätsel enthüllen konnte. Und wenn Sie sich Ihr eigenes Leben sorgfältig anschauen, werden Sie sehen, dass, wie in allen Detektivgeschichten, »nur die Namen geändert wurden, um unschuldige Personen zu schützen«.

Wir sind *alle* unschuldig, und nur die Namen wurden in den Geschichten von der einen Person zur nächsten geändert. Die Rollen, die gespielt werden, sind immer die gleichen. Da ist der Held, dort der Bösewicht, der Protagonist und der Antagonist. Da ist der Lehrer, dort der Schüler, der Herr und der Diener, der Reiche und der Arme, der Mächtige und der Ohnmächtige. Da ist groß und klein, schwarz und weiß, schwul und hetero, liberal und konservativ. Und wie es in der Bibel heißt: »Als Mann und Frau schuf er sie.«

Wir haben die Namen geändert, um uns vor unseren Selbstverurteilungen und unseren Angriffen auf andere zu schützen, die ja unser eigenes Selbst *sind* – Verurteilungen und Angriffe, die aus unserer Frustration darüber erwachsen, dass wir nicht imstande sind, unserem tief im Innern gewussten *Wer Wir Wirklich Sind Ausdruck zu geben.*

Wenn wir erst einmal das letzte Rätsel davon, wer wir alle auf diesem Planeten sind, enträtselt haben, wird sich das Leben auf dem Planeten für immer verändern. Wir werden uns wahrhaftig in die kosmische Gemeinschaft Universeller Wesen hineingeboren haben.

Doch eine ganze Lebensidentität ändert sich nicht einfach über Nacht (es sei denn, sie tut es doch), und sie ändert sich auch nicht ohne Grund (es sei denn, es geschieht genau so). Abgesehen von den Erfahrungen eines »Blitzschlags«, von denen in meinen »Überlegungen« im Anschluss an Kapitel 15 die Rede war, folgen Identitätswechsel und massive Veränderungen im Bewusstsein, die zu großen Lebensveränderungen führen, im Allgemeinen einer langen Reihe von Ereignissen, die wir gemeinhin als unser *bisheriges Leben* bezeichnen würden.

Es ist wichtig zu wissen, dass diese Reihe von Ereignissen, dass dieses Leben, keine unzusammenhängende Kette zufälliger Begebenheiten ohne Sinn und Verstand, ohne Plan und Ziel, ohne Bestimmung und Entwurf ist. Diese Kette von Ereignissen – *von der Geburt bis zum Tod* – ist die Methode der Seele, uns, immer einen Schritt, eine Situation, eine Gegebenheit und ein Umstand auf einmal, zur nächstbesten Gelegenheit zu führen, unserem Wer Wir Wirklich Sind Ausdruck zu geben und es zu erfüllen, zu erfahren und zu werden.

Kurzum: Nichts – *gar nichts* – geschieht rein zufällig.

Das bedeutet nicht, dass unser Leben festgelegt oder vorherbestimmt ist. Es bedeutet: Das Leben ist in seinen Prozessen so ausgeklügelt, so verwoben und komplex, dass es Augenblick um Augenblick – im Augenblick – auf die *freie Wahl*, die wir jeweils treffen, reagieren und antworten kann und dies auch tut; es nimmt jede Nanosekunde Anpassungen vor, um zu garantieren, dass wir auf Kurs bleiben und uns jederzeit die Gelegenheit offenhalten, das tun zu können, was zu tun wir hierhergekommen sind.

Das mag für uns, während wir unser Dasein leben, nicht so ersichtlich sein, kann aber immer deutlicher werden, wenn wir auf unser Leben zurückblicken und sehen, wie Situationen und Bedingungen *seit unserer Geburt bis hin zum jetzigen Augenblick* dem nächsten Schritt auf unserer Reise dienten.

In Barbaras Fall bestand der nächste Schritt auf ihrer Reise (obwohl die dies zu jenem Zeitpunkt nicht wissen konnte) in ihrer ersten wesentlichen spirituellen Begegnung: der Bewusstwerdung darüber, dass der Evolutionsprozess der Menschheit als die Geburt eines Planeten in die kosmische Gemeinschaft der Universellen Wesen zu verstehen war.

Doch sie wäre auf den Empfang dieser bemerkenswerten Offenbarung nie vorbereitet gewesen – nicht so vorbereitet, wie sie es als tiefgründige Denkerin und inoffizielle Kosmologin sein musste –, hätte sie nicht die notwendigen Schritte unternommen. Man erzählt keinem Kind, wo die Babys herkommen, ohne ihm vorher andere Fragen beantwortet zu haben. Barbara wäre nie dafür ausgerüstet gewesen, eine so große spirituelle Offenbarung zu erhalten – geschweige denn den totalen Wechsel der persönlichen Identität und Zielsetzung vorzunehmen, die diese nach sich zog –, wären ihr nicht schon einige vorbereitende Fragen beantwortet worden. Und sie hätte diese Fragen nicht *gestellt*, hätte sie nicht diese tiefe Unruhe in sich gespürt, die ihre Fragen motivierte wie auch einen Kontext gab.

So funktioniert das Leben.

Ich unterstelle mal, dass *Ihr Leben* genau auf *dieselbe Weise* funktioniert.

Wir werden diese Wahrheit auf den kommenden Seiten eingehend erforschen, indem wir mehr und mehr von Barbaras Geschichte erzählen.

Genießen sie es.

29

Episode 5: Entdeckung und Befreiung
1960 bis 1965

Die Jahre vor der Offenbarung von der Geburt ...

1960 war Barbara dreißig geworden und schwanger mit ihrem fünften Kind. In diesen Monaten schien sie immer tiefer und tiefer einzuschlafen, wohingegen der Rest der Menschheit aufzuwachen schien.

Es war die Zeit von Flower-Power und sexueller Befreiung, einer neuen Musik (die *Beatles*!), der Bewusstseinserweiterung, des Erwachens der Umweltbewegung, der Menschrechts- und Bürgerrechtsbewegung, der Frauenbewegung, der Friedensbewegung, des Human Potential Movement (Bewegung für das menschliche Potenzial), des Apollo-Programms ...

Eine Menge Menschen begannen sich als ein Organismus, als eine Gemeinschaft zu begreifen. Etwas Neues brach durch, und die Energie war sogar in Lakeville zu spüren – im kleinen, friedlichen, bloß-keinen-Staub-aufwirbeln Lakeville, Connecticut.

Barbara lebte natürlich nicht in einer Steinzeithöhle. Genaue Beobachterin, die sie immer war, war sie sich des Geschehens bewusst; und diese ganze Energiebewegung schien sie schließlich aus ihrer Misere herauszukatapultieren. Sie begann nach einem neuen Leben zu greifen, las wieder so intensiv wie damals im College, suchte nach Ideen, die sie befreien und leiten konnten.

»Nun brauchte ich nicht nur Führung bei der Suche nach dem größeren Sinn, sondern auch als Mutter, um meinen Kindern neben Trost und Fürsorge noch etwas anderes geben zu können«, so ihre spätere Betrachtung. »Die Mutterschaft erweiterte sich zum starken Wunsch, meinen Kindern einen Einblick in den tieferen Sinn und Zweck des Lebens an sich gewähren zu können.«

Barbara wuchs zwar in einem jüdischen Elternhaus auf, aber ihr Vater war Agnostiker. So wurde sie in keiner traditionellen Religion erzogen und war auf sich gestellt, wenn sie den Sinn, das Versprechen und das Potenzial des Lebens tiefer gehend verstehen wollte – und das wollte sie unbedingt. So wandte sie sich wieder einmal den Büchern zu und verbrachte die ersten Jahre dieses Jahrzehnts damit, alles zu verschlingen, was sie finden konnte, und sich mit den umfassenderen Fragen der Existenz zu befassen. Dies war gut, denn »die großen Denker retteten mein Leben«, wie sie sagte.

Zu diesen gehörten Betty Friedan, die *Der Weiblichkeitswahn* schrieb; Abraham Maslow, Autor von *Psychologie des Seins – Ein Entwurf*, und Pierre Teilhard de Chardin, dessen monumentales Werk *Der Mensch im Kosmos* sie vielleicht am meisten beeinflusste.

Was diese Autoren sagten, wodurch sich alles änderte

Friedan beschrieb, wie Frauen dieses »Problem« hatten. Sie schienen sich eine Identität zu wünschen, die über die Rolle der Ehefrau und Mutter hinausging! Barbara wurde klar, dass sie dieses Verlangen hatte – und der örtliche Freud'sche Psychiater, mit dem sie über ihre gelegentlichen leichten Depressionen gesprochen hatte, hatte sie, wie zu diesen Zeiten üblich, als »neurotisch« bezeichnet, weil sie sich in ihrem Leben nach mehr sehnte. Barbara wusste, dass die Etikettierung des Arztes nicht auf sie zutraf, aber sie hatte im Moment auch keine Antwort parat.

Der Psychologe Maslow studierte die Menschen, denen es gut ging, statt jene, die krank waren. Bei der Lektüre seiner Werke erfuhr Barbara, dass er ein Merkmal ausfindig gemacht hatte, das allen Menschen, die vor Leben sprühten, gemeinsam war: selbst gewählte Arbeit, die sie für sich genommen lohnenswert fanden und die mindestens einer anderen Person dienlich war.

Das ist es!, dachte Barbara. *Ich bin nicht krank – ich bin unterfordert.* So abgöttisch sie ihre Kinder und ihren Mann auch liebte, die Mutterschaft war nicht ihre Berufung. *War es nie gewesen.* Sie hatte nichts mit dem Kode ihrer Seele oder ihrem tieferen Lebenssinn und -zweck zu tun.

Unser Antrieb, nach einem größeren Ziel zu streben, ist nicht neurotisch; er ist *von wesentlicher Bedeutung für unsere Gesundheit*, sagte sie sich. *Wir werden krank, süchtig, gewalttätig oder depressiv, wenn wir unser höheres Potenzial nicht zum Ausdruck bringen.* Die Menschen sind psychologisch für den kreativen Dienst *ausgelegt*, erkannte sie. Sie *können nicht* »glücklich« sein, wenn sie das Gefühl haben, egoistisch zu sein oder kein Ziel zu haben, das sie motiviert.

Und so begann die Suche. Es war eine Suche nach dem Lebenssinn. »Ich habe meine Depression mit einem Plus-Zeichen versehen«, sagte sie, »und erkannte, dass sie kein Zeichen von Neurose, sondern ein *kraftvolles Signal in meinem Erwachen war*.«

Maslow trug noch weiter zu Barbaras Klarheit bei. Er sagte, es gäbe zwei Möglichkeiten, wie die meisten Menschen zu ihrer Berufung und Selbstverwirklichung fänden:

1. Sie finden jemanden, den sie bewundern und dem sie nacheifern wollen, der seinerseits erkennt, wer sie wirklich sind.

2. Sie haben Gipfel- oder mystische Erfahrungen, die den befangenen Geist transzendieren und ihnen helfen, den Übergang von der Motivation durch Defizitbedürfnisse zur Motivation durch Wachstumsbedürfnisse zu vollziehen. Das heißt, sie werden *von inhärenten Werten angezogen* statt *von der Not angeschoben*.

Maslow zeichnete ein Bild vom sich selbst verwirklichenden Menschen, und seine »Kartographien« halfen, das Human Potential Movement (Bewegung für das menschliche Potenzial) hervorzubringen. Die Menschen konnten nach etwas streben, was sie anzog. »Heutzutage verfolgen und erleben Millionen irgendeine Form von Selbstverwirklichung«, sagt Barbara.

Teilhard de Chardin war Jesuit, Theologe, Philosoph, Anthropologe und Paläontologe, dessen Arbeiten zu seinen Lebzeiten von der Kirche nicht veröffentlicht wurden. Mit Blick auf den Einfluss, den seine Schriften auf ihr Leben hatte, äußerte Barbara: »Er sah Gott in der Evolution. Evolution, sagte er, ist der Ausdruck eines göttlichen Prozesses. Er fand ein *Muster* im Schöpfungsprozess und sah dies als den größeren Sinn und Zweck der Evolution selbst an. Er nannte es das Gesetz von Komplexität und Bewusstsein.

Gemäß diesem Gesetz machen Systeme, wenn sie komplexer werden, in Freiheit und Bewusstsein den Sprung vom Molekül zur Zelle zum Tier zum Menschen.«

Barbara konnte jetzt sehen, dass »*der Planet selbst* komplexer wird. Alles ist durch die ›Globalisierung‹ miteinander verbunden. Jedes Individuum ist ein lebendiges Mitglied dieses lebendigen Planeten.«

Sie übernahm bereitwillig die Vorstellung, dass ab irgendeinem Punkt »die Verbindung unter uns so groß und stark sein wird, dass wir in einer kollektiven Erfahrung der Liebe und Resonanz als ein lebendiger Organismus Herz mit Herz, Mitte mit Mitte verbinden werden. Ein Sprung in unserem eigenen Bewusstsein und in Freiheit ist möglich, ja ganz natürlich.

Teilhard de Chardin nannte es *Omega* oder den *Punkt Omega.* Er sagte, die Menschen sind dabei, in Bezug auf die Geistsphäre, das Bewusstsein und die Fähigkeiten gemeinsam zu erwachen. Er sah, dass wir in einem lebendigen System verbunden sein würden, das weitaus größer ist als die Summe seiner Teile. Er betrachtete dies als die nächste Stufe unserer Evolution.«

Barbara beschrieb seine generelle Philosophie als »eine Form von evolutionärer Spiritualität, die die materialistisch wissenschaftliche Sicht, welche die Evolution als ziellos, geistlos und bedeutungslos begriff, oder auch den Gedanken von einer Gottheit im Außen, die dies alles tut und für uns tut, transzendiert. Für Teilhard war Evolution der Ausdruck des Heiligen Geistes in seinem Wirken für das Erschaffen von Wesen, die sich immer und immer mehr des GEISTES bewusst sind.«

Volltreffer

Der ungeheure Einfluss all dessen auf eine gewisse kleine Hausfrau in Connecticut lässt sich kaum überschätzen.

»Durch Teilhard wurde meine Passion für etwas Großes, das im Kommen war, unterstützt, so wie auch mein Verlangen nach Ziel, Sinn und Zweck durch Maslow bestätigt wurde«, schrieb sie später in ihren Aufzeichnungen.

»Ich begann mich meiner eigenen Kreativität zuzuwenden. Ich erlebte die Frühphase von ›Berufungs-Erregung‹. Die Spur auf der Suche nach dem Schatz der Berufung wurde heißer. Ich war kurz vor der Entdeckung. Ich wachte auf, voller Begeisterung. So kannst du erkennen, dass du auf dem Pfad der Weiterentwicklung bist!«

Und als sei dies noch nicht genug, fand sie noch einen weiteren großen Denker, der sie inspirierte: der amerikanische Architekt, Designer, Erfinder, Autor und Futurist Buckminster Fuller. Sie war fasziniert von seinem berühmten Ausspruch

»Das Raumschiff Erde kam ohne Bedienungsanleitung« und absolut begeistert von seiner Einschätzung, dass die Menschen jetzt über die Ressourcen, die Technologie und das Wissen verfügten, um diese Welt auf physischer Ebene zu einem hundertprozentigen Erfolg für alle Menschen werden zu lassen.

Für Barbara passte nun allmählich alles zusammen. Sie schrieb in ihr Tagebuch: »Sinn und Zweck unserer neuen Kräfte ist die Verwirklichung des einzigartigen menschlichen Potenzials als Bestandteil einer spirituellen Evolution hin zum Einssein und zur Liebe; dies im Verein mit der technologischen und gesellschaftlichen Fähigkeit, alle Leute dahingehend zu befreien, dass sie in einem Universum unermesslicher Ressourcen und Dimensionen ihr Bestes tun und sein können.«

Sie legte den Stift nieder, lehnte sich zurück und las, was sie gerade geschrieben hatte.

Da ist sie, dachte sie, *von Maslow, Friedan, Teilhard de Chardin, Buckminster Fuller … die Antwort auf die Frage, die nicht einmal der Präsident der Vereinigten Staaten hatte beantworten können. Warte, bis alle das hören!*

Gesehen werden

Barbara war erfüllt von all dem, was sie gelesen hatte. Doch sie war immer noch die Hausfrau in Lakeville, Connecticut; sie konnte ihre Depression immer noch nicht verstehen und auch nicht ihre Vorahnung, dass da noch etwas mehr kommen sollte.

An einem wunderschönen Herbsttag des Jahres 1964 saß sie mit ihren Kindern im Garten. Die Sonne glänzte golden, die Bäume schimmerten in allen Farben, das Gras war leuchtend grün, und das Telefon klingelte. Sie ging hinein und nahm den Hörer ab.

»Mrs. Hubbard?«

»Ja ...«

»Hier spricht Jonas Salk.«

»*Doktor* Jonas Salk?« Barbara traute ihren Ohren nicht.

»Nun, ja«, sagte er bescheiden. Der weltberühmte Arzt, der den inaktivierten Polioimpfstoff gegen Kinderlähmung entwickelt hatte, war am anderen Ende der Leitung. Salk hatte dem schrecklichsten allgemeinen Gesundheitsproblem der Vereinigten Staaten der Nachkriegszeit praktisch ein Ende gesetzt – und er hatte das Salk Institute for Biological Studies im kalifornischen La Jolla gegründet.

Zudem war er ein erstklassiger Futurist und bei Wikipedia erfährt man, dass er sehr auf das Erscheinen einer »neuen und wichtigen Schule von Denkern« hoffte, die auch jene mit einbezog, die erkannten, dass Menschen nicht nur das Ergebnis des Evolutionsprozesses sind, sondern dass *wir selbst dieser Prozess geworden sind*; dies durch die Emergenz und Evolution unseres Bewusstseins, unseres Gewahrseins, unserer Fähigkeit, uns die Zukunft vorzustellen, sie vorherzuahnen und unter den Alternativen eine Wahl zu treffen.

All dies traf sich natürlich perfekt mit Barbaras Ideen. Doch eine so weltweit bekannte Persönlichkeit hätte nie mit Barbara Kontakt aufgenommen, hätte diese nicht einen Brief an den Herausgeber von *Scientific American* geschrieben, in dem sie ihre Gedanken und Visionen zu der Idee Salks, ein *Theater of Man* zu gründen, darlegte. (Barbara predigt, dass dies für Evolutionäre einer der zentralen Faktoren ist. »Es ist unerlässlich, dass man kühn genug ist, dem Kompass der Freude zu folgen, das zu finden und zu kontaktieren, das dich am meisten anzieht«, sagt sie oft.)

»Sie haben meinen Traum vom *Theater of Man* besser Ausdruck gegeben, als ich es je hätte tun können«, sagte Dr. Salk. »Wir sind zwei Erbsen in derselben genetischen Schote. Ich würde mich sehr gerne weiter mit Ihnen unterhalten und werde bald in New York sein. Darf ich Sie zum Mittagessen einladen?«

»Ja«, erwiderte Barbara atemlos, und sie vereinbarten Tag und Zeit. Sie legte auf und kehrte zu den Kindern zurück – aber etwas war geschehen. Eine neue Stimme hatte sie erreicht, etwas, das sie nie zuvor gefühlt hatte. Sie konnte vor Freude kaum an sich halten und wartete auf den Tag, an dem er sie abholen würde. Die Redewendung »zwei Erbsen in derselben genetischen Schote«, blieb haften. Was bedeutete das?

Der Tag kam. Die Türklingel ertönte. Barbara öffnete die Tür, und da war er. Sofort spürte sie einen Strom der Anziehung. Er sah sich in ihrem mit Apfelbäumen bestandenen Garten um, in dem sie Stunden um Stunden gesessen, in ihr Tagebuch geschrieben und nach der größeren Bedeutung des Lebens gefragt hatte.

»Das hier ist wunderschön«, sagte er. »Wie der Paradiesgarten.«

»Ja«, stimmte sie ihm lächelnd zu. »Und ich bin Eva ... und ich gehe jetzt!«

Auf der Fahrt zu einem Restaurant in der City rollten ihr Tränen übers Gesicht. Sie gab vor, unter Heuschnupfen zu leiden. Auf dem ganzen Weg nach New York erzählte sie ihm von all den Dingen, die mit ihr »nicht stimmten« ... sie fühlte sich von der Zukunft angezogen, sie hatte das Gefühl, etwas Großes stand bevor, sie wollte umfassender daran teilnehmen, sie sehnte sich danach, sich nach außen zu wenden und sich mit anderen Gleichgesinnten zu verbinden.

»Barbara«, sagte er, »das ist nichts, was bei Ihnen nicht stimmt – das ist das, was bei Ihnen stimmt. Sie sind eine psychologische Mutantin. Sie verbinden in sich die Merkmale, die die Evolution jetzt braucht.«

Dieser einfache Satz veränderte ihr Leben.

Sie erzählte ihm, sie habe in Teilhards Schriften gelesen, dass sich eine neue Art Mensch entwickelte, eine, die vom Evolutionsgedanken inspiriert worden war. Er nannte diesen Typus »Homo progressivus«, ein Mensch, in dem »die Flamme der Erwartung brennt«, der »das rätselhaftes Empfinden hat, künftig ein ins Unbekannte voranschreitender Organismus zu sein«.

Sie erläuterte weiterhin, dass Teilhard de Chardin das Gefühl hatte, dieser Typus würde schließlich die Herrschaft über die Erde erlangen, weil diese Individuen durch ihr Angezogensein von der Zukunft immer mehr und mehr Energie bekamen. Dagegen wolle ein anderer Typus Mensch, den er »den Bourgeois« nannte, das Leben kontrollieren und an ihm festhalten, so wie es ist. Letzterer Typus, so sagte er, würde immer mehr unter Stress geraten, weil das Leben *gar nicht* unter Kontrolle gehalten werden kann.

»Jonas«, fuhr Barbara fort, »und Teilhard sagte, wenn er in einem Raum auch nur auf eine einzige solche Person träfe, könne sie nichts auf Erden voneinander fernhalten.«

»Das stimmt«, sagte Jonas, »und ich werde Sie den wenigen anderen vorstellen, denen ich in den fünfundzwanzig Jahren meiner Suche begegnet bin.«

Jonas' Erkennen von Barbaras Essentiellem Selbst passte genau in das Erfahrungsprofil, von dem sie in Maslows Schriften gelesen hatte. Demzufolge fangen Individuen dann an sich selbst zu verwirklichen, wenn sie jemanden finden, den sie bewundern und dem sie nacheifern möchten, und der seinerseits erkennt, wer sie wirklich sind. Jonas erweckte Barbaras evolutionäre Natur. Statt weiterhin eine unzufriedene Hausfrau in Lakeville zu bleiben, wurde sie eine Evolutionärin. Der Befreiungsprozess hatte begonnen.

Ein zweiter enormer Einfluss

Dann kam eine fast identische Erfahrung mit Abraham Maslow persönlich.

Nachdem sie sein Buch *Psychologie des Seins – Ein Entwurf* gelesen hatte (und hier etwas über sich selbst verwirklichende Menschen erfahren hatte und sich danach sehnte, selbst einer zu sein), folgte sie seinem Vorschlag, man solle sich dem zuwenden, was einen anzieht. Barbara fand heraus, wie sie ihn erreichen konnte, rief ihn an und sagte: »Dr. Maslow, Ihr Buch hat mir das Leben gerettet. Würden Sie zum Mittagessen kommen wollen?«

Erstaunlicherweise sagte er *Ja*.

(Dies ist ein anderes Beispiel für das Verhalten von Evolutionären: *Sei kühn! Greif danach!*)

Maslow besuchte sie in ihrem New Yorker Apartment, und sie erzählte ihm von ihrer Leidenschaft herauszufinden, was gut ist, was sich entwickelt, und wohin sich die Menschheit bewegt. Er war begeistert.

»Barbara«, sagte er, »mein ganzes Leben lang bin ich von anderen abgelehnt worden, weil ich erforsche, was in der menschlichen Persönlichkeit dem Wachstum förderlich und gut ist ... Aber ich habe eine Liste von guten Seelen angelegt, das ›*eupsychische Netzwerk*‹ von Menschen, die wie wir angezogen sind von dem, was in ihnen und anderen emergiert. Ich habe eine Liste mit dreihundert Namen, die ich Ihnen geben werde.« (Das war, noch bevor man den Begriff *Human Potential Movement* überhaupt kannte.)

Barbara nahm sich die Namen vor und begann Kontakte zu knüpfen. Ein paar Jahre später verfasste sie »The Center Letter«, ein vervielfältigtes Papier, das sie an alle schickte, die auf Maslows und auch auf Jonas Salks Liste standen, sowie an andere Leute, von denen sie einfach gelesen hatte. In diesem Brief stand, dass sie gerne wissen würde, worin nach Ansicht jeder dieser Menschen der nächste Schritt zum Wohl der Menschheit bestand. Sie versprach, Auszüge aus ihren Antworten zu veröffentlichen. Sie gab die Briefe auf dem alten Postamt in Lime Rock, Connecticut, auf. Und wartete. Würde irgendjemand antworten?

Binnen weniger Wochen trudelten die Briefe aus aller Welt ein. (Das war lange, bevor es E-Mail gab!) Thomas Merton schrieb zurück und auch Willis Harman und Lewis Mumford ...

Barbara veröffentlichte *The Center Letter* einige Jahre lang. Er fand seinen Weg durch die ganze Welt, die Leute gaben ihn an andere weiter. Der *Homo progressivus* reagierte. Sie war nicht mehr allein. Plötzlich war sie vernetzt, vitalisiert, belebt und auf dem Weg, sich zu transformieren.

Ein Element fehlt noch

Doch vor *The Center Letter* hatte Barbara lediglich Jonas Salk, Abe Maslow und ein paar andere getroffen, die Jonas ihr vorgestellt hatte. Diese Treffen (so inspirierend sie auch waren und wichtig in Sachen Entdeckung und Befreiung) lieferten ihr aber nicht die Erkenntnisse, die sie brauchte, um all diese großen Ideen ihrem Körper und Geist einzuverleiben oder sie darin zu integrieren. Wichtiger noch, sie wusste nicht, was ihre *wirkliche* Rolle oder Berufung in all dem war. Sie strömte über vor Ideen, Bestrebungen und Begeisterung, hatte aber nur sehr wenig *Klarheit* darüber, wie sie hier *tätig* werden sollte.

Und während Barbara einer Unmenge von Leuten, deren Meinung sie zutiefst respektierte, die Frage stellte: »Worin besteht der nächste Schritt zum Wohl der Menschheit?«, hatte sie immer noch keine Erkenntnis über die Größere Geschichte der Menschheit gewonnen.

Dann ... machte sie sich an einem Februarnachmittag 1966 bei eisiger Temperatur zu einem Spaziergang auf den Hügel nahe ihres Hauses in Connecticut auf. Und es passierte. Ihr wurde die Vision von der Erfahrung der Planetarischen Geburt gegeben und zusammen damit ihre Berufung: *Geh und erzähl die Geschichte von unserer Geburt!*

30

Episode 4: Frage an einen Präsidenten
1953

Sieben Jahre vor der Entdeckung
und Befreiung ...

Manchmal haben die kürzesten Momente die dauerhaftesten Auswirkungen. Und manchmal sind es gerade die »Ich hatte rein gar nichts damit zu tun«-Fakten unseres Lebens, die am meisten mit dem zu tun haben, was wir dann mit unserem Leben anfangen.

Haben Sie das mitgekriegt? Ich weiß, es ist ein ziemlich verschachtelter Satz, aber lesen Sie ihn doch noch einmal, wenn Sie ihn nicht verstanden haben, denn ich hätte wirklich gerne, dass Sie das »kapieren«.

Als ich immer tiefer in Barbara Marx Hubbards Lebensgeschichte eintauchte, entging mir nicht, dass alle Dominosteine so perfekt aufgestellt waren, dass sie in perfekter Abfolge fallen würden, sobald der erste kippte. Nennen wir den ersten Dominostein ihre Geburt. Alles was danach kommt, reiht sich großartig aneinander bis hin zu ihrem dreiundachtzigsten Geburtstag am 22. Dezember 2012 und ihrem öffentlichen Auftritt als Hauptperson des Tag-Eins-Events.

Barbaras ganzes Leben, einschließlich jenes Moments im Jahr 2012, war von einer einzigen Frage beseelt. Eine Frage, die sie allerdings nicht einfach irgendjemandem stellte. Sie stellte sie jenen, von denen sie *absolut erwartete, dass sie eine Antwort haben würden*. Und als ein bestimmter Mensch, den sie befragte, keine Antwort hatte, setzte sich dieser Augenblick für den Rest ihres Lebens in ihr fest.

Es war wichtig, dass dieser Mensch eine Antwort *hatte*. Er *sollte* eine Antwort haben, das spürte sie deutlich. Aber er hatte keine. *Und wenn er keine Antwort hat*, fragte sich Barbara, *wer dann?*

Die Dominosteine beginnen zu fallen

Barbara stellte ihre Frage dem Präsidenten der Vereinigten Staaten im Oval Office.

Um verstehen zu können, wie eine junge Dame überhaupt dahin kommt, eine solche Frage an eine solche Person an einem solchen Ort zu stellen, müssen wir ein bisschen mehr über Barbaras Herkunftsfamilie wissen.

Barbaras Leben war von Anfang an perfekt »entworfen« und wurde auf jedem Schritt des Weges immer wieder perfekt umgestaltet. Die Rückschau, die dieses Buch vornimmt, hat mir das sehr klargemacht.

Als kleines Mädchen gab es nichts, was Barbara wirklich haben wollte und nicht bekam. Ihr Vater Louis Marx war der

Begründer der größten Spielzeugfirma der USA – und vielleicht auch weltweit. Er kam in Brooklyn zur Welt, fing klein an und wurde mit seiner Spielzeugfabrik schnell sehr erfolgreich. Im Marxschen Haushalt fehlte es mit Sicherheit an nichts …. und schon gar nicht an *Spielzeug*. Louis brachte es tonnenweise nach Hause, Dinge, die in seiner Firma gerade entwickelt wurden, sowie Spielzeug von seinen Konkurrenten. Dann beobachtete er gespannt seine Kinder, um zu sehen, wie sie darauf reagierten. Würden andere Kinder sie auch mögen? Hatte er wieder einen Hit? Welche Spielzeuge mochten die Kindern am liebsten?

Wie zu erwarten, besuchte Barbara die besten Schulen und ging schließlich aufs Bryn Mawr College außerhalb von Philadelphia. Ihr vorletztes Studienjahr verbrachte sie in Paris. Und dort verliebte sie sich quasi wie in einem Film in einen unzufriedenen, ernsten, gut aussehenden jungen amerikanischen Maler, der sich an einem winzigen Tisch in einem verqualmten Café in irgendeiner verborgenen Seitengasse zu ihr gesellte. Sie kehrte mit ihm in die Staaten zurück, feierte eine Märchenhochzeit und schickte sich an, eine vorbildliche Ehefrau und Mutter der 1950er Jahre zu werden.

Verstehen Sie mich bitte nicht falsch. Es gab durchaus einige schwierige Zeiten in Barbaras Kindheit und Jugend. Eine Tragödie noch im Kindesalter – der Tod ihrer Mutter – erzeugte tiefen Zorn auf Gott, und Konfusionen im späten Teenageralter führten zu tiefen Fragen über das Leben. Aber größtenteils und im Vergleich zu dem Verlauf anderer Kindheiten im Gefolge der schweren Wirtschaftskrise in den USA hatte sie doch ein ganz gutes Los gezogen.

Das einzige Problem war, dass der tiefe Zorn, den sie hegte, nie zum Ausdruck kam und die tiefen Fragen nie eine Antwort fanden …

Sie bringt ihre Frage an der Spitze vor

Im Lauf der Jahre hatte Louis Marx die Gelegenheit, viele interessante Leute zu treffen – darunter nicht wenige Generäle der Armee. Das ergab sich daraus, dass Bernard Gimbel, ein mächtiger New Yorker Geschäftsmann, General Hap Arnold von der Luftwaffe zu Louis ins Büro brachte, um zu fragen, ob in seiner Fabrik vielleicht das fehlende Stück eines Spielzugzuges zu bekommen sei, das Arnold verloren gegangen war. Louis ließ jemanden das Teil unten in der Werkhalle ausfindig machen und überreichte es dem General. Die beiden wurden Freunde, und durch ihn schloss Louis Freundschaft mit anderen Generälen – einschließlich Dwight Eisenhower, der später Präsident der Vereinigten Staaten werden sollte.

Louis hatte 1952 wieder geheiratet und fünf weitere Söhne bekommen. Jeder hatte einen General zum Taufpaten. Und so kam es, dass kurz nach der Wahl Eisenhowers zum Präsidenten ein Familientreffen im Hause des Generals Omar Bradley geplant wurde. Es sollte ein Foto von den Generälen und dem Präsidenten mit ihren Patenkindern gemacht werden, und alle waren zugegen: Eisenhower, und der Hausherr Omar Bradley, General George C. Marshall, Generalin Rosie O'Donnell und General Walter Bedell Smith. Natürlich kamen auch verschiedene Tanten und Onkel und weitere Angehörigen der Marx-

Familie: Barbaras Schwestern Patricia und Jacqueline und ihr Bruder Louis jr.

Nicht lange danach wurde Barbara eingeladen, dem Präsidenten im Weißen Haus einen Höflichkeitsbesuch abzustatten.

Sie und ihr Vater wurden zur festgesetzten Stunde ins Oval Office geführt, das sich im südöstlichen Teil des riesigen Gebäudes an der Pennsylvania Avenue befindet. Der Präsident war aufgestanden und streckte Barbaras Vater die Hand entgegen. »Louis, immer schön dich zu sehen«, sagte er herzlich und meinte es auch so. »Bitte nimm Platz.« Die drei begaben sich zu den einander gegenüberstehenden Sofas ein paar Meter vom Schreibtisch des Präsidenten entfernt.

Dwight Eisenhower und Louis Marx begannen ein Gespräch über die wachsende Macht des militärisch/industriellen Komplexes. »Das ist nicht auf die leichte Schulter zu nehmen, Louis«, sagte der Präsident.

»Ich weiß«, erwiderte Barbaras Vater. »Da ist eine ungeheure Menge Macht versammelt.«

Barbara verlagerte ihr Gewicht und zog damit die Aufmerksamkeit Eisenhowers auf sich. Er ging auf ihr stilles Signal ein, dass sie etwas zu sagen wünschte. »Was kann ich für Sie tun, junge Dame?«, fragte er freundlich.

»Mr. Präsident, ich habe eine Frage an Sie«, sagte sie.

»Und welche, meine Liebe?«

»Sie und Vater sprachen gerade über unsere ungeheure Macht.«

»Ja.«

Sie blickte in seine strahlend blauen Augen und war für einen Moment sprachlos ... gebannt. Aber nur für einen kurzen

Augenblick. Dann fragte Barbara Marx Hubbard Präsident
Dwight David Eisenhower: »Was ist die gute Bedeutung von
unserer neuen Macht?«

Nicht, was sie erwartete

Der Präsident schien verblüfft zu sein, warf Louis einen Blick
zu, sah dann wieder zu Barbara hinüber und schüttelte den
Kopf. Seine Stimme klang traurig, fast erschöpft. Dann sagte
er langsam: »Ich weiß es nicht. Ich habe keine Ahnung ...«

Barbara kam der Gedanke: *Nun, dann sollten wir das besser herausfinden!* Doch das sagte sie nicht zum Präsidenten.
Sie saß einfach nur still und respektvoll da und lächelte.

»Deine Tochter scheint die Frage des Jahrhunderts gestellt
zu haben«, sagte der Präsident etwas reuevoll zu Louis.

»Ja, nun ... das ist so ihre Art«, erwiderte Barbaras Vater
und kicherte.

Nur Barbara war verwundert. Sie wusste nicht, was für
eine Antwort sie von dem ehemaligen Kriegshelden und Fünf-
Sterne-General – der alles über die Ausübung von Macht
wusste – erwarten konnte, aber sie hatte auf *irgendeine* Art
Antwort gehofft.

Diese kleine Begebenheit erwies sich dann als durchaus
keine »kleine Begebenheit«, denn sie lieferte den überwiegenden Teil ihres Lebens den Treibstoff für Barbara Marx Hubbards Erfahrungen. Allerdings stimmt es auch, dass ihr Impuls
herauszufinden, worin der Sinn und Zweck unserer Macht
besteht und was zu tun ihre Bestimmung war, schwächer

wurde, als sie schwanger wurde. Ein Zustand, in dem sie sich in den nächsten Jahren fast ständig zu befinden schien. In den sechs Jahren nach dem Besuch im Weißen Haus sollte sie vier Kinder zur Welt bringen. 1960 kam ein weiteres dazu.

Barbara war eine hingebungsvolle Mutter, blieb die ganze Zeit über zu Hause und liebte ihren Mann und jedes einzelne der wunderschönen Wesen, die sie und Earl in die Welt gebracht hatten.

Doch eine Sehnsucht nach mehr Leben und das Fehlen einer Antwort auf die große Frage ihres Daseins bedrückten sie. Ihre Kinder sollten später sagen, sie wussten, dass ihre Mutter sie liebte, hatten jedoch immer das Gefühl, sie sei nicht ganz »da«.

»Sie hatten Recht«, erzählte mir Barbara. »Obwohl die Kinder die Liebe meines Lebens waren, war ich eine so leidenschaftlich Suchende, dass meine tiefste Aufmerksamkeit immer irgendwo anders war – auf der Suche nach dem Sinn und der Richtung des Lebens.

Interessanterweise war das, was sie in diesen Zustand des Abgelenktseins und Überdrusses brachte, etwas, von dem sie sich vorgestellt hatte, es *würde genau das Gegenteil bewirken.*

31

Episode 3: Liebe, Ehe und Kinder
1949

Vier Jahre vor der Frage an den Präsidenten ...

Barbara hatte am 27. Mai 1948 begonnen Tagebuch zu führen, da war sie achtzehn Jahre alt. Seither waren nur selten viele Tage ohne Eintrag vergangen. Und ganz gewiss entging kein größeres Ereignis ihres Lebens ihrer schriftlichen Aufmerksamkeit.

Sie hat alle diese Tagebücher aufbewahrt, was die Dinge für jemanden, der ihr Leben zurückverfolgen möchte, leicht macht. Nur sehr wenige von uns können sich an alles erinnern, was uns in unseren frühesten Jahren widerfahren ist – geschweige denn an alles, was wir *sagten* oder *dachten*. Im Falle Barbaras besteht die Herausforderung nicht in zu wenig, sondern in fast *zu viel* Material.

Trotzdem war es mir eine große Freude, so viele ihrer persönlichen Aufzeichnungen und Erinnerungen durchzusehen. Den überwiegenden Teil davon hatte noch nie jemand zuvor zu Gesicht bekommen, nur wenig Material fand seinen Weg in frühere Veröffentlichungen, allerdings ohne breiten Leser-kreis. Es geht doch nichts über schriftliche Berichte, wenn es um Beschreibungen der denkwürdigsten Augenblicke im Le-ben eines Menschen geht …

Eine Begegnung in Paris

Es war ein regnerischer Novembernachmittag im Jahr 1949. Barbara lebte seit dem Spätsommer in Paris, um ein Jahr lang an der Sorbonne und École des Sciences Politiques zu studie-ren. Sie hatte nach etwas gesucht, das sie am Bryn Mawr Col-lege nicht finden konnte, doch was sie schließlich fand, war etwas, das sie bislang nirgendwo hatte finden können: einen Mann, in den sie sich verliebte.

Barbara war in jener Zeit ständig mit anderen Studenten beisammen. Tatsächlich war es an diesem Tag im November das erste Mal seit ihrer Ankunft in Frankreich, dass sie allein zu Mittag aß.

Es war Zufall. Ja – *ähm* – ein weiterer schierer Zufall. Hier gibt's keinen Plan, keinen Entwurf, keine fein verwobene Ta-pisserie … richtig?

Riiichtig ….

Hier sitzt Barbara also nun in Paris am linken Seineufer in einem winziges Restaurant namens Chez Rosalie und nimmt zum ersten Mal ihr Mittagessen allein ein.

Das Lokal ist rappelvoll, und es gibt nur noch einen kleinen runden Tisch mit zwei Stühlen. Barbara setzt sich hin und be-stellt ein kleines Beefsteak und eine halbe Flasche Rotwein. Sie ist zwar noch keine einundzwanzig, aber in Paris. Wen juckt's also? Niemand fragt nach ihrem Alter.

Bald darauf geht die Tür auf. Wollen wir Barbara den ersten Anblick ihres künftigen Ehemannes selbst beschreiben lassen?

Die liebevollen Erinnerungen einer Frau ...

»Ein hochgewachsener junger Mann kam herein. Sein großer Kopf wirkte aristokratisch, er hatte dichtes, lockiges, dunkles Haar und volle Lippen. Er war hager, seine Wangen waren etwas eingefallen. Mir fielen seine langen schlanken Finger auf, als er seinen Dufflecoat auszog und an die Garderobe hing. Sein Anblick durchfuhr mich wie ein elektrischer Schock. Seine Augen musterten den Raum, und unsere Blicke trafen sich. Ich lächelte und neigte den Kopf wohl wissend, dass er sich zu mir setzen musste. Es war der einzige noch freie Platz.«

Der junge Mann kam herübergeschlendert, ließ sich nieder, und sie tauschten Höflichkeiten aus. Beide lächelten. Sie würden gut miteinander auskommen – so viel war klar.

»Ich bin Earl Hubbard.«

»Hallo. Ich bin Barbara Marx.«

Barbara erzählte Earl, dass sie sich für den Sinn des Lebens interessierte. Dann sprang sie ihm mit ihrer ewigen – und gewöhnlich disqualifizierenden – Frage an die Gurgel: »Was ist Ihr Lebensziel?«

Earl verzog keine Miene.

»Ich bin Künstler. Mein Ziel ist es, ein neues Bild vom Menschen zu schaffen, das unseren Fähigkeiten, die Zukunft zu gestalten, entspricht.«

Barbara konnte ihren Ohren kaum trauen. Später schrieb sie: »Sofort schoss mir der Gedanke durch den Kopf: *Ich werde ihn heiraten.* Ich lächelte strahlend und nickte. Tränen traten mir in die Augen.«

Und das war's. Wir könnten eine längere Geschichte daraus machen, weil in der Zeit zwischen diesem Novembernachmittag und jenem Januartag vierzehn Monate später, als die beiden in der Saint Thomas Church in New York vor den Altar traten und Mann und Frau wurden, natürlich viel passiert ist. Aber all dies ist für diese Geschichte nicht wichtig.

Von Kühlschränken und Wäschetrocknern

Wichtig ist, was in den Jahren danach passierte. Barbara kehrte ans Bryn Mawr College zurück, um ihren Abschluss zu machen – schwanger. Nachdem ist erstes Kind, Suzanne, zur Welt gekommen war, richtete sie sich in einem Leben ein, das ganz anders war als das, was sie sich vorgestellt hatte, als sie in Paris jenem aufregenden Intellektuellen gegenübersaß.

Sie und Earl hatten ein kleines Apartment in Lime Rock, Connecticut, gefunden. Sie hätten überall wohnen können, wenn Earl sich hätte damit abfinden können, dass Barbara mit dem Einkommen, das sie von ihrem Vater bezog, finanziell aushalf, aber das wollte er absolut nicht. Es war seine Aufgabe, sagte er, seine Frau zu ernähren, und sie könnten mit dem Geld hinkommen, das er verdiente.

Barbara fand diesen Anflug männlichen Stolzes leicht amüsant, da Earl als Künstler vom Geld *seines* Vaters lebte, aber sie insistierte nicht weiter und ließ es ihren Mann so machen, wie er es wünschte. *In fast allem.* Zum Beispiel wollte Barbara in Washington, D.C. wohnen, wo ihr Vater über viele Verbindungen verfügte und wo sie vielleicht einen Job finden und für jemanden so arbeiten konnte, dass sie ihren wahren Zielen ein Stück näher kam. Earl aber wollte allein sein, das Leben eines isolierten Künstlers führen. Und er wollte, dass seine Frau zu Hause blieb und sich um den Haushalt und das Kind kümmerte. Wie schon ihre Mutter immer nachgegeben hatte, wenn sie mit Entscheidungen und Beschlüssen von Louis konfrontiert war, tat Barbara dies nun auch. Also hausten sie in ihrem winzigen Apartment in Lime Rock.

»Ich trat in eine Phase ein, in der ich versuchte, meiner Tochter und meinem Mann ein Zuhause zu schaffen«, erfahren wir aus ihren Aufzeichnungen in späteren Jahren. »Es wurde vollkommen offensichtlich, dass ich mich – auch wenn ich es überhaupt nicht wollte – mit Backofen, Wäschetrockner, Waschmaschine und Kühlschrank befassen musste. Ich hatte gedacht, ich würde der materiellen Welt entkommen, wenn ich einen Mann mit hohen Zielen heiratete, aber weil ich ein Baby hatte und weil es Earls Wunsch war, geriet ich tiefer in sie hinein.«

Barbara verwandelte sich von einer geistreichen, charmanten, belesenen Gesprächspartnerin und Lebensbeobachterin, die immer mehr und mehr entdecken und lernen (und dann ihr eigenes Lebensziel finden und verfolgen) wollte, in ein kleines Hausfrauchen und eine Mutter, die in einer winzigen Wohnung lebte und Frühstück machte, die Wohnung aufräumte, das Baby badete, fütterte und mit ihm spielte, in der Sonne lag, ein bisschen Klavier spielte, in ihr Tagebuch schrieb, einen Spaziergang machte, abspülte, las, Radio hörte und zu Bett ging. Mit einem Wort, sie war gelangweilt. In fünf Worten: *Sie langweilte sich zu Tode.*

Barbara nahm auch bei Earl eine Veränderung wahr. Eine große Veränderung.

»Der gesellige, geistreiche, philosophierende junge Mann, den ich in Paris getroffen hatte, der bezaubernde französische Szenenbilder malte, um sie seinen Freunden zu schenken, der sich stundenlang in Cafés unterhielt, änderte sich mit der Eheschließung plötzlich«, schrieb sie. »Er wurde angespannt, suchte die Isolation und gierte nach Anerkennung für seine Arbeit.«

Die restlichen 1950er Jahre waren für Barbara eine fast surreal anmutende Zeit. »Es war die seltsame Erfahrung, meine Familie zu lieben und für sie zu sorgen und mich gleichzeitig verloren zu fühlen … deprimiert«, so beschrieb sie es. »Ich fühlte mich in mir selbst eingekerkert, gleichsam zu Stein zu werden. Etwas in mir sehnte sich verzweifelt danach, geboren zu werden. Später fand ich heraus, dass es mein Selbst war.«

Überlegungen und Erkundungen

Fehler sind nicht möglich

Wenn wir über die eben beschriebenen Zeiten nachdenken und uns Barbaras Erfahrungen genauer anschauen, um zu sehen, wie wir alle davon profitieren können, dann werden wir daran erinnert, dass …

> … es so etwas wie ein »falsches Abbiegen« auf der Straße des Lebens nicht gibt. Bei der fortwährenden Ausarbeitung der Routen unseres Lebens ist eine weitaus größere Intelligenz als die des Geistes am Wirken.

Die Fragen, wie wir uns nun stellen müssen, lauten: *War das alles ein »Fehler«? War Barbaras Entscheidung, Earl Hubbard zu heiraten, fünf Kinder zu haben und sich in den 1950er Jahren in einem Dorf in Connecticut in einem ganz »normalen Eheleben« einzurichten, eine Entgleisung? Haben sie diese Ereignisse aus der Spur geworfen oder haben sie sie auf überaus nachhaltige und tiefgründige Weise auf die Spur gebracht?*

Es ist wichtig uns an das zu erinnern, was wir hier an früherer Stelle sagten. Wir haben immer freien Willen, und nichts im Leben ist vorherbestimmt. Ja, unsere Seele hat eine Landkarte ausgebreitet, aber wir sind nicht gezwungen, ihr zu folgen.

Eigentlich ist es nicht so sehr eine »Landkarte«, sondern es ähnelt mehr einem dieser Navis, die wir heutzutage in den Autos sehen. Du gibst dein Ziel ein und das satellitengestützte Navigationssystem, das GPS, sagt dir genau, wie du dahin kommst. *Aber du bist nicht gezwungen, einer bestimmten Route zu folgen.* Welche Route du auch wählst, welche Entscheidung du auch triffst, das GPS nimmt *augenblicklich* eine *Anpassung* vor und zeigt einen neuen Weg, wie du von *deiner jetzigen Position* aus zu deinem Ziel gelangst. Die Seele nimmt diese Art von »Weganpassungen« binnen Nanosekunden vor.

So gesehen können wir gar nicht verloren gehen. Und so gesehen gibt es auch keinen »falschen Weg« zu unserem Ziel.

Mit dieser narrensicheren Vorrichtung Des Wissens Der Seele landen wir alle schließlich in unserem Zuhause in Gott in einem Leben Das Nie Endet – und haben genau das erlebt und erfahren, was wir wollten, wie die Tatsache beweist, dass *wir es erlebt und erfahren haben.*

Also … waren Barbaras Heirat und die Kinder ein »Fehler«? Auf keinen Fall. In dem Augenblick, in dem sie diese Entscheidungen freiwillig traf, baute ihr inneres GPS sie in ihre Reise ein und zeigte ihr, wie sie sie *auf perfekte Weise nutzen* konnte, um zu ihrem Ziel zu gelangen.

Tatsächlich könnte man durchaus die Ansicht vertreten, dass diese Entscheidungen ihre Rückkehr zur Suche nach Antworten auf die großen Fragen des Lebens *befeuerten und beschleunigten,* die Große Frage von 1945 eingeschlossen. Hätte sie sich nicht in einem solchen Zustand innerer Frustration befunden, hätte sie vielleicht unbekümmert mit ihrem Leben weitergemacht und die Fragen ihrer Jugend für genau das gehalten: die Fragen eines unreifen Geistes, der sich in einem angesagten, aber nicht sehr bedeutsamen Intellektualismus verfangen hatte.

Erst als sie sich auf ein Erwachsenendasein, *wie es von so vielen Leuten gelebt* wurde, eingelassen hatte, konnte sie erkennen, dass sich sehr viele Menschen, sie selbst eingeschlossen, in einem Alltagsdurcheinander verstrickt hatten, das sie allmählich sehr real und sehr wichtig werden ließen ... das aber gar nichts mit dem größeren Ziel und Zweck unserer Existenz oder den Lösungen für die größten Probleme und Herausforderungen zu tun hat, vor die sich unsere Spezies gestellt sieht.

Es war die *Sehnsucht* nach Antworten auf die großen Fragen des Lebens, die in Barbara immer intensiver wurde. Und es scheint klar, dass sie der tiefen und umfassenden Erfahrung von *Mutterschaft* bedürfen würde, um die Neue Geschichte der Menschheit ausfindig machen, sie wirklich hören, sie sich voll und ganz zu eigen machen und sie auf wunderbare Weise erzählen zu können.

Hätte eine Person, die nie Mutter war und nie den tiefen und starken Impuls erfahren hat, Leben hervorzubringen und es zu beschützen und zu nähren, je die Geschichte von der Geburt so komplett verinnerlichen können, wie Barbara es tat?

Doch wäre die Sehnsucht nach Antworten auf die großen Fragen des Lebens überhaupt vorhanden gewesen, um dann *intensiviert zu werden,* wenn diese Fragen nicht erst einmal durch irgendetwas stimuliert worden wären? Schließlich gehen viele Leute durch ihr ganzes Leben, ohne sich (geschweige denn anderen) solche Fragen zu stellen. Doch was, wenn da ein Plan *existierte*? Was, wenn Barbaras Ziel darin bestand, nicht nur zu fragen, sondern auch die Fragen, die die ganze Welt stellte, zu beantworten? Was, wenn Barbara ein Katalysator sein sollte – einer unter vielen –, der offen und öffentlich die größten Fragen des Lebens stellen … und dann Antworten vorschlagen sollte, die zu diskutieren die Welt eingeladen war?

Damit das geschehen konnte, musste sich etwas Einschneidendes, etwas Großes, etwas wirklich Wichtiges und Bedeutsames ereignen, das das tiefe und echte Bedürfnis, die größten Fragen des Lebens zu stellen, entfachte.

Wir werden diese Wahrheit auf den kommenden Seiten eingehend ergründen, indem wir mehr und mehr von Barbaras Geschichte erzählen.

Genießen Sie es.

32

Episode 2: Die frühesten Fragen
1943

Sechs Jahre vor »Liebe, Ehe und Kinder« ...

Rene Marx war eine schöne Frau. Das war schlichtweg so. Sie war auf gewisse durchscheinende Art umwerfend, so wie ein Filmstar in den alten Schwarz-Weiß-Filmen, in denen die Hauptdarstellerin nie in scharf fokussierten Einstellungen zu sehen ist.

Außerdem war sie liebreizend, sanft, gütig, liebevoll, zutiefst fürsorglich und ihrem Mann Louis vollkommen ergeben. Wenn sie sich bewegte, bewegte sie sich leicht und anmutig, als würde sie dahingleiten. Wenn sie sprach, sprach sie leise, fast im Flüsterton. Und wenn sie ihren Kindern ihre ganze Aufmerksamkeit schenkte, mit einer kleinen Umarmung oder einem Gute-Nacht-Kuss, dann war die Welt in Ordnung. Barbara und ihre Geschwister – ihr Bruder Louis und ihre Schwestern Patricia und Jacqueline – fühlten sich absolut sicher.

Barbaras Vater liebte seine Tochter abgöttisch, und sie fühlte sich in seiner Liebe geschützt und behütet. In vielerlei Hinsicht lebte sie wie in einem Märchen. Die Wohnung der Familie in New York war geräumig und wunderschön. Der Spielzeugschrank quoll über. Barbara genoss den Spaß, mit ihren Geschwistern im Central Park Schlitten zu fahren, die Aufregung, zu Premieren am Broadway mitgenommen zu werden, und die Trägheit der Sommertage auf einer Farm in Connecticut. Sie besuchte die Dalton School und bekam das Beste von allem.

Und dann, sie war zwölf, starb ihre Mutter. Renes Leben endete abrupt, entsetzlich, grausam. Barbaras Kindheit war zu Ende.

Rene war über ein Jahr krank. Es war Brustkrebs, und Barbara war alt genug, um zu wissen, wie ernst es war. Aber irgendwo tief drinnen dachte sie, ihre Mutter würde überleben. Barbaras Elternhaus war nicht religiös, aber sie wusste, dass es da etwas namens »Gott« gab, der, wie so manche sagten, letztlich hier unten das Sagen hatte. Sie wusste nicht genau, wie man es machte, aber sie versuchte ihr Bestes, in diesem Jahr der Krankheit ihrer Mutter heftig zu beten.

»Bitte, Gott«, flüsterte sie dann, »mach, dass es Mom besser geht. *Mach, dass es Mom besser geht.* Ich tu alles! Du kannst *mich* nehmen, aber rette Mom.« Sie meinte es ernst. Sie war bereit zu sterben, wenn ihre Mutter leben durfte. Sie hatte Vertrauen in irgendeine Macht zum Guten.

Zudem hatte sie das Gefühl, die Familie habe in ihrem Vater einen Beschützer Gegen Jeden Schlechten Ausgang. Louis Marx war in jeder Hinsicht ein imposanter Mann. Er hatte eine kräftige Stimme, einen stattlichen Körper, eine starke Präsenz – und er rauchte diese großen Zigarren. Er führte in der Spielwarenbranche die Massenproduktion ein und hatte bald ein sehr, sehr großes Unternehmen. Er verdiente viel Geld mit Louis Marx and Company und hatte viel Macht. Er war mit Generälen, Admirälen und anderen Leuten in hohen Ämtern gut befreundet. Es war also ganz natürlich, dass Barbara glaubte, ihr Vater könne alles in Ordnung bringen.

Er kriegt die besten Ärzte für sie!, sagte sie sich. *Sie wird im besten Krankenhaus untergebracht und die beste Betreuung erhalten. Es _wird_ ihr wieder besser gehen!* Louis war bereits mit der Familie aus der Wohnung in der Stadt in ein großes Haus im vorstädtischen Scarsdale gezogen. Er wollte sie alle aus dieser hektischen Energie, den Abgasen, den Staus und dem Gedränge herausholen und an einen Ort bringen, wo sehr viel mehr Platz war und Rene besser betreut werden konnte.

Einmal ging Barbara versehentlich in das Badezimmer ihrer Mutter, als diese zwischen ihren Krankenhausaufenthalten zu Hause war. Sie sah die Narbe auf dem Körper ihrer Mutter, da wo ihr eine Brust entfernt worden war. Barbara wandte sich entsetzt ab, doch sie hatte noch die Augen ihrer Mutter gesehen und deren schreckliche Angst gespürt … »wie ein Reh, das vom Strahl der Taschenlampe eines Jägers erfasst wird – zum Untergang verurteilt«, sollte sie später schreiben.

Dann kam der Abend, an dem ihr Vater alle Kinder im Wohnzimmer versammelte und sie hinsetzen ließ. Er war gerade aus dem Krankenhaus gekommen. »Kinder«, sagte er mit rauer Stimme, »eure Mutter ist tot.« Er nahm seine Kinder in die Arme, zog sie alle auf seinen Schoß. Dann vergrub er seinen Kopf in Barbaras Schulter und weinte.

Im ersten Moment waren Barbara und die anderen ganz still … aber nur für einen winzigen Augenblick, während sie den Schock in sich aufnahmen. Dann schluchzten sie – tiefe keuchende Schluchzer –, während ihr Vater sie tröstete. »Weint nur«, sagte er. »Etwas anderes kann man nicht tun.«

Als Barbara später über diesen Augenblick schrieb, schilderte sie, wie plötzlich eine heftige Wut in ihr erwachte, die aus der Verzweiflung entstand. Eine starke innere Antriebskraft sagte: *Nein! Ich werde <u>nicht</u> weinen. Ich akzeptiere den Tod nicht! Da gibt es noch mehr, aber das muss ich herausfinden … ich kann das nicht tolerieren.*

»Meine Mutter war unschuldig«, so steht weiter in ihren Erinnerungen zu lesen. »Gott war unfair. Ein tiefer Schmerz nistete sich in meinem Solarplexus ein. Ich fühlte mich verlassen. Ich war erst zwölf, aber nun hatte der wirkliche Hunger nach Sinn und Bedeutung eingesetzt.«

Ein zweiter wesentlicher Moment

Der Tod ihrer Mutter war das erste von zwei Ereignissen in Barbaras frühen Jahren, die eine unauslöschliche Spur in ihrer Psyche hinterlassen und ihre Zukunft grundlegend prägen sollten. Das zweite fand am 6. August 1945 statt.

In jenem Monat warfen die Vereinigten Staaten zwei Atombomben über Japan ab.

Die fünfzehnjährige Barbara war geschockt. Tausende von Menschen starben auf der Stelle. Andere waren verstümmelt und für ihr ganzes Leben verunstaltet. Zwei große Städte wurden in Schutt und Asche gelegt. Präsident Truman und die amerikanische Regierung behaupteten, dieses Gemetzel sei leider notwendig gewesen, um den Krieg zu beenden. Außerdem, so argumentierten sie, wären zehnmal so viele Soldaten der Alliierten ums Leben kamen, wäre man wie üblich vorgegangen und hätte die Pazifischen Inseln zu Lande eingenommen, um Japan zu besiegen. In Amerika waren jedoch viele anderer Ansicht. Ein Bericht des Federal Council of Churches mit dem Titel »Atomic Warfare and the Christian Faith« beinhaltete folgende Passage:

> Als amerikanische Christen bereuen wir zutiefst den unverantwortlichen Gebrauch, der von der Atombombe bereits gemacht wurde. Wir sind uns darin einig, dass unabhängig davon, wie man prinzipiell zum Krieg eingestellt ist, die überraschende Bombardierung von Hiroshima und Nagasaki moralisch nicht vertretbar ist.

Bis zu jenem Tag hatte Barbara das Gefühl gehabt, das Leben sei gut, Amerika sei gut, unsere Macht sei gut. Ihr Vater hatte ihr das so gesagt. Sein Motto war: »Tu dein Bestes. Wenn du hart arbeitest, kannst du alles bekommen, alles tun.«

»Plötzlich sah ich, dass wir alles zerstören konnten, wenn wir wirklich hart arbeiteten«, sollte Barbara später schreiben. In ihrem Kopf pochte die große Frage: *Worin besteht die gute Bedeutung all dieser neuen wissenschaftlichen/technologischen Macht?*

Es musste einfach irgendeine *gute* Bedeutung *geben*, irgendeinen guten Sinn und Zweck, oder warum sonst sollte man mit dem Leben weitermachen? War es überhaupt möglich damit fortzufahren, ohne dass unsere neue Macht gezügelt, umdirigiert und auf positive Ergebnisse gerichtet wurde?

Wohin bewegt sich unsere Zivilisation? Barbara sehnte sich ernsthaft danach, es zu wissen. Für eine junge Frau an der Schwelle zum Erwachsenenalter war dies eine berechtigte Frage.

Sie forschte überall nach einer Antwort. Sie las eine Menge über Philosophie und Religion und suchte nach einem: nach positiven Bildern von der Zukunft, die unseren neuen Kräften entsprach – nicht in einem Leben nach dem Tod, nicht in irgendeiner metaphysischen Dimension, nicht in irgendeinem goldenen Zeitalter der Vergangenheit, sondern im Leben auf Erden, in der Zukunft.

Als sie zum ersten Mal das Neue Testament las, fand sie es im ersten Korintherbrief: »Seht, ich enthülle euch ein Geheimnis. Wir werden nicht alle entschlafen, aber wir werden alle verwandelt werden – plötzlich, in einem Augenblick, beim letzten Posaunenschall. Die Posaune wird erschallen ...«

Das sagte ihr etwas. *Ich werde der Kirche beitreten,* dachte sie. Also ging sie mit sechzehn Jahren zum Priester einer Episkopalkirche in Scarsdale und stellte ihm ihre Fragen. »Ist irgendetwas davon wahr? Was hat es mit der Wiederauferstehung, mit Christi Himmelfahrt und dem zweiten Kommen auf sich? Werden wir einen neuen Körper haben, so wie er? Werden wir den Tod überwinden?«

Und dann ...

»Was ist der Sinn und Zweck der eindrucksvollen Macht der Menschheit? Was hat sie *Gutes* zu bedeuten?«

Der arme Priester war überfordert. Das waren mehr (und bessere) Fragen, als er sie in einem ganzen Monat in seiner

Sonntagsschule zu hören bekam. Leider konnte er Barbara keine davon zufriedenstellend beantworten. Seine Antworten kamen ihr seicht und vorfabriziert vor, und sie hatte das Gefühl, als ob er sie selbst nicht ganz glaubte. Der Priester riet ihr, die Sonntagsschule zu besuchen. Das tat sie. Sie brachte auch ihren Bruder und ihre Schwestern mit.

Eines Sonntags erzählte der Priester die Schöpfungsgeschichte: Eva hatte sich schuldig gemacht, wurde wegen ihrer Neugierde, wegen ihrer Wissbegierde, aus dem Paradies vertrieben und war für den Sündenfall des Menschen und seine Vertreibung aus dem Paradies verantwortlich. Barbara war so erschüttert, dass sie fast von der Kirchenbank fiel.

Irgendwo in ihrem Innern erhob sich eine Stimme. *Nein, wir sind nicht schuldig*, sagte sie. *Ich bin nicht schuldig!*

Aber die Kodierung dieser Geschichte begann in ihr zu arbeiten. *Wer ist die moderne Eva?*, fragte sie sich. *Worin besteht jetzt ihr wirkliches Herzensanliegen?* Und daraus entstand ein ganzes Buch mit dem Titel *The Hunger of Eve*, in dem Barbara schrieb:

> Mir schien, dass Jehova mehr Schuld hatte als wir. Sein Verhalten gegenüber seinen Kindern war inakzeptabel. Ich dachte: *Hier sind wir, schwache Geschöpfe, die von einem Gott, der alle Merkmale eines männlichen Tyrannen aufweist, grausam behandelt werden.* Ich wollte auf den Priester zustürzen und *ihm* eine Predigt halten. »Wenn Gott gut ist und wir nach seinem Bilde geschaffen sind, dann sind auch wir gut! Wir müssen uns selbst achten, nicht uns hassen!« Aber natürlich konnte ich kein Wort herausbringen.

Sie verließ die Kirche. Sie konnte kein Wort glauben von dem, was da gelehrt wurde.

Sinnsuche

Barbara fand heraus, dass Bryn Mawr eines der besten und intellektuell anspruchsvollsten Colleges für Frauen war, und beschloss, dort zu studieren. Sie suchte nun nicht nur nach Antworten auf ihre großen Fragen des Lebens, sondern auch nach einem klaren Gefühl von Sinn und Zweck. Die Frage nach *Sinn und Zweck* schien ihr Denken zu beherrschen. Sie wollte wissen, worin der Sinn und Zweck der neuen Macht der Menschheit bestand, was der Sinn und Zweck des Lebens an sich und was der Sinn und Zweck ihres eigenen Lebens war. Und das alles musste zusammenpassen – musste gemeinsam Sinn ergeben.

Im College fand Barbara sich nur wenig gefordert. Ihre Professoren zeigten keinerlei Neigung, über die Fragen zu sprechen, die ihr weiterhin wichtig waren. Später schrieb sie in ihr Tagebuch: »Es schien keine authentische Methode für die Suche nach dem Sinn des eigenen Lebens zu geben oder um herauszufinden, in welchem Bezug dieser zur gesamten Gesellschaft steht, deren Teil ich bin, geschweige denn zur Zukunft der Menschheit.«

Sie schloss ihre Studien mit *cum laude* ab, aber das College lehrte sie nicht, was sie tun sollte – und im Grunde auch nichts über *Sinn und Zweck*.

Denselben Mangel an Substanz stellte sie auch bei den jungen Männern fest, die sich für sie interessierten. »Was ist dein

Ziel? Wofür arbeitest du?«, fragte sie sie, nur um dann erfahren zu müssen, dass keiner von ihnen auch nur je darüber nachgedacht hatte.

Vor diesem Hintergrund bewarb sie sich beim Sweet Briar College in Virginia um die Aufnahme in deren ausländisches Studienprogramm, was angesichts ihrer guten Noten sofort bewilligt wurde.

Barbara entschied sich für Frankreich, für Paris. Und dort blieb sie eines Tages vor einem winzigen Restaurant namens Chez Rosalie stehen und beschloss, dort zu Mittag zu essen …

33

Episode 1: Eintritt in die Welt
22. Dezember 1929

Dreizehn Jahre vor den frühesten Fragen ...

Zwei Monate vor Barbara Marx Hubbards Geburt erlebten die Vereinigten Staaten den katastrophalsten Börsencrash in ihrer bisherigen Geschichte. Er brachte die so genannten wilden Zwanziger zum Stillstand und läutete eine zehn Jahre während Wirtschaftskrise ein. Man sprach von der Großen Depression.

Wie schlimm war dieser Crash? In Wikipedia wird dazu der Wirtschaftswissenschaftler Richard Salsman zitiert: »Wer immer Mitte 1929 Aktien gekauft hatte und an ihnen festhielt, erlebte, dass sein Erwachsenendasein größtenteils vorbei war, bevor er oder sie wieder auf das gleiche Level kam.«

Der Markt verlor allein an einem einzigen Tag (29. Oktober 1929) 14 Milliarden Dollar an Wert und 30 Milliarden Dollar binnen einer Woche.

Doch nichts davon hatte große Auswirkungen auf Louis Marx und seine Frau Rene. Rene war mit ihrem ersten Kind schwanger, und Louis war ein Selfmademan, der seine eigene höchst erfolgreiche Spielzeugfabrik leitete. Mit dreißig war er Millionär geworden. Und als die Wirtschaftsdepression einsetzte, gaben die Leute immer weniger Geld für ihr eigenes und das außerhäusliche Vergnügen ihrer Kinder aus. Das bedeutete, dass sie das wenige Geld, das sie noch zur Verfügung hatten, für das *innerhäusliche* Vergnügen ihrer Kinder ausgeben mussten – und *das* bedeutete Spielzeug ... wenn nur jemand eine Methode fand, es billig genug zu produzieren.

Und die hatte Louis Marx bereits gefunden. Er hatte zur effizienten Herstellung seiner Spielzeuge das Fließband eingeführt, weshalb man ihn den »Henry Ford der Spielzeugbranche« nannte. Viele Leute konnten sich seine Spielzeuge noch leisten, und so strömte weiterhin Geld in die Kassen von Louis Marx and Company.

Eintritt in die Welt

Barbara wurde am 22. Dezember 1929 geboren, ein Kind der Großen Depression, das nicht im Geringsten davon berührt wurde. Ihre frühesten Jahre waren bequem und herrlich – sie verbrachte ihre Tage inmitten von mehr Spielzeug, als ein normales Kind sein ganzes Leben lang zu Gesicht bekam, und wurde umhegt von einer sie abgöttisch liebenden Mutter. Als sie älter wurde, besuchte sie die exklusive Dalton School, spielte Klavier, aß Schokoladeneclairs und lieferte sich an heißen Sommertagen mit ihren Freundinnen Wasserschlachten auf dem Dach und der Terrasse der Penthousewohnung an der Fifth Avenue.

Ich habe hier nichts idealisiert oder geschönt, das meiste davon entstammt Barbaras eigenen Beschreibungen. Ihr Leben war einfach so traumhaft – und das Traurige daran ist, dass sie es nicht einmal wusste. Sie hatte nicht die Vorstellung, »glücklich« zu sein, sie dachte einfach, *das Leben sei so.*

Doch alle von uns, ganz gleich, wie wunderbar wir aufwachsen, erleben schließlich Dinge, die sich uns einprägen und uns sagen, wie das Leben *wirklich* ist. Das Leben hat es an sich, dass es uns *über* sich selbst erzählt. So kommen wir dahin zu wissen, dass wir »glücklich« sind, wenn wir es sind. Unter anderem erlebt jedes Kind früher oder später Angst, Schuldgefühle, Verlust, Wut, Verletztheit, Entsetzen und Hoffnungslosigkeit – Eindrücke, die sich ihm einprägen.

Darin war Barbara keine Ausnahme.

Ihre erste Begegnung mit der Angst und mit dem Schuldgefühl fand gleichzeitig statt. Da war sie sechs Jahre alt und erhaschte einen Eindruck von der »Außenwelt« – der Welt, wie sie während der Depression für Millionen Menschen existierte.

Ihr Vater hatte sie auf eine Fahrt in seinem glänzenden Rolls-Royce mitgenommen. Der Wagen rollte durch die Straßen New Yorks und stoppte auf der Second Avenue im Stadtteil Harlem vor einer roten Ampel.

Es war ungemütlich kalt und regnerisch, und es dämmerte bereits. Plötzlich war der Rolls von einer Horde älterer Jungs und junger Männer umstellt, die scheinbar aus dem Nichts aufgetaucht waren und nun von allen Seiten ins Auto lugten, die Gesichter an die Scheiben gepresst. Ihre Klamotten boten keinen besonders guten Schutz gegen die Kälte. Einige waren sogar in Lumpen gekleidet. Die Ampel blieb scheinbar eine Ewigkeit auf Rot stehen, und der Wagen begann hin und her zu ruckeln. Barbara merkte plötzlich, dass dies von den Leuten da draußen verursacht wurde. Zum ersten Mal in ihrem Leben hatte sie Angst. Und zum ersten Mal hatte sie eine Art Schuldgefühl. *Wie kann ich in diesem wunderbaren warmen Wagen mit einer Pelzdecke über dem Schoß sitzen, während diese Männer da draußen nur wenig anhaben und frieren?*, fragte sie sich.

Die Ampel wechselte endlich auf Grün, der Wagen setzte sich wieder in Bewegung, und Barbara drückte unter der Pelzdecke ganz fest die Hand ihres Vaters. Es war ein Augenblick, den sie nie vergaß, der ihrer Seele unauslöschliche Gefühle und ihrem Geist lebhafte Bilder davon einprägte, was es heißt »zu haben« und »nicht zu haben«. Sie spürte, dass es nicht fair war, nicht richtig.

Weitere Kindheitseindrücke

Als sechs Jahre später ihre Mutter an Brustkrebs starb, erlebte Barbara Verlust, Wut und Zorn – was sie ebenfalls stark prägte. Wie konnte jemand, der so vollkommen, so wunderbar, so unschuldig, so schön war, so jung sterben? Der Tod war etwas für *alte* Leute – und ehrlich gesagt verstand Barbara nicht, warum jemand überhaupt sterben musste!

Nicht lange danach erfuhr sie das Gefühl von persönlicher Verletztheit. Sie war als neue Schülerin an die Rye Country School gekommen, außerhalb von New York in Westchester

County, und keine der anderen Schülerinnen wollte viel mit ihr zu tun haben. Dass man sie mied, wurde überdeutlich, als in der Schule die erste große Tanzveranstaltung des Jahres stattfinden sollte. Barbara wurde nicht dazu eingeladen und begriff nicht, warum. Sie fragte herum, aber die anderen Kinder schauten sie nur an und sagten Dinge wie: »Du *weißt* es nicht?!« Natürlich wusste sie es nicht, sonst hätte sie nicht gefragt. Schließlich flehte sie eine der Schülerinnen an, ihr »einfach nur die Wahrheit zu sagen«. Das tat diese dann auch. »Du wirst hier *nie* zu *irgendetwas* eingeladen werden«, sagte sie naserümpfend, »weil du eine *Jüdin* bist.«

Barbara war geschockt. So etwas hatte sie in der Dalton School in New York nie erlebt. Sie betrachtete sich ja nicht einmal selbst als Jüdin. Ihr Vater war Agnostiker, der weder in die Synagoge ging noch je in seinem Leben einen Rabbi getroffen hatte. Wie konnte jemand *ihr* ihre weit zurückliegende kulturelle Vergangenheit vorwerfen?

Und schließlich empfand Barbara Entsetzen und Hoffnungslosigkeit, als sie mit fünfzehn Jahren die Nachrichtenbilder vom Atombombenabwurf über Japan sah.

Wie immer das Urteil der Geschichte darüber ausfallen mochte, Barbaras Geist – in dem ja schon die Informationen über ihren beängstigenden Augenblick in Harlem, den niederschmetternden Verlust ihrer Mutter und die zutiefst verletzende Erfahrung mit den Vorurteilen an ihrer Schule versammelt waren – wurde augenblicklich überflutet mit Fragen, Fragen, *Fragen* …

Die Tatsache, dass sie in ein privilegiertes Elternhaus hineingeboren wurde, schuf den perfekten Kontext, innerhalb dessen sie den Schmerz des Lebens so tiefgehend erfahren konnte, wie es nur sehr wenige Kinder oder Jugendliche tun. Die aus diesem Schmerz geborenen dringlichen Fragen legten den Keim zu einem Leben, das sie der Nachforschung und Erkundung widmete. Und diese lebenslange Suche gebar wiederum die neue Geschichte von der Geburt der Menschheit.

Was am 22. Dezember 1929 begann, fand am 22. Dezember 2012 seine Verwirklichung.

Von Tag Eins zu Tag Eins … der Kreis war vollendet.

Anmerkungen eines Detektivs

Meiner Ansicht nach ist es ein »Verbrechen«, wenn ich das mal so sagen darf, dass ich und der Rest der Menschheit so lange gebraucht haben, um wirklich zu verstehen, was hier vor sich geht. Ich meine, in diesem Leben. Ich meine, in dieser kritischen Zeit.

Auch wenn das Leben ein Rätsel ist, sollten wir doch nicht ewig brauchen, um es zu enträtseln. Meine einzige Hoffnung ist, dass dieses Buch uns allen dabei eine Hilfe war, in diesem Prozess weiterzukommen.

Ich betrat sozusagen den »Schauplatz des Verbrechens«, nachdem eine Person »gestorben« war. Es war meine Aufgabe herauszufinden, wie Barbara Marx Hubbard ihr Leben – das heißt ihr altes Leben – verlor und ein *neues Leben* gewann als eine neue Person mit einer neuen und glorreichen Identität, die das Wunder widerspiegelt von Wer Wir Alle Wirklich Sind.

Wie es sich herausstellt, leben wir alle in einer Täuschung über unsere Identität. Wir wissen nicht, wer wir wirklich sind, wo wir sind oder was wir hier tun. Und deshalb ergab das Leben für die meisten von uns keinen Sinn und ließ uns so gut wie eben möglich durch unser Dasein stolpern.

Wenn wir ein letztes Mal über all die in diesem Buch be-schriebenen Episoden nachdenken und uns Barbaras gesamte Lebenserfahrung anschauen, um zu sehen, wie wir alle davon profitieren können, dann werden wir daran erinnert, dass …

… das Wunder des sich selbst erschaffenden Designs des Lebens in jeder Minute einer jeden Stunde eines jeden Tages in jeder Weise ausagiert wird. So etwas wie »Zufall« gibt es nicht.

Das Leben wirkt in geheimnisvoller Weise, um das Wunder, die Schönheit und die feine Verwobenheit seiner Tapisserie hervorzubringen. Ein Faden an falscher Stelle, ein Fehler im Gewebe, und schon hat sich das ganze Bild verändert. Tatsächlich sagt man, wenn nur eine von Millionen winziger chemischer Interaktionen anders abgelaufen wäre, dann wäre das Universum, so wie wir es kennen, nicht möglich gewesen.

Wenn Barbara Marx Hubbards Leben tatsächlich eine »Detektivgeschichte« *wäre* und wir uns mit dem Notizbuch in der Hand in dem Augenblick am »Schauplatz« befänden, in dem sie ihr Leben als »normales menschliches Wesen« beendete und ihr Leben als Universelles Wesen begann, würden wir die Spuren und Hinweise entdecken und aufnehmen? Würden wir herausfinden, wie es passierte?

Hätten wir vorhergesehen, dass Barbaras Entschluss, an jenem Novembertag zum ersten Mal seit ihrer Ankunft in Frankreich allein zu Mittag zu essen, *entscheidend* war für eine »zufällige Begegnung« mit dem Mann, den sie heiraten würde?

Hätten wir erkannt, dass ihre Entscheidung, ein Auslandssemester in Frankreich zu verbringen, eine ganz wesentliche

Rolle beim Ausagieren ihrer Geschichte spielte? Sie hätte sich schließlich ebenso gut für Spanien entscheiden können.

Und was ist mit Earl Hubbard, der genau in jenem Moment das Chez Rosalie betrat, als dort nur noch ein Platz frei war?

Wäre uns von Anfang an klar gewesen, dass Barbaras privilegiertes Leben als Kind und Jugendliche und der beträchtliche Reichtum ihrer Familie *notwendig* waren, damit die verbleibenden Dominosteine so fielen, wie sie fielen?

Ist es uns bewusst, dass sie dem Präsidenten der Vereinigten Staaten die Frage, die dieser nicht zu beantworten wusste, nur stellen konnte, weil sie die Tochter ihres Vaters war? Und dass die Tatsache, dass es der *Präsident* war und nicht *irgendwer*, der keine Antwort auf ihre Frage hatte, etwas in Barbara auslöste, was sonst nicht ausgelöst worden wäre?

Ist es für Sie so ersichtlich wie für mich, dass all die Frustrationen, die diese Frau in ihrem Leben erfuhr, Schritt für Schritt zu spirituellen Einsichten führten, die den Geist der Menschen für Ideen und Seinsweisen öffnen könnten, welche unsere *globale* Frustration beenden könnten?

Diese Erkundungen in der Rückschau ließen sich endlos fortsetzen. Doch der Punkt, von dem ich sehr hoffe, dass Sie ihn hier mitbekommen, ist der, dass *nicht nur Barbaras Leben* so einzigartig und perfekt konstruiert war, um die von der Seele erwünschen Resultate hervorzubringen, sondern dass *dies für uns alle gilt.*

Damit will ich sagen, dass jeder und jede von uns, wenn wir in dieser Weise auf unser Leben Rückschau halten, leicht die Hinweise entdecken werden, die das Rätsel unseres Lebens aufklären, dass wir endlich erkennen können, Wer Wir Wirklich Sind.

Das Leben hat *es schon immer so eingerichtet, dass es uns dies mitteilt.*

Wenn wir unsere Vergangenheit in so klarem Licht sehen, dann bleibt uns nur noch, diese Einsicht (die Fähigkeit *hineinzusehen*) auf den heutigen Tag zu übertragen und mit der gleichen Klarheit auf die Vollkommenheit all dessen zu blicken, das in diesem Augenblick unseres Lebens geschieht.

Ich bitte Sie dringend, dem Leben zu vertrauen. Gott zu vertrauen. Dem Universellen Wesen, das *Sie* sind, zu vertrauen.

Ich sagte, »die Not ist die Mutter des Erfindungsgeistes«. Aber das stimmt nicht.

Sie sind es.

Sie erfinden Ihr Selbst genau in diesem Moment, erschaffen sich selbst in jeder Nanosekunde aufs Neue in der nächstgrößeren Version der großartigsten Vision, die Sie je von Wer Sie Sind hatten. Sie tun dies bewusst oder unbewusst, aber Sie tun's.

Gehen Sie nun und erfahren Sie Ihr Leben als das Wunder, das es ist. Nehmen Sie aktiv am Evolutionsprozess teil, seien Sie sich dessen, was Sie tun, voll gewahr. Lassen Sie sich heute die Erfahrung machen, die zu machen Ihr Leben gedacht war: *Bewusste Evolution.*

Nicht aus der *Not*, sondern aus dem tiefen *Wunsch* heraus.

Nachwort

Meiner Ansicht nach gehören Barbara Marx Hubbards Gedanken zu den wichtigsten Formulierungen spiritueller und metaphysischer Wahrheiten, die den Menschen in Jahrhunderten zugekommen sind. Sie schenken uns tiefe Einsichten in unsere Neue Geschichte.

In den folgenden Abschnitten finden Sie noch einige Auszüge aus Barbaras Tagebüchern zu lesen. Damit möchte ich Ihnen deutlich machen, warum sie mit achtzig ihre Arbeit in einem außergewöhnlichen Tempo fortsetzt und sich dazu entschied, Publikationen, Dokumentarfilme und DVDs der Öffentlichkeit zugänglich zu machen.

Aus Barbara Marx Hubbards Tagebüchern …

»3. September 2003
Als ich an diesem Morgen oben bei dem kleinen Kreuz des Klosters Mt. Calvary saß, fragte ich: ›Was soll ich mit all diesen wunderbaren Informationen machen, die durch das Universelle Selbst in mein Tagebuch einfließen?‹«

DU SOLLST DICH allzeit AN SIE ERINNERN.

So wie viele Menschen jeden Tag in der Heiligen Schrift lesen, sollst du die Innere Schrift, die sich in dir entfaltet und seit vielen Jahren entfaltet hat, immer wieder lesen.

Du kannst daraus ein privates – fast geheimes – Buch machen und das Mysterium dessen, was sich in dir ereignet, aufzeichnen als Hilfe zur beständigen Erinnerung daran, wer du wirklich bist. Es wird nur denen zugänglich sein, die darum bitten. Mach dies für dich selbst und für andere Selbsts, die über Mundpropaganda davon angezogen werden. Es wird sich schließlich wie ein Buschfeuer ausbreiten, es ist wie die Flamme, die der Homo erectus in Händen hält.

Du sollst ein kleines Buch machen. Das ist es, was du brauchst, um dich allzeit Meiner zu erinnern, während dein Gott-zentrierter Geist deinen Selbst-zentrierten Geist in sich aufnimmt.

Durch dieses Tun wirst du dich jeden Tag auf mich besinnen. Es ist dein tägliches Wort von deinem Universellen Selbst, deiner Seele, die sich nun in deinem aufstrebenden, von Sehnsucht erfüllten, irdischen Selbst inkarniert. Es ist eine Form von »auraler Alchemie«.

❖   ❖   ❖

»Die entscheidenden guten Nachrichten sind hier: Die Universelle Kreativität, die ein Universum aus subatomaren Teilchen bis hin zu uns hervorgebracht hat, ist die Kraft in uns, die uns zur Weiterentwicklung drängt. Wir machen das nicht allein.

Vor uns kamen Große Wesen, um Den Weg zu bahnen und Türen zu unserem nächsten Evolutionsstadium aufzustoßen. Doch jetzt kann jeder und jede von uns sich dazu entscheiden, sich selbst in diesen neuen Raum im Bewusstsein zu begeben – jede und jeder von uns kann sich vornehmen, in den Garten der Mit-Schöpfung einzutreten. Hier heilen wir in uns die Wunden der Trennung zwischen dem Menschlichen und Göttlichen und beginnen mit dem Lernprozess, uns zusammenzutun und gemeinsam neue Welten zu erschaffen. Die Kraft ist in uns, sie drängt uns, da wir die Wahl treffen, uns bewusst weiterzuentwickeln.«

»Zum ersten Mal auf dieser Erde hat eine Spezies die Macht erlangt, ihre Umwelt zu zerstören oder sich in Richtung einer unbekannten universellen Zukunft zu entwickeln. Aus der unbewussten Evolution ist eine bewusste Wahl geworden. Wir sind Die Generation Mit Einer Wahl. Unsere Probleme sind evolutionäre Antriebskräfte, um unsere neuen Potenziale zu erwecken. Die Bedeutung unserer neuen Kräfte besteht darin, dass sie uns die Fähigkeit verleihen, die Erde wieder herzustellen, uns von Hunger und Armut zu befreien, die menschliche Kreativität zu befreien, von der Waffenschmiede zur Lebensschmiede (›*from weaponry to livingry*‹) überzuwechseln, wie Buckminster Fuller es ausdrückte, und sich auf die gewaltige Reise zu begeben, um das innere wie das äußere All zu erforschen.«

»Ich möchte ein Ausdruck *bewusster* Evolution sein. Ich möchte meine Präsenz und meine Lebensgeschichte nutzen, um den evolutionären Impuls in Millionen von Menschen zu aktivieren, die bereit sind und sich nach einem tieferen Lebenssinn und nach einer resonierenden Gemeinschaft sehnen. Vor allem möchte ich Frauen dienlich sein, die im Kern ihres Wesens von der einen Rolle zur nächsten übergehen. Ich kann als Beispiel für die emergierende mit-schöpferische Frau dienen, als eine ›erfahrene Ältere aus der Zukunft‹, die all jenen eine Hand reicht, die sich jetzt anschicken, in unserer Welt führend zu sein.

Ich habe die Reise der aufstrebenden Frau durchlebt und stehe jetzt auf Zehenspitzen am Horizont des Lebens, spähe hinüber zur Nächsten Stufe und schaue zurück, um anderen zuzurufen, sie mögen etwas höher heraufkommen und ihren Part in der neuen Welt betrachten, die in unserer Mitte geboren wird.«

(ENDE DER BARBARAS TAGEBÜCHERN ENTNOMMENEN PASSAGEN)

Wenn Ihnen dieses Buch gefallen hat, werden Sie sich freuen zu hören, dass ich im Winter 2010 drei Tage mit Barbara in einem Fernsehstudio war und bei ausführlichen Gesprächen Hintergrundmaterial für dieses Buch gesammelt habe. Wenn Sie sich umfassender mit dem Thema beschäftigen und Barbara auf sehr persönliche Weise in ihr Leben bringen möchten, wollen Sie vielleicht die DVDs dieser zwanglosen, wunderbaren und manchmal erstaunlichen Gespräche erwerben. Sie können Sie unter www.evolve.org oder www.nealedonaldwalsch.com ordern.

Des Weiteren empfehle ich Barbaras preisgekrönte Dokumentarserie *Humanity Ascending: A New Way Trough Together*. In diesen Filmen, die transformative Wirkung haben, stellt Barbara essenzielle Elemente zur Erweckung der Kodes für unsere eigene bewusste Evolution vor und bietet uns Richtung, Bedeutung und eine Vision von unserer Geburt als eine neue Menschheit an. Diese Filme können ebenfalls unter www.evolve.org geordert werden. (Über diese Website sind auch die in Kapitel 15 erwähnten *The 52 Codes* erhältlich.) Und wer die hier in diesem Buch präsentierten Ideen und Informationen weiterverfolgen will, findet auf dieser Website auch eine *Additional Resources*-Seite.

Wenn Sie sich mit-schöpferisch dem Tag-Eins-Event am 22. Dezember 2012 anschließen wollen, können Sie das ebenfalls über www.evolve.org tun. Ich hoffe, Sie werden Ihre persönlichen Energien mit denen Barbaras verbinden und dazu beitragen, dass dieses Event wunderbare Realität wird.

Und wenn Sie gerne mehr über das Conversations with God Spiritual Mentoring Program erfahren möchten, das ich entwickelt habe, um uns allen durch die Übergangsphase von 2012 zu helfen, dann rufen Sie bitte www.nealedonaldwalsch.com auf. Das dreimonatige Programm beinhaltet sechsunddreißig Lektionen über die wichtigsten Botschaften der *GmG*-Bücher und darüber hinaus ein telefonisches Coaching mit mir.

Bevor ich hier nun zum Ende komme, möchte ich einigen Leuten, die dieses Buch mit ermöglichten, Dank und Anerkennung aussprechen – allen voran Barbara Marx Hubbard selbst, die mir ihre Tagebücher und Notizen aus den vergangenen fünfzig Jahren offen zugänglich machte. Dann danke ich Bill Gladstone, ein außergewöhnlicher Literaturagent und selbst ein wunderbarer Autor, der mich ursprünglich dazu einlud, dieses Buch zu schreiben. Ich danke auch Claudia Welss, die mir als Erste vorschlug, dieses Buch als »kausale Kunst« anzulegen, und Dank auch an Darrell Laham, der den Begriff der kausalen Kunst geprägt hat. Großer Dank auch an Lisa Mitchell, meiner Lektorin bei Hay House, die beste Lektorin, die ich je hatte. *Wow*. Sie lässt mich direkt wie einen *guten Schreiber* aussehen.

Und schließlich möchte ich meiner Frau danken, der Dichterin Em Claire, der es trotz ihres eigenen ausgefüllten Lebens gelang, mich immer mit tiefer Fürsorge, wundervollem Wissen und unendlicher Liebe durch den langen Schreibprozess zu begleiten.

Im Namen von mir selbst und meiner lieben, lieben Freundin Barbara danke ich Ihnen allen dafür, dass Sie diese Reise mit uns unternahmen Beide hoffen wir aus ganzem Herzen, dass sie Ihnen dienlich war.

Neale Donald Walsch
Dezember 2010

Zum Autor

Neale Donald Walsch zeigte schon früh Interesse an der Religion und spürte in sich ein tiefe Verbindung zur Spiritualität. Einen Großteil seines Lebens verbrachte er damit, es beruflich zu etwas zu bringen und doch auch nach spiritueller Bedeutung zu suchen, bevor er schließlich mit seiner nunmehr berühmten Buchreihe *Gespräche mit Gott* begann. Diese Bücher wurden in siebenunddreißig Sprachen übersetzt. Sie berührten Millionen Menschen und inspirierten sie zu wichtigen Veränderungen in ihrem Alltagsleben. Sieben seiner insgesamt siebenundzwanzig Bücher schafften es auf die Bestsellerliste der *New York Times*.

Neale lebt mit seiner Frau, der Dichterin Em Claire, in Ashland, Oregon. 2001 gründete er das Humanity Team, das er als weltweite Bürgerrechtsbewegung für die Seele beschreibt (www.humanitysteam.org). 2005 begann er mit dem Aufbau eines globalen Ausbildungsprogramms, The School of the New Spirituality (www.schoolofthenewspirituality.com). 2010 begründete er das CwG Spiritual Mentoring Program für Personen, die ihr höchstes spirituelles Verständnis in ihr Alltagsleben einbringen wollen.

Website: www.nealedonaldwalsch.com

Um die ganze Welt des GOLDMANN
Body, Mind & Spirit Programms
kennenzulernen, besuchen Sie uns doch
im Internet unter:

www.goldmann-verlag.de

Dort können Sie
nach weiteren interessanten Büchern *stöbern*,
Näheres über unsere *Autoren* erfahren,
in *Leseproben* blättern, alle *Termine* zu Lesungen und
Events finden und den *Newsletter* mit interessanten
Neuigkeiten, Gewinnspielen etc. abonnieren.

Ein *Gesamtverzeichnis* aller Goldmann Bücher finden
Sie dort ebenfalls.

Sehen Sie sich auch unsere *Videos* auf YouTube an und
werden Sie ein *Facebook*-Fan des Goldmann Verlags!

www.goldmann-verlag.de
www.facebook.com/goldmannverlag